JN334246

鑪幹八郎著作集Ⅳ

映像・イメージと心理臨床

The Films and Images : From the Viewpoint of Clinical Psychology

鑪幹八郎❖著
Mikihachiro Tatara

ナカニシヤ出版

まえがき

心理臨床の活動にとって、私たちの内的なイメージや映像が重要な位置を占めていることは改めて強調することもないだろう。近代的な心理療法の始まりをフロイトによる精神分析の創始であるとすると、フロイト個人による著書の第一冊目が『夢判断』(一九〇〇)であったということも意味深いことである。精神分析ははじめからイメージや映像に取り組んでいたということができるのである。そして夢は今日の精神分析や心理療法にとっても中心的な役割を果たしていることには変わりがない。

心理療法は芸術療法などと違って、「ことばによる」療法と考えられている。精神分析もそのひとつである。しかし、ことばによっても、ことばによらなくても、イメージや映像が重要な位置を占めていることは実際に心理療法を経験している人であれば、とりたてて言うほどのことでもないだろう。また、心理臨床の中では、メタファーとしてのイメージが語られることも少なくない。例えば、「あの人はライオンのようだ」「なまこのようだ」「壁になっている」「蛇のようだ」「車に乗せられているようだ」「車窓から景色を見ているようだ」「富士山のような山に登ったようだ」「深海魚のようだ」などさまざまである。これらのメタファーは面接者とイメージを共有することによって、内的世界が理解されることになる。

本書に収録したこれまで発表した論文や随筆的な文章は映画を中心としたものである。それには理由がある。私が映画が好きであるという単純な理由がひとつである。映画の世界の中に没入することは、一時的に別の世界に入って集中して遊ぶということである。精神的に集中して仕事をしていて、その息抜きとして別の世界に入っていくことはペースを変える点で都合がいいからである。人によって息抜きの方法はさまざまであろうが、私にとって、映画はもっとも好都合な手段である。

また、私は次第に心理臨床の教育にかかわるようになってきた。そのときに事例を例に出して説明したり、デモンストレーションをしたりすることが求められることが少なくない。事例研究という心理臨床で重要な研究法も事例を細かく検討し、その中からひとつの見解や理論を見いだしていこうという方法である。心理臨床の世界でもっとも重視されているものである。しかし、教育素材としての事例はたいへん難しい問題である。プライバシーということはいうまでもないが、事例を分析したり、断片を出したりすることは、自分が深くかかわっているとなかなかできにくい。生きている記録を解剖したり、切断したりすることは苦しいことであり、苦痛を避けることはできない。これは他人の事例についても同じである。そうなると事例に代わるものが必要となる。

事例に匹敵する資料と考えられるのが、芸術作品などである。芝居の物語は私たちの人生の物語であり、絵画、音楽、小説なども、同じである。この中でも利用価値の高いものが映画であると考えられる。というのは、映画は人生を描くのが目的であり、その本質をほぼ二時間の間に示す芸術表現であるということができるからである。心理臨床で学びたいところもこの人生の本質的な部分であるから、その点では一致している。さらに、心理的に距離をたもつことができるので、教材として利用しやすい。しかも、映画の場合、何回も繰り返して見ることができる。その点で心理臨床の教材資料として利用価値が大きいといえるのである。多くの心理臨床家が映画を教材にして使っているのは、このような理由が大きいのではないだろうか。

私はこのような理由から、講義や講演、その他の教育的場面に出会うと、映画の断片を例にして話しをしたりすることが多かった。その際、映画を選ぶ規準としては、芸術的に優れたものであること、心理臨床の主題が中心に描かれていること、あまり長編でないことなどを考えていた。本文に示されている映画の数々も、そのような規準を満たしているものである。

映像・イメージと心理臨床＊目　次

第八章　映画に関する心理臨床的エッセイ …… 293

映像・イメージと心理臨床

第一章

心理臨床とイメージ

第一節　内的な世界（無意識）としてのイメージ

本書は臨床心理学で扱う内的なイメージついて、これまで書いてきたものをまとめたものである。臨床心理学の中心は心理療法であり、臨床心理的面接である。心理療法では何をするかというと、内的なイメージを検討し、もし乱れがあれば整理し、新しい内的な統合や安定を図ることを目的としている。したがって、臨床心理学にとって、内的イメージの理解は欠くことのできないものである。ここではまず、はじめにやや理屈っぽいかもしれないが、イメージの問題でいつも直面し、しかもあまり明確になっていない問題、つまり「イメージを構成している象徴と記号」を検討しておきたい。

一、日常生活における象徴

いくつかの経験的な例を取り上げてみたい。少し前に中国の上海や北京で、小泉純一郎首相の靖国神社参拝や日本の歴史認識をめぐって、暴動に近い動きがあり、日本料理店が壊されたり、領事館が暴徒に囲まれたりしたことがあった。そして「日の丸の旗」が焼かれたりした。私はニュースで、日の丸の旗が焼かれたり、料亭が壊されたりするのを見ると心が穏やかではなかった。

このときの日の丸の旗は私にとって何を意味していたのだろうか。もちろん、それが日本を象徴し、日本の国民を表していることは誰も感じていることである。私も同じだった。私が憎まれ、怒りをぶっつけられ、旗が焼かれるように無残に扱われたと感じたのだった。このときの日の丸の旗は私自身、また私たち日本人や日本の国を示すものとして扱われている。「国」にしろ、「国民」にしろ、抽象的な概念であるが、旗となると、それをイメージとして具体化し、内面的なものを現実化しているということができる。

旗がただ絵を描いた布地であれば、焼かれても私たちには何ら情緒的な反応もないだろう。また、中国の人たちがただの布地を焼いているわけもでもない。日の丸の旗を焼くことによって日本の国や日本人に怒りをぶっつけ、足蹴にして侮辱しているのである。このように具体化されたものが、内的な何かを指し示しているものを象徴ということができるだろう。

韓国においても、靖国問題、戦争責任、歴史教科書問題などになると、人々は怒りを表現するために日の丸の旗を焼くということが起こった。日本の国や日本人に対する激しい怒りの表現であると理解できる。日の丸という旗が日本の国や国民を象徴していることを共有していることによって行われる行為である。最近、ＴＶの報道でイラクの市民がアメリカの国旗を焼くという場面にしばしば出会うのも同じである。アメリカ人はこれを見て心が穏やかではないだろう。私が日の丸の旗を焼かれて、心が穏やかでないのと同じである。象徴というのは、内的な意味が共有されている心のイメージの具体的な表現として成立するということができる。

さらに、江戸時代の「踏み絵」を考えるとイメージと象徴ということがよくわかるのではないだろうか。江戸時代にキリスト教が禁教になった。隠れキリシタンを弾圧するために、「踏み絵」が用いられた。踏み絵というのは、木版や銅版にキリスト像、聖母マリヤ像、十字架像などを刻み、これを民衆に踏ませて信徒でないことを証明させたものである。キリスト教信仰者のキリシタンは「踏み絵」を踏むことはできなかった。キリシタンにとってはマリヤ像、キリスト像、十字架は信仰の証としての重要な象徴だからである。自分にとってもっとも聖なるものであり、自己の命を支えているものを穢すことはできなかった。そして多くの人々が絵を踏むことができず、捕われて処刑された。しかし、一般民衆にとっては、また仏教徒にとっては、何の象徴的意味もない、ただの絵か記号であった。踏んで絵が汚れることに命をかけるような大きな意味はなかった。この違いは象徴の意味や機能をよく示しているとともに、記号についての意味もよく示していると思われる。また、象徴には集団や文化の問題が重なって存在していることを示唆している。

このように象徴は命をかけて守るほどの力をもつ内的イメージであり、それを具体的に表現した「もの」である。また、「絵」や事物である。人の内面や心を問題にする宗教の中に、象徴的イメージを表現するものが多いのは当然のことであろう。これらの象徴は人々に共有されていなければならない。さらにこれらは文化や集団に共有されていなければならない。共有されていないと、踏み絵のように、一方では象徴表現であり、他方では記号表現となってしまうのである。このように象徴は記号や事物と一見似ているようであるが、本質的に違ったものであることを理解しておくことが重要である。

心理療法やカウンセリングの中で、扱われるイメージや夢の中のさまざまな事物や人物が象徴的であるのは、クライエントの内的な世界や心の問題がかかわっていることと関係していることもまた、よく理解できるだろう。

次に、象徴の問題について、哲学的に検討した二、三の人々の説を取り上げてみたい。

二、象徴とは何か

まず、「象徴とは何か」についてルルカーは、その著『シンボルのメッセージ』で次のように言っている。象徴というと、何か神秘的な香りのあるものや状態を指しているように思われるかもしれない。しかし、神秘的な翳りのあるものがシンボルではない。夢想家、幻想者、宗教的熱狂者の世界から生まれた、とらえどころのない非科学的概念でもない。

象徴は多義的である。例えば、鳩は現実には鳥類の鳩である。そして平和の象徴である。また、繁殖の象徴であり、貪欲の象徴とも言われている。十字架はキリストの象徴であり、ただ十字の記号でもある。女性の胸に飾るペンダントでもある。また、変形したスワステカ鍵十字はナチスの象徴でもある。第二次大戦の欧州が戦場の舞台になる映画を見ているとドイツの将校が出てくる。「ハイル・ヒットラー」と言って、気をつけの姿勢をして両足をそろえ、敬礼する襟首に、この鍵十字がぶら下がっていたのが印象に残っている。日本では逆の鍵十字がお寺の象徴である。

それでは象徴とは何だろうか、記号とは何だろうか。

ランガー（一九五七）によると、象徴とは「目や耳で直接知覚できない何か、意味や価値などを具象化したものであるということができる」。これに対して、記号とは別のものを代理し、感覚で知覚しうる何ものかであり、コミュニケーションに用いられ、伝達機能を有している。つまり、ものそれ自体を指すものである。自動車のナンバープレートの番号のようなものである。単純な記号は何かを指し示し、一義的であり、ひとつの概念を示している。取り決めや慣習や組織や集団に基づいていると言うことができる。

しかし、数字の記号的な性格が象徴的な性質を帯びることがある。例えば、八は末広がりの数字であり、八が並んだ自動車のナンバープレートは幸運を表すものとして、韓国や中国では高額に取引されている。四＝死として日本では嫌われる。また十三もキリスト教圏では、不吉な数字として嫌われる。実際に客相手のホテルビルには、四階や十三階がなかったりする。すべてのイメージに記号的な性格しか認めないと、十字架は家屋番号のようになってしまう。これでは十字架の象徴的な性格を明らかにすることはできない。象徴は記号であるということができるが、記号のすべてが象徴ということはできない。このように記号と象徴とはその境界がはっきりしているわけではない。しかし、その働きははっきりしていて違っている。

これに対して、ヤーコブ・アムシュトッツは『象徴とは何か』の中で、象徴は感覚的にとらえることができず、これまで知りえないものであり、何かを代表し、多義的で、既成の概念ではもはやとらえられないときに存在するものである、と述べている（二三頁）。

だから象徴とは、単に伝達する記号的な機能のみならず、何かを意味する機能をもっている。何か別の意味を示すだけでなく、その「意味」をありありと表現したり、描きだしたりする。「意味」にかかわる何かを表現するのである。だから、象徴は簡単に創り出すことはできない。それらははじめからアプリオリに本来的なものとして与えられたものであり、人間存在の根源とつながっているものである。

例えば、一〇の異なる色彩を考えてみよう。一〇台の車の色、また一〇軒の家の色を思い浮かべてみるとする。色を変えても家や車の機能が変るわけではない。けれども、象徴の主題として、赤を「生命・愛・情熱」あるいは、「憎悪・闘争・死」の表現であるとすれば、赤は他の色に変えることはできなくなるだろう。

象徴は記号であるが、家屋番号や交通標識のような記号ではなく、知覚することのできない不可視的なものを、知覚される知られた可視的な記号のようにするものであるといってよい。つまり、信頼とか、友愛とか、愛情とか、忠誠とか、私たちにとって精神的、内的に重要なものであるが、目に見える形では存在しないものを、目に見える形で示そうとするものである。ギリシャでは指輪や名板、硬貨の割符をシンボロン（symbolon）と称していたという。これがシンボルの語源である。これを日本語として象徴と訳した。「象」とは「形」である。「徴」は表すという意味がある。よくできた訳語ではないだろうか。象徴の本質は、形象とそこに描き出されたものとの出遭いや組み合わせであるが、その両者の間の内的連関が重要である。

つまり、象徴はふたつの存在のレベルの交点に位置する。外面の中に内面を、内面の中に外面を、肉体の中に精神を、精神の中に肉体を、可視的なものの中に不可視的なものを啓示するものであるといってよい。この内的なものと外的なもののつながりがないと、象徴としてはっきりしないか、弱い表現となってしまうのである。

象徴はただ概念的思考や判断では把握しきれない。象徴で表現しようとするものは、はじめからものや言語を超えた状態として存在して、あるいは無意識的世界やパラタキシックな世界のイメージや欲動として存在している。だからこれは理性や知的判断をもってしても、その深さを測ることが難しいのである。内的な世界のように感覚的に知覚されうる世界を超える経験や認識を問題にするとき、意味をはらんだ形や像は、他のやり方では得られない的確さをもって示すことができる。これが象徴の働き、機能といってよい。

このように象徴とそれによって表されるものの間には、いうまでもなく本質的に内的関係がある。表しているもの（「能記」という）と、表されているもの（「所記」という）は交換することができない。ここに象徴関係の本質的なものがあるといえるだろう。象徴としての形は常に表現されたものから離れることはできないのは当然であるが、一方、表現されたものは形象的な描写から独立していて自由である。例えば、国旗は国家の象徴であるが、国家は国旗がないと存在しないわけではない。前に述べたように、たとえ国旗が侮辱され、泥をぬられても、焼かれても、国家の主権がそれによって侵害されたことにはならないのである。

三、象徴の位相

象徴はことばによる理性的な概念的思考では説明できないものである。これはやや同語反復になるが、前にも述べたように理性的な概念的な思考でとらえきれないものを象徴的な形象を用いて表現しようとしているからである。象徴はそれを使用する人の世界観、宗教的な文化の環境に根を下ろしている。つまり、見えない不可視の観念やイメージが、見ることのできる外面的形態によって確認することができるものとなっている。これが象徴といえるものである。

象徴は存在論的にいうと、概念によって加工されない、直接に（無意識から）与えられたもの、つまり「所与」

given のものであるといってよい。そうなると、象徴の形象は歴史を超える超歴史的なものなのだろうか、あるいは歴史的な変遷の影響を受けるものなのだろうか。ボルノーの意見では、次のようである。「象徴自体はわれわれの歴史的存在の中に、わかりにくい不可解な仕方で入り込んでいる非歴史的存在の一部である。この非歴史的存在は、象徴として常にわれわれの中に存在するものである」(三四頁)。このボルノーの主張は、精神分析が見ている人間の内的な経験世界や無意識的な世界を指示しているといってよいのではないだろうか。

象徴の純粋な形は確かに人類に共通するものがあるといってよいであろう。しかし、また同時に、すでに旗や宗教の象徴表現で説明したように、地域や文化、集団にしか通用しない、文化や集団に限定されている象徴も多く存在し、それなりに重要な意義をもっていることを理解しなければならない。つまり、個人的象徴、集団的象徴、文化的象徴、普遍的象徴といったそれぞれの層における象徴表現が存在するということである。それらは共通している場合もあり、また別々な表現形態をとることもあると考えられる。

例えば、前に述べた江戸時代の「踏み絵」をみてみよう。これはキリスト教信者とそうでない者とを区別するために利用された。つまり、このキリストに関係した絵というのは、キリスト教の信者集団に通用する集団的象徴ということができる。それを大きく欧州キリスト教圏としてみると、文化的な象徴ということができるだろう。さらに、普遍的な象徴という場合、「悲しみ」が黒を選んだり、純粋さや素直さが「白」であったり、情熱が「赤」を選んだりするのは、世界的に共通しているかもしれない。これらは国旗に示されているのではないだろうか。また、○、△、□といった形象、1、2、3……という数字も普遍的な象徴的意味をもちやすいということができよう。丸はまた、円でもあり、舞の丸く舞踊をするということでもある。

象徴の理解は心理療法を中心とした心理臨床活動にとって極めて重要な位置を占めていることがわかる。

参考図書

Bollnow, O. F. 1982 *Studien zur Hermeneutik.* Alber Verlag（西村　皓・森田　孝訳　一九九一『解釈学』玉川大学出版）

Langer, S. 1950 *Philosophical sketch in art.*（矢野万里訳　一九八二『シンボルの哲学』岩波書店）

Langer, S. 1957 *Problems of arts.* Charles Schribner.（池上保太・矢野万里訳　一九六七『芸術とは何か』岩波書店）

Lurker, M. 1990 *Die Botschaft der Symbole.* München. Koesel-Verlag GmbH & Co.（林　捷・林田鶴子訳　二〇〇〇『シンボルのメッセージ』法政大学出版局）

ヤーコブ・アムシュトッツ　一九〇〇『象徴とは何か』（ルルカー『シンボルのメッセージ』（前掲）からの引用）

第二節　心理療法におけることばとイメージ

一、精神分析的な操作

私は長年、心理臨床を精神分析という方法を用いて行ってきた。ここでの考察や問題の検討も、精神分析的な立場からなされたものである。私の臨床経験や理論的な立場については、著作集第三巻『心理臨床と精神分析』で示しているので、参照していただけるとありがたい。

精神分析の本質は、ことばを用いて私たちの内的な経験内容を「一体何が問題か、私を苦しめているのは何か……」「どこで……」「どのように……」「何時から……」「どのようにして、どのような状況で生まれ、育ち……」「今日までどのような変遷をたどってきたのか」を明確にし、意識化する仕事であるということができる。そのような仕事の過程で、内的な苦しみや問題が整理され、解決されていくという経験が体系化されたものが精神分析であるということができる。私たちの苦しみは被害的体験、自己評価の低さ、強迫性、身体表現性、自己意識の混乱・曖昧性などが過剰な防衛となって心の苦しみや不適応の源になっている。これらの症状や訴えを形成しているのは、さまざまな防衛、なかんずく原始的防衛としての分裂、投影同一視、否認などである。これらは過去において自己を維持するための適応的な防衛であった。そのために強力にパターン化されている。そして防衛の必要のない現在にもこのパターンが生きて作動している。これが「転移」といわれる現象である。したがって、「転移の分析」と「過去経験の再編成・統合」が精神分析の操作の中核といってよいのである。

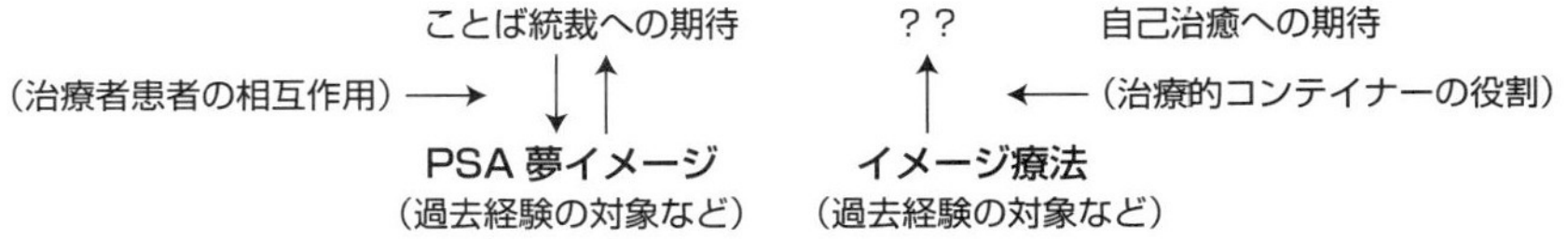

図 1-2-1　ことば療法とイメージ・表現療法

二、イメージの問題

精神分析ははじめからイメージを扱ったといってよい。精神分析の出発はフロイトの『夢判断』（一九〇〇）である。夢はイメージの世界のできごとであり、フロイトにとってイメージは無意識の世界の具体的な表現であると考えられた。夢の内容を知ることは、私たちの無意識を知ることである。無意識は私たちの行動を支配している中心的な力の源である。それを深く知ることによって、心の問題の本質を理解し、修正することによって新しい行動をひき起こす力を得ていくということであった。

夢を理解するといっても、理解の仕方は夢をそのままに描くとか、夢のように行動するというものではなく、夢のイメージをことばによって理解し、ことばによって解釈し、合意する作業によって進める。この方法は表現療法、芸術療法などがイメージをそのままの状態でことばによって加工せず、治療的機能に期待するのと違っている。精神分析の方法は「ことば」を介した間接的な理解であり、イメージ療法は直接的な理解であるということができる。これを図示すると次のような図1-2-1になる。

心理療法において、追求するべき問題の所在をどのように考えることができるだろうか。この点について、芸術に深い関心をもっていたE・クリスはその『芸術の精神分析的研究』（一九五二）の中で図示しているので、これを前田の『芸論による心理面接』（二〇〇三）から引用させていただいた（二七頁）。これを図1-2-2として示している。

私たちはさまざまな心理的葛藤やわだかまりを前意識的、無意識的領域において蓄積していることを示したものである。その心理的経験の様態はサリバン（Sullivan, H. S.）のいう「プロト

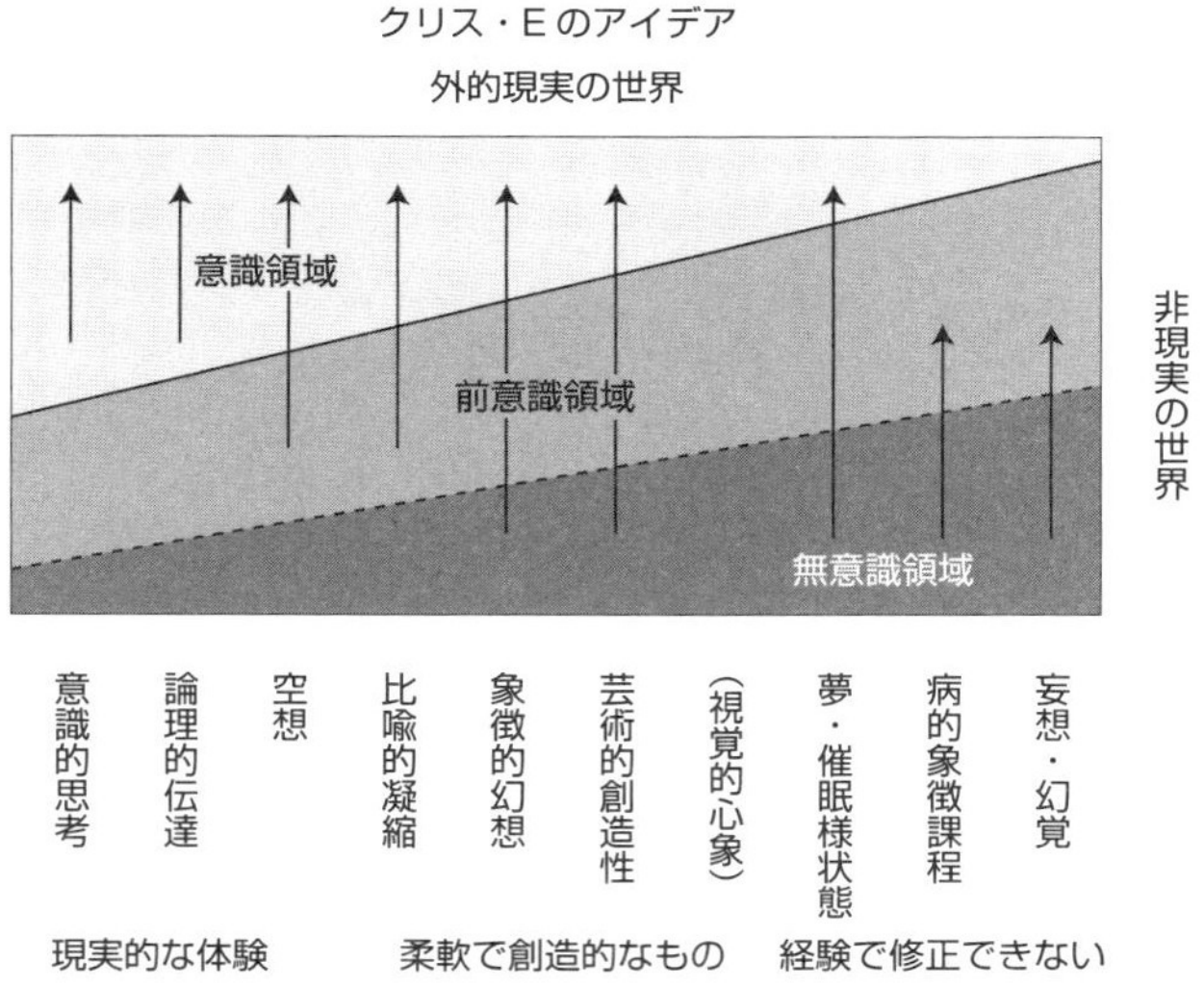

図 1-2-2　前意識過程の機能（前田，2003 を修正）

タキシック」（prototaxic）な様態として無意識の領域と「パラタキシック」（parataxic）な様態として前意識的領域にある。taxis は「配列」を意味することばである。欲動の支配を受けている経験世界は、私たちの原イメージとして、地球の中心にあるマグマのようにみえる。これをプロトタキシックな無意識の世界といっている。原型という意味の proto が使われている。イメージはいくつかのまとまりをもちながら、言語によって漠然とつながり、明瞭な意味をもつものとしてはまだ連結されないまま、イメージ群が並立し、曖昧なつながりのままで存在しているものである。その意味で並列 para という意味が使われている。クライン（Klein, M.）のいう「部分対象」（part object）のアイデアはこのような状態を指しているということができるかもしれない。

パラタキシックな経験は前意識的レベルでイージが並立している状況である。葛藤の状況もこのイメージの内容とその連結の様態によって示される。また、「ことばでどうもうまく言い表せないような」状況である。「ことばに尽くせない経験世界」でもある。フロイトがいうように、まだことばとしてとらえられない前言語的なイメージである。「あれ」とか「それ」とか、指示的に表現する以外にないようなものである。フロイトはこのような心の領域をエス（Es）と名づけている。エスとは、ドイツ語の三人称単数代名詞である。英語でいうとイット「it」となる。これに対応する日本語では、「それ」「あれ」ということに

シンタキシック経験	意識世界 （フロイト）	象徴界 （ラカン）	ことばの支配 （内的状態）
パラタキシック経験	前意識世界	イメージ界	イメージとことばの 並存した状態 （体験をことばで表現しにくい）
プロトタキシック経験	無意識・エスの世界		欲動イメージの支配 ことばで表現できない 「それ」の世界

図 1-2-3　イメージとパラタキシックな経験の様態（サリバン）

なるだろうか。まだ、名前をつけられる以前の心の状態を指している。心理療法の目的は、この前意識的、無意識的な世界のわだかまりを解放することによって、内的な心の統合を図るということであろう。その際に、イメージや動作などによって直接的に表現して解決を図るか、間接的に一度ことばによって置き換えて、表現するところに違いがある。目的は同じでも、方法が分かれてくる。

三、内容と形式

ＰＣゲームの中でも、バーチャルな戦いや相手を次々と倒して進歩していくドラゴン・クエストなどイメージを用いたロール・プレイング・ゲームに人気がある。このようなゲームでの主題は戦いと破壊が中心になっている。怒りや破壊は内的に見ると私たちの中心的なテーマである。怒りや破壊の主題に私たちは虜にさせられている。これは一種の中毒・依存状態といってもよいぐらいである。なぜ、これほど人気があるのであろうか。おそらく、このような主題が私たちの衝動の本質を示しているからではないだろうか。私たちは内的な怒り、破壊性、戦いの衝動をこのような方法で満たしているといえるだろう。ゲームにおいては、物語がイメージ・レベルで展開されており、そこにことばはほとんど介在していない。

このようなロール・プレイング・ゲームは個人的に具体的な人物像やグループが問題ではなく、「戦って敵を倒す」「力の勝利とその確認」というかたち「形式」（form, structure）というか「行動パターン」（behavioral pattern）の問題として見ることができる。行動の形式や行動パターンから見ると、幼児期の玩具の取り合いの喧嘩から、殺し合いの戦いまで基本的には同形である。心理療法でも類似しているところがある。出来事の内容などを話し合いながら、カウンセラーはクライエントの心の形式や行動パターンに注目しているということができるだろう。形式が「怒り」「接近衝動」「甘え」「心の混乱」「羨望」「孤独」「寂しさ」などから「人との交流」「信頼・愛情の表現」「内的な整理」などに変化していくことは心理療法の目的でもある。

四、自我のための退行

心理療法の展開のプロセスとして一時的な退行が出現することは、ことば・イメージのどちらの療法においても同じであろう。ここに作用する心の働きをクリス（Kris, E.）（一九五二）は「自我のための一時的退行」（regression in the service of the Ego）と呼んだことは広く知られている。私たちが心の再統合をはかろうとするとき、身体を縮めて跳躍するように、心の世界でも一時的に退行という統合や統制を失ったような病的な状態が生まれることがあるのである。面接関係や心理療法が面接室という比較的安全で自由度の高い、プライベートな場をもっていることは、この心の退行を促進させるような可能性が高い。この点では「ことば」を媒介にしようが、「イメージ」を媒介にしようが、本質的に変わらないだろう。ことばのレベルでは、「甘え」「幼児的願望」といったことばが発せられたりすることがある。また、イメージであると、激しく欲動がむき出しのものが出現したりする。

五、内的なものの表現におけるイメージとことば

セシュエ（Sechehaye, R. A.）は『分裂病少女の手記』（一九五五）の中で、まったく退行してことばの通じな

「乳房・おっぱい」(具体物) → 「りんご」(もの・象徴) → 「りんごの切片」(もの・象徴) → 「りんごのジュース」(もの・象徴) → 「おっぱい」(ことばの象徴機能)

図 1-2-4　具体物から言語的な象徴へ

表 1-2-1　「もの」から象徴へのプロセス(セシュエの場合)

↓「おっぱい, 乳房」	=	具体物, もの
↓「りんご」	=	具体物, もの, 象徴的メタファー
↓「りんごの切片」	=	具体物, もの, 象徴的メタファー, 取り入れのプロセス
↓「りんごジュース」	=	具体物, もの, 象徴的メタファー, 取り入れのプロセス
↓「おっぱい」	=	ことば, 象徴イメージの喚起, おっぱい体験, 母性体験

い少女の患者の症例が示されている。この少女ルネは、セシュエの象徴的なコミュニケーションによって少しずつ交流していくことができるようになる。ルネが欲しがっている母の乳房を、形態的な類似のりんご(母の象徴イメージ、あるいは知恵の象徴でもある)で示し、その切片をルネに渡す。ルネはそれが乳房であるとして受け取る。そしてやがて、りんごは「ジュース」となる。このジュースも乳房であり、乳房からのミルクである。

このようなプロセスを経て、ルネはセシュエに対して「おっぱい」という「ことば」を発するようになる。「乳房・おっぱい」(具体的なもの)↓「りんご」↓「りんごの切片」を食べる↓「ジュース」を飲む↓「おっぱい」ということばまでに到達していく。これまでの道のりは時間のかかるものであったが、ルネはこれを獲得していく。この経過はまたルネが動作でコミュニケートすることから、ことばでコミュニケートするプロセスに到ったことをも示している。はじめのりんごという具体物から、感覚的・類似的で比喩的な段階を経て、言語的な形の象徴的レベルでのコミュニケーションが可能になっていくという印象深いプロセスである。

これを少し簡略して解説的に示したのが、上の図と表である。この表を見ると、象徴的に展開することばとイメージの変化のプロセスがよくわかるだろう。

最後の「おっぱい」ということばはその前の段階のジュースやりんごの切片、りんごそして乳房・おっぱいという具体的・感覚的なもののすべてを含んでいる。象徴としてのことばの世界は、このように具体的・感覚的なものを含みこんだも

図 1-2-5 「これはパイプではない」
（ルネ・マグリット）

のである。そのときにことばは生きたコミュニケーションの道具となる。そして具体物でなく、イメージそのものでもなく、それらを含みながら、抽象的・象徴的なことばとして交流することができるのである。日常の私たちの社会生活はこのようなことばの象徴機能によって成り立っているのである。このように見ると、ことばの象徴機能の回復が重要であることがわかる。

この点を絵画として示唆的、寓話的に示したものがある。ルネ・マグリット（Magrit, R.）の『これはパイプではない』という絵である。大きなキャンバスの真ん中にパイプがひとつ描かれている。そしてその下に文章として「これはパイプではない」（Ceci n'est pas une pipe.）（一九二九）と書かれている不思議な絵である。

よく考えてみると、これは正しい。たしかに描かれているもの自体がパイプではないことはたしかであるからだ。しかし、この文章がないと、私たちはついこれはパイプだと早とちりをしてしまうだろう。ここにはイメージとイメージを超える関係が描かれていることがわかる。ことばが添えられることによって、ものの本質が示されるといってよい。イメージのみが描かれていたら、パイプが描かれている一枚の絵で終わってしまうのではないだろうか。この絵には、ことばとイメージの関係について見事な洞察が描かれているということができる。

六、精神病理とイメージ

精神病理のレベルをイメージとことばの関係として理解することができないだろうか。統合失調症の内的体験は内的イメージがそのまま行動レベルに表現されているということができよう。周囲が敵意に満ちていると、警戒的

精神病	人格障害	神経症	不適応	健常状態
イメージの支配 ↓ （行動抑制，現実感覚） ↓				
	イメージが行動を支配 ↓ （行動抑制，原始防衛，対人スキル） ↓			
		イメージとことばの混乱とズレ ↓ （ことばによる収拾，高等防衛） ↓		
			ことばの混乱とズレ ↓ （ことば高等防衛） ↓	
				ことばの使用 （ことばの統裁）

図 1-2-6　精神病理におけることばとイメージの位置

な行動として示され、周囲へ猜疑的な視線が向けられる。また、混沌として漠然とした内的世界はそのまま、漠然として混沌とした行動やことばで表現される。

　これに対して人格障害の行動はどうだろうか。この場合、内的なイメージが行動化されるところに特色があるということができる。内的な欲動や衝動は行動として示される。ここではことばが役にたっていない。まだ、具体的な行動レベルで表現されていると考えることができる。

　神経症の場合は、ことばの病ということができるかもしれない。内的な世界がことばによって表現される。そのことばの表現が私たちに伝えられることによって、内的な世界をカウンセラーと共有することができる。ことばによる治療法として有効であると考えられるのは、この点にあるということができる。

　不適応の人や普通に社会生活を送っている人々も、まさにことばを通して生活しているということができる。ことばによって慰められ、ことばによって傷つけられる。また、ことばによって回復する。ことばは日常において、もっとも基本的な生活のあり方を示している。これを図示してみると上のようになる。

　この図は、ことば・イメージと精神病理との関係を示そうとしたものである。ことばの統裁ということが、もっとも内的な欲動・衝動の統制において重要と考えられる。イメージによる表現が治療的な働きをすることは紛れもないが、なぜ、変化したか、なぜよくなったかについてはことばでは説明できない。ことばによる説明は、理解されたイメージをことばの下に統合されることを意味する。これによって、自分が何によって変化したか、について自分に納得のいく説明が可能となる。それはイメージ統裁への逆戻りを防ぐ。

また、ことば以前においては、修正情動体験が必要であることも示されている。情動体験が修正的に働いていない心理療法は有効に作用しないしないだろう。修正的情動体験を基礎にして、はじめて象徴的な内的整理や統合的作業が可能になるのである。面接の中で新しい経験や修正情動体験が問題にされるのはその意味である。バリント(Balint, M.)のいう「基底欠損」(basic fault)や「欠如」(privation)は、基本的な体験過程が欠損しているのであるから、この欠損がまず、修正的に経験されねばならなくなる。精神分析においても、プレ・エディプス期への接近でholding, containmentなどが主張されているのは、この点について考察しているということができる。このレベルの経験過程はことば以前のイメージの世界のものであるということができよう。ルネの場合に見られた象徴的コミュニケーションもその典型例ということができるだろう。

七、ことばによる統裁の機能

なぜ、ことばによって統裁が必要であるのか。

内的な経験は何によって支えられているのだろうか。なぜ、ばらばらにならないで一貫した精神状態をたもつことができるのだろうか。例えば、統合失調症の場合、非現実的な行動やことばが出現するのだろうか。原因の問題はともかくとして、ことばやイメージが自分を超えて力をもっているからだということができよう。「自分を超える」とは、現実的に周囲と調和しながら、統制して話をしたり、行動をしたりするということであろう。この際の「統制」は誰がするのだろうか。それは「自分」であるということができる。それを客観的に「主体」といっても

意識的自我
（ことば）

前意識領域

エス
無意識領域

図 1-2-7　ことばによる統裁

よい。この主体の中心はことばである。ことばが的を外れず、周囲の状況から逸脱しないことが、主体の健全さの証明である。この主体はことばということができる。

私たちが健康であることは、ことばが自己の内面と調和し、また周囲の人間関係と調和してことばが発せられているということである。その点から見ると、最終的に私たちはことばによって統裁されているということが重要であるということができる。心理療法の狙いも、またその結果もこのことばの統裁を確認することができるとき、その人は健康と判断することができるだろう。

心理療法には、内的な表現の手段として、イメージなどさまざまな媒体が使用されるが、最終的にことばによってまとめること、統裁されることを欠くことはできないのである。

参考図書

前田重治　二〇〇三『芸論による心理面接』誠信書房

Kris, E. 1952 *Psychoanalytic exploration in art.* International Universities Press.（馬場禮子訳　一九七六『芸術の精神分析的研究』岩崎学術出版）

Sechehaye, R. A. 1950 *Journal d'une Schizophrene: Auto observation d'une schizophrene pendant le treatment psychotherapique.* Presses Universitaires de France, Paris.（村上　仁・平野　恵訳　一九五五『分裂病少女の手記』みすず書房）

Sullivan, H. S. 1953 *Interpersonal theory of psychiatry.* W.W.Norton.（中井久夫他訳　一九八〇『精神医学は対人関係である』みすず書房）

東京新聞編　二〇〇二『ルネ・マグリット展カタログ』から

鑪　幹八郎　一九九一「精神分析におけるシンボルの位置」臨床描画研究Ⅳ、五八―六九。

第三節　映画にみるアイデンティティの諸相

日ごろ意識していないが、堂々と行動していたり、仕事をしていたりしている人が、危機的な状況に立たされると、今までの信念や考えが変化し、自信がなくなったり、どうしてよいかわからなくなったり、一体自分はこれまで何をしてきたのか、自分は何者か、など自分の存在の基本的なことを疑ったりする。「自分が何者であるか」「これが自分である」ということを自覚し、確信することはなかなかできるものではない。このような自分を支えている基本的な心の芯をアイデンティティ意識と称している。

アイデンティティ意識は私たちのライフサイクルを通して、少しずつ微妙に変化していくのである。例えば、青年期から成人期というように、ある発達段階から次の発達段階に入るとき、私たちは心の体制化のし直し、新しい組み換えをしなければならない。しかし、これはたやすいことではない。これまでの行動のパターンに従うことは慣れていて難しくないが、新しいことには冒険があり、危険も多い。失敗も少なくない。そのため現在の状態の方がまだ安全だと考えられやすい。これは人間のもつ行動パターンの保守性である。古い段階にとどまっても、すでに新しい段階に入っていることからくるズレを感じないわけにはいかない。前にも進めず、後ろへも退けずという心理的なディレンマ・困惑の状態はたいへん辛く、苦しいものである。私たちはこのような心の状態を、ライフサイクルを通して何度も訪れる人生の節々で体験しなければならない。この危機を乗り切れないとき、ひどい場合、自己は破綻し、崩壊していく。そして自分の危機の表現は、常に人と人との間で展開するから、周囲の人を巻き込んだ悲劇となることも少なくない。

映画は心理学でいう「ケース・スタディー」である。個人または家族の運命を、そのライフサイクルに従って具体的に記述していくものである。個人または家族の葛藤を具体的に、焦点化して示すことができる。それだけに現実の事件や現実の個人の生活よりも、生々しく直接的に示される。その点では、現実よりもいっそう力強く「心の真実」を示すことになる。私たちはケース・スタディーによって、実は逆に、煩瑣すぎる具体的な日常性の中から、「心の真実」を物語るために、人間としての普遍的なテーマを見いだそうと努力するのである。この意味で私たちは映画を通して、アイデンティティの危機について多くのことを学べるのではないだろうか。

ここではライフサイクル上で起こるさまざまな悲劇的な物語を通して、アイデンティティの主題をそれぞれの発達段階の節に沿って、幼児期から、高齢期までの主題を映画で追っていきたい。その前に主題としてはライフサイクルを扱っているが、まったく違った二つの映画について述べておきたい。ひとつは黒澤明の『夢』である。もうひとつはベルイマンの『野いちご』である。黒澤が『夢』の中で、オムニバスとして、それぞれライフサイクルのテーマを個別的に扱っているのに対して、ベルイマンは『野いちご』というひとつの映画の中で幼児期から高齢期の主題を扱っている。『野いちご』にもたくさんの夢が出てきて、過去と現在が渾然となって展開しているので、両監督の扱い方の違いが印象に残る。『野いちご』については、第八章を参照していただきたい。

ここでは、ライフサイクル全体のテーマの俯瞰をするという意味で、黒澤明の『夢』を紹介したい。

『夢』（一九九〇）

この映画は八つの短編のオムニバスになっている。ちょうど夏目漱石の『夢十夜』の出だしと同じく、「こんな夢を見た」というタイトルで始まる。これもはじめから印象的である。そのサブタイトルは出ないが、解説には次のようになっている。「日照り雨」「桃畑」「雪あらし」「トンネル」「鴉《からす》」「赤富士」「鬼哭《きこく》」「水車のある村」。

これらは見事にライフサイクルに対応しているのである。「日照り雨」は日照り雨の中で、「狐の嫁入り」を見てしまった。これは見るべきでないものを見たので、狐に謝らなければならない、という。そして母から自殺用の短刀をもらって、狐を探して虹のかなたに旅をする。母からの自立としての幼児期のイニシエーションの主題が見事に描かれている。

「桃畑」は、お姉さんのひな祭りに、団子をもって行く少年が、途中で幻の少女を見て、追っていく。その先には、桃畑があり、少女はこの桃畑の精である。少年が畑に着くと、ひな壇の人形たちが目の前に現れ、少年に踊りを見せる。そして桃を切り倒したことを精たちがなじる。少年は僕も悲しいと言って吹雪の中で泣く。美しい幻想の世界からいよいよ別れる少年期に展開する主題が見事に示される。

「雪あらし」は過酷な雪の中の登山である。登山仲間をつなぐのは、一本のザイルである。途中で凍えて死にそうになり、雪女に出会ったりする。仲間とともに、サバイバルの世界の中で生き延びなければならない青年期の主題が見事に展開している。

また「トンネル」は成人期の主題が表れる。私は陸軍中隊長でひとり戦場から生還した。部隊は全滅した。トンネルを抜けると、野口一等兵が現れる。戦死したことが納得できず、この世をさまよっている。次に全滅した第三小隊が私の前に現れる。彼らに、戦争の悲劇の苦しみを味わいながら、あの世に帰ってくれと懇願する。恐ろしい迫力であった。私は追悼の日々を送ることになるだろう。

「鴉」はまた、別の青年期の主題を展開している。ゴッホの絵を見ている若い絵描きが、見ているうちに絵の中に入ってしまう。そして「アルルのはね橋」で洗濯をしている女性たちに道を聞いたり、曲がりくねった松の林を抜けたりして、あの最後のゴッホの絵「鴉のいる麦畑」に到達する。途中で、ゴッホが忙しそうに、「時間がない」と言って、せわしくスケッチをしているのに出会って、麦畑で別れたりする。その後を追っていくと、また美術館の中の「鴉のいる麦畑」の絵を見ている自分にもどってしまう。絵に対する打ち込み方がすごい。絵に入り込み、その中で生きるという同一化を通り越した世界は、また一種のサバイバルの戦いではないだろうか。何かを学ぶということはこのような面があるということだと納得する。

「赤富士」は成人期の主題を示していると考えられる。北斎の赤富士のような富士山が近くの原発の工場の事故で燃えている。放射能漏れが起こって、住民は避難しようと大騒ぎをしている。しかし、行くところはないので、みんな海に飛び込んで死んでしまう。ひとりの青年がその放射能を焚き火のススを払うように上着を脱いで払うシーンは滑稽のような、深刻のような、笑うに笑えない印象的な場面であった。赤ん坊を背負った母は、自分は仕方がないが、これから将来に向かって生きていくこの子たちはどうしたらよいのかと言って嘆く。自分の仕事が次の世代に対してどのような結果を生むのかというエリクソンの世代性（generativity）の主題を静かに突きつけているようだ。

「鬼哭」は、「きこく」と読み、鬼が泣くということである。成人期の主題をさらに拡大したものである。原発の放射能の結果、人間の住むところはなくなり、地上は膨大なタンポポや植物の変種などが生まれてしまった。また、人間も頭に角などが生えて、その角が夕刻になると痛み出す。みな頭を抱えて痛みに耐えかねて泣くのである。人類の末期的な姿を描いて、深刻な主題に目を向けている。

最後の「水車のある村」は老年期に対応していると考えることができる。小川を豊かな水が流れ、花の咲き乱れている平和な村にさしかかると、水車小屋で水車を修理している老人に出会う。老人は百歳を超えている。これから昔の恋人の葬式にいくという。この人も百歳を超えて亡くなった人である。生きることは楽しい、死ぬことも楽しい、そう言って、老人は葬列の中に鈴をもって入っていく。村人がにぎやかに「やっさ」と掛け声をかけて、お祭りのように葬列を組んで進んでいく。人生は生きることも、死ぬことも、人生そのものが楽しいのだ、という主題が展開する。

ライフサイクルはこのように、さまざまなものがあるが、生まれて死ぬまで楽しいものなのだというメッセージが伝わってくる。節々のイニシエーションの主題に取り組み、見事にそれを映像化したものとして、心理学の教科書に値するものであると思う。このように、全体としては一本の映画であるが、オムニバスとしてライフサイクルの主題を描いているのは、夢のもつ力とそれを知り尽くした黒澤監督の力ではないだろうか。興行的には成功せず、他の作品に比べて、あまり知られることがなかったのは、残念というより不思議な感じがする。

次に、個別的にライフサイクルの節々を主題的に扱った映画を取り上げることにする。アイデンティティの幻想としたのは、「自分」の確認や探求が最後に悲劇的な結末を迎えるものを取り上げたからである。得ようとしたものが、間違いであったり、否定的な形のアイデンティティを求めてしまったり、探求の困難さを一層際立たせて示してくれるところがあると思われるからである。

一、幼児期のアイデンティティ幻想

幼児期において、父また母の悲惨な体験を見て、父母にその悲惨な生活を強いた人を罰する約束をし、それを自分の生きる目的として成長する。日本には江戸期以前まで「仇討ち」ということは名誉回復の行為であった。例えば、鎌倉時代（一一九三年）に父が領地争いで殺された仇を、息子の曽我兄弟が仇討ちで晴した。これはその後、歌舞伎そのほかの芸能に残された。また、浅野内匠守が江戸城で刃傷に及んで、切腹させられた。大石良雄以下四七人が仇討ちとして、吉良上野介を討った。これは現在も歌舞伎や浄瑠璃では人気の出し物になっている。これは歴史的にみると、最後の仇討ちということができる。それをしないことは不名誉なこととされた。仇討ちのために一生を費やす人もいた。また、「返り討ち」のように、反対に相手に殺されてしまうということもあった。このような文化の中では、仇討ちは生きがいになるかもしれない。しかし、現在はこのような世界は日本には存在していない。

自分の中でひそかに誓った親との約束としての処罰が、もし相手を間違っていたらどうなるであろうか。処罰のために一生を懸けて生きてきたのに、その意味が突然なくなってしまったとき私たちはどうするだろうか。「私は何のために生きてきたのか」「何をしようとしてきたのか」「自分は一体何者なのか」「これからどう生きていったらよいのか」という、生きる意味の喪失への痛烈な反応が起こるだろう。しかも、それは自分のみの悲劇ではなく、相手を巻き込んだ悲劇となるのである。相手にとっては、まったく無関係な悲劇が突然自分を襲ってくることになるので、それはそれで大変難しい問題を呈することになる。実際のところ、突然に現実が一八〇度変わってしまったら、私たちは心理的にそれを受け止めるようにはできていないので、さまざまな精神的反応や変調をきたすだろう。事例として『この子の七つのお祝いに』を取り上げてみたい。同じテーマを扱った『殺意の夏』は第八章に述べたので、それを参照していただきたい。

『この子の七つのお祝いに』（一九八二）

第二次大戦の敗戦ということに関係した家族関係の混乱が背景にある。妻と生き別れで満州から引き上げ、そのまま他の女性と結婚して子どもが生まれた。しかし、子どもは病死した。そのため母親は精神に異常をきたしてしまった。夫は偶然に出会った女性と同棲し、妻の前から姿を消した。妻は復讐することを生きがいとした。そして夫と女との間にできた子をさらって育てた。この子には復讐のために、母がひどい仕打ちをされたことを徹底的に吹き込んだ。この子はその物語を信じて育ち、復讐の機会を待った。いよいよその機会がおとずれたとき、前の夫は真実を話した。今までは母の子と思っていたのに、自分がその男の子どもであり、その妻が母であることを知らされる。この子は今までの人生をひたすら、その男（父）を殺して復讐をすることのために生きてきたのに、すべてが意味のない間違いだったのである。彼女（育ての母）はそのショックで精神的な異常をきたすことになる。

時代と人間関係を複雑にからめ、またやや原色的な色使いのシーンで、この突然の真実を明かされることが、見ているものを引き込んでいく。

二、少年期のアイデンティティ幻想

精神分析でいうエディプス葛藤を通して、自分になることの心の過程はこれまでいろいろなかたちで物語られてきた。日本でもよく、「親を乗り越える」「親と張り合う」「親を踏み台にする」と言ったりする。親を乗り越えることに成功していく場合と、反対に親に呑み込まれ、自分を見失ってしまう場合がある。

また、自分の置かれた境遇や育ちが社会的に恵まれず、そのため差別やいじめで苦しんだ過去があり、それに対する防衛の努力が反社会的になる場合がある。惨めな外的な行動や評価に対して、内的には「お前らには負けない」「俺には力があるのだ」という非現実的な自尊心である。この場合には、自己に対しても、社会に対しても、破壊的な結果を生んでしまうことが多い。

この葛藤を通して自己のアイデンティティを確立していくものと、アイデンティティが崩壊していくものの二つが主題になった映画も生まれている。ここでは理想化とその挫折が中心的な主題となる。事例として三つの映画『エデンの東』『太陽がいっぱい』『アポロンの地獄』を取り上げてみたい。

『エデンの東』（一九五五）

ジェームズ・ディーンの主演第一作である。彼は四つの作品に出て、事故で死んでしまったので、そのショッキングな生き様も語り草になっている。映画の主題は思春期から青年期の父母との関係を描いて興味深い。話は聖書のカインとアベルの物語に拠っている。

少年キャル（ディーン）はややすねた性格である。厳格な父にも逆らうところがある。これに対して、兄のノーマンは父のお気に入りの優等生である。父の片腕として農家の手伝いをしている。二人には母がいない。失踪したらしいが、父は真相を明かさない。すね者のキャルが町をかぎまわって、母の居場所を探す。母はいかがわしい水商売をしている。それを嫌った父と別れたのだった。キャルは時々、秘密に母と会ったりする。

父は新鮮なレタスを東部に送り、一儲けをしようとする。しかし、東海岸から西海岸まで距離があるので、温度管理や時間制限など難しい問題がある。父は全財産をかけて博打のような商売に賭けるが、失敗してしまう。そして倒れてしまう。これを面倒みるのは、キャルであった。ノーマンはキャルによってうちあけられた母が水商売をしているという話に耐えられず、軍隊に志願して家から出ていってしまう。

少年期における、父母との葛藤は、深刻であるが、さまざまな形をとる。しかも、すねたり、反抗的な子どもが、必ずしも親との葛藤を乗り越えられないというのでもなく、また親に従順な少年がうまく親との葛藤の主題を乗り越えられるというのでもない。この主題をうまく扱っているのが印象的である。

『太陽がいっぱい』（一九六〇）

スリラー仕立てで、演じている俳優が青年期にあるみずみずしい姿をしており、また美しいナポリの美しい海岸があり、さらにニノ・ロータの素晴らしい音楽があり、映画としてはこの上ない総合のうまみを示している。ことにアラン・ドロンの演じたトムは見事であった。ずる賢く、金持ちを一応は立てるが、信じていない。遊んでいても常にクールに計算している姿がある。モーリス・ルネは金持ちのぼんぼんで、好き勝手に恋人と遊んで暮らすことが当たり前という放蕩息子ぶりである。彼の恋人はマリー・ラフォレというスリムな美しい人であった。

トムは放蕩息子を監視するために父から遣わされた使用人の身分である。しかし、次第に自分が身代わりになるのだという考えが浮かび、それを綿密に実行していく。そのプロセスが映画の見せ所である。そして最後にすべてが成功したという瞬間に、すべてがご破算になってしまう。

ストーリーのよさもあるが、この主題が貧しさと富、わがままと服従、自尊心と卑屈、美しい恋人とひとり者など、青年期に直面する主題を見事に描いていた。また、苦しみの中で自己の中にアイデンティティを形成していくということでなく、他人の幸福そうなアイデンティティを盗み取り、自己のアイデンティティとする仮面アイデンティティの主題も考えさせられる。

『アポロンの地獄』（一九六七）

ソフォクレスの三部作のひとつ『エディプス王』をなぞるように映画化したものである。当時のギリシャの部族国家や生活まで描かれていて、想像力を膨らませてくれる。エディプスの物語は、フロイトのいう「エディプス・コンプレックス」以来、多くの人に親しまれている。最近、日本でも芝居で上演されたりしている。古くて新しい心の真実を描いているということができる。

物語はテイバイの王に男の子が生まれることから始まる。しかし、デルフォイでの神託は「この子は、王を殺し、すべてをもてるものを奪うだろう。また、王の愛する妃の愛を奪うだろう」ということだった。王は恐れて、この子を殺すように召使に命じるが、召使は殺さず砂漠に遺棄する。そこから物語は展開してしまう。そして結果的には、神託どおりに父を殺し、母を娶り、子どもを産ませるということになってしまう。父殺しの犯人探しが劇の中心である。そして犯人を捜せという命令を下している王、その人が犯人であったということになってしまう。

運命のいたずらというか、神の采配からは誰も逃れることができないというメッセージというか、見事な劇の構成である。現代のスリラーとしてみても、一級のものではないだろうか。しかも、そのメッセージは深刻な親子関係の物語である。私たちは親を越えなければ一人前になることはできない。大人であることの証明は、心の世界で親を越え、親を殺したかどうかであるということである。これが人間の定めという真理は変わることがない。エデイプス王の物語は繰り返し、私たちについて回るのだということを考えさせられる。

三、青年期のアイデンティティ幻想

本当の自分、「自分が自分になること」の苦しみがもっとも明瞭に、しかも劇的に示されるのが青年期である。自分を確立する過程で起こる問題行動や精神的な苦悩は、アイデンティティ形成にプラスに働くこともあり、逆に、悲劇的な結果に終わってしまうことも少なくない。私たちは親や社会との関係で、この主題を解決していかねばならない。しかも、これは本人自身が取り組む以外、方法がない。手助けはできても身代わりができないということがアイデンティティ形成の難しいところだろう。事例として、四つの映画『ＴＡＴＯＯ〈刺青〉あり』『真夜中のカーボーイ』『鬼火』『タクシー・ドライバー』を取り上げてみたい。

『ＴＡＴＯＯ〈刺青〉あり』（一九八二）

社会的に恵まれない者が、内的な自尊心をカッコよく生きることでバランスをとるということは少なくない。必要なことは地味な努力で力をつけ、社会的に成功することによって尊敬をかちとり、自尊心を高めていくことが本来の筋道ではあるが、これは困難をともない、またプロセスとしては成功するかどうかわからないという不安定な要素もある。しかし、うそで固めた生活だとしても、すぐに目に見えて成果らしいものが見えると、地味な努力よりも、手っ取り早く自尊心は満足されることになる。ここに描かれた主人公はその典型ともいえる青年であった。

皆に注目されたいために、「デッカイことをする」と友達に言いふらしていた青年が、実際にやったことは銀行強盗であった。人質をとって銀行にたてこもり、いろいろな要求をする。人質の男性も女性も裸にして逃げないようにする。要求が聞かれないと人質を猟銃で殺してしまう。社会的には大きな騒ぎになった。新聞やTVも連日報道した。彼の宣言のとおりだった。彼の言う「デッカイこと」が銀行強盗とは誰も思っていなかった。

人質を釈放するように呼びかけるために、母親が呼ばれたりする。母は優しい人ではあるが、無学である。暴力的な夫のもとで、貧乏のなかで無力に従順に生活していた。このような事態をどうしてよいかわからず、また、息子がなぜこのような大変なことをしでかしたか理解できないで、ただおろおろするばかりであった。

警察の人質救助隊には、人質の犠牲者がでるようであれば、犯人を射殺してもよいという許可も出ていた。そして実際に一瞬の隙をついて、救助隊は彼を射殺してしまう。その死体を担架に乗せ、救急車に運ぶとき、腕に刺青をしているのが見える。それで腕に「刺青あり」と報告書に書かれるのである。これが映画の題名になっている。

青年期における自尊心の形成や維持は難しい心の仕事である。内的な形成に失敗すると、うつ状態、自殺、閉じこもりといった行動となる。外的に表現されると、この映画のような強盗、殺人、などとなることも稀ではない。ことに、家族内の暴力と殺人などに、この自尊心が微妙にからまっていることはこれまでも少なくない。

『真夜中のカーボーイ』（一九六九）

青年期で定職に就くことに失敗して、職を転々としたり、またただぶらぶらしていたりして生活するとき、私たちの内的な世界はその不明確さと自尊心の低さに生活することが耐えられなくなる。また、そのような状況が慢性化すると、一種の犯罪者のような生活を送るような状態になることがある。この映画は、そのような心模様を描いたものである。内的な生活が安定しないで、ぶらぶらの人生がどんなに惨めであるかが、見事に描かれている。

田舎から出てきた青年が、ニューヨークで一旗あげようと考えているが、都会はそれほど甘くない。金はすぐに使い果たし、生活もどうしようもなくなる。そのようなとき、「ねずみ（ラッツォー）」と呼ばれている浮浪者と知り合う。それから二人で協力して金を稼ぐ。パーティに勝手に入り込み、財布を抜き取ったり、男娼や金持ち女性のセックスパートナーになって金を稼いだりする。しかし、それらの生活は心をいっそううつにするだけである。二人は最後にバスに乗り、ニューヨークのどぶから離れ、フロリダの明るい空のある天国を夢見て出発する。しかし、ラッツォーは肺炎に冒されていて、バスの中で死んでしまうのである。

都会の生活の悲惨さ、どうしようもない暗さ、その中で天国や明るさを求めて旅立とうとするどん底の青年たちの希望が示されている。しかし、すでに時は遅いのだが……。

『鬼火』（一九六三）

生きるための希望を完全に失った人が、最後の時間をどのように過ごすかという点から考えると、なかなか難しい問題である。ルネはフランスの植民地であったアルジェリア紛争で戦った若い将校であった。いずれ自立し、独立する国で、ただ無駄な殺戮をすることのむなしさに耐えることのできないものではなかっただろうか。今はまったく生きる希望をなくしている。死ぬと決めて、最後の数週間を友人との別れに費やす。それが終わると、自分のベッドで横になり、拳銃を口に加えて引き金を引いてしまう。

別れの挨拶回りが明るく展開するので、見ている者としては戸惑ってしまう。求めても、将来の拓かれるアイデンティティでなかったら、意味がないのであろう。また、自分が戦場で殺した死者を弔って十分な価値あるアイデンティティの形成でなければ、先に進むことはできないのであろう。彼はまったく何も見えなかった。だから、彼の自殺は罪の償いというようなニュアンスはあまりない。

『タクシー・ドライバー』（一九七六）

ニューヨークの夜のタクシー・ドライバーの主人公トラビスを通して、自分のアイデンティティや生き方を確かめようと、狂乱と混乱の中で苦悩する姿を描いている。当時はベトナム問題にアメリカ中が湧いていた。戦争帰りのトラビスは、ニューヨークの夜の街でタクシーを走らせながら、納得できない世情にいらだっていた。大統領選挙の候補者の話を聞きに、モヒカン刈りにして人目をひいたりする。学生運動などと連動して、世の中は一見混乱の状況を示していた。トラビスは闇ルートから銃を手にいれ、それを使うためにからだを鍛える。早撃ちのために腕に工夫したりする。このような自己完結的に正義を破壊的に実現しようとするのも時代を象徴しているようで興味深い。

トラビスの計画は田舎から出てきた未成年の少女を、暴力団の売春組織から助けだすという計画であった。守りの堅い場所に入り、少女を助けるには多くのガードマンをやっつけなければならない。そして乗り込み、凄惨な銃撃戦を展開し、少女を助け出す。それが新聞に出たりする。彼はひとつの目標は達成したが、次には何をしてよいかわからない。ある日、タクシーの仕事の中休みで、先輩のドライバーに「自分はこれから何をしたらよいのかわからない」と自問自答するように話した。すると、先輩のドライバーは次のように言う。「同じ事をしていると、いつの間にかそれが自分の仕事と思えるようになるさ」。トラビスは同僚のことばがよくわからないまま、またタクシーの仕事に戻っていく。

時代を描いて興味深い。ベトナム戦争、ケネディ大統領の死はまだ生々しい。世の中は本当に方向を見失い、騒然としているように見える。このような中でベトナム戦争帰りの若者が、自分のアイデンティティを求めて行動する。しかし、ただ現象的な不正を解決しようとしても、何も変化しないという苛立ちもある。このようなときの同僚のことばは哲学的な洞察を示しているようで興味深い。

四、成人期のアイデンティティ幻想

社会人として一応適応的に生活をしていても、心の面から見て満足しているかどうかわからない。うまく仕事をして安定しているように見えても、仕事の鬼というようにがんばっているように見えても、突然のように「うつ」になって倒れるということも少なくない。また、自殺も成人期にとって重大な問題のひとつである。このような中年期の中心にあるものは、「私は何者か」「私はどこから来たのか」を確かめないでは先に進めない心の状態が展開し、改めて自己のアイデンティティを確認したい欲求に動かされるテーマである。この自己のアイデンティティを支えるためには、母との体験を確認する行動となりやすい。

その観点から描かれたのが映画『青幻記』である。成人期に入って、三〇年前に別れた母を捜して、故郷奄美の沖永良部島に帰る。そしてもう一度母を体験する小学二年の私の物語である。美しい海を背景にした独特の心のたびを映像化したものであった。それはこの時期にしなければならない心の仕事であるといってよい。美しくも悲しい、しかし幻の母に出会って安らげる世界でもあった。

この時期の人たちの心の困難を扱った映画も少なくない。ここではその事例として五つの映画『異人たちとの夏』『カメレオンマン』『パリ、テキサス』『竜二』『カイロの紫のバラ』をあげることにする。『カイロの紫のバラ』と『カメレオンマン』は、第三章で述べているので、ここでは触れないでおきたい。そちらを参照していただきたい。

『異人たちとの夏』（一九八八）

大林宣彦監督は青少年の心の変化や微妙な動揺を描く作品が多い。しかし、『異人たちとの夏』は、成人男性の心の世界を描いている。心理学的にみると、成人期への一種のイニシエーションとみることができる。

物語は次のようである。

ＴＶのドラマ作家である主人公は、最近円満に（？）離婚した。高校生の息子がいる。アパートが仕事場であり、また寝る所となっている。ひとりで生活していると、ある夜同じアパートに住む女性が、さびしいので一緒に飲もうと訪ねてくる。しかし、彼は忙しいからと拒否する。あるとき、取材のついでに、地下鉄に乗って浅草に出かける。そこは彼の生まれた場所であった。彼は一二歳までそこで父母と生活していた。

地下鉄をあがると、浅草は前のままに懐かしく存在している。寄席に入ると、父に似た人がいる。終わって外に出ると、その人が話しかけてくる。あたかも自分を息子のように扱う。年齢的には自分とあまり変わりないのに。「寄っていくか」と言われてついていく。古い、かつての借家である。その家には懐かしい母もいる。二人は自分を子どもとして扱う。自分も二人が両親であることを疑わない。

このようにしてたびたび浅草の場所を訪れることになる。自分は一二歳のころの下町の生活を満喫する。しかし、彼の周囲の現実の人たちは彼が急激に痩せていていることを心配する。また、アパートの女性がワインとチーズをもって訪ねてくる。今度は歓迎する。二人には「あの音楽」という共通するアリアがある。プッチーニの「ジャンニスキッキ」の中の「父」のアリアである。それは父を求める娘の甘い、切ないアリアである。二人は次第に関係を深めていく。彼女は胸を見せることは嫌がる。

彼はさらに痩せていく。がりがりになり、周囲の人は何事が起こっているか心配している。やがて、わかるのは両親の亡霊と女性の亡霊との交流であるということだった。周囲の人は何とか亡霊から切り離そうとするが、なかなか手ごわいことである。しかし、彼にも不思議な心の満足と同時に、これを続けると命が危ないという直感があった。そして両親との切ない別れがある。彼は目にいっぱい涙をためて「ありがとうございました」と言う。両親は「お前を誇りに思っているよ」と言って消えていく。何というすごいことば！

また、女性との別れは厳しいものであった。女性ははじめに訪ねてきたとき、拒否されて、生きていく力を失い、胸や腹を切って自殺をしたのだった。しかし、その霊は残って彼との逢瀬を続けていたのだということがわかる。そこで別れる瞬間、彼は命を奪われそうになる。その中で彼女が去っていくときの嵐のような姿は印象的であった。

このようにして深い喜びと、悲しい恐ろしい別れを体験して、現実には空き地になっている場所に線香をたて、お別れをするのである。成人期にあるひとが、もう一度、自分の過去を取り戻し、吟味し直して、自分のアイデンティティを取り戻してはじめて、次のライフサイクルの段階に入っていくことが示される。これは一種のイニシエーションということもできる。それが命を懸けた厳しい心の仕事であることを見事に映像化したものだった。

『パリ、テキサス』（一九八四）

はじめはこの映画の題名にとまどった。パリとテキサスがどうつながるのだろう。答は映画が始まってしばらくしてわかる。テキサス州にあるパリという町のことである。この町にかつて妻だった女性が住んでいる。二人の間には男の子がいる。男の妹の家族に引き取られて子どもは育てられている。地域の学校に通っている。もう小学生になっている。男は放浪して倒れ、妹のところに連絡がいき、しばらくここで生活することになる。しかし、男と子どもはなかなかなじめない。この子のためにかつての妻、この子の母が毎月送金をしていることを聞く。男は妻に会いに行こうと考える。学校帰りの息子にそのことを伝えると、子どもも一緒に行くという。二人でピックアップ・トラックにのって出かけることになる。格好悪いというか、不器用というか、そんな素朴・朴訥な、やや社会的不適格者の印象をもったこの男と息子の道行きは印象的である。

テキサスに行き、銀行の送金元からわかった銀行に張り込んで待ち、ついに母に出会う。後をつけると、そこはいかがわしい場所であった。キー・ホール・クラブというワン・ウェイ・ミラーの向こうに女性がいて、女性の姿を見たり、電話でガラス越しに話をしたりして楽しむ場所である。そこで前の妻を指名し話をする。次の日もう一度、同じ場所に行き妻と話をする。妻も相手がかつての夫であることに気づく。男は子どもがホテルで母を待っていると告げる。妻が子どもに会いに行き、母子が出会ったのを遠くから見て確かめ、彼はこの地をひとり去っていく。周囲は夕焼けの明るさが残っていて、町が独特の赤紫の原色的な世界となっている。

子どものために母を捜すという努力はするが、自分の生き方は相変わらず社会からの落伍者のような状態は変わらないだろうな、と思わせて終わる映画は複雑な余韻を残す。また、このような仕事をして子どもを育てる母も大変だろうな。父としてははじめから社会的な不適応者のように生活していくのだろうか。彼は何を求めてこれから生きていくのだろうか。何も人生に求めていないような印象を与える。子どもを母に預けることで、問題は何も解決していない。しかし、彼は何かを達成したと思っているということなのだろうか。また、どこかで行き倒れとなり、やがてそのまま死んでしまうのだろうか。中年になり、何にも希望をもっていないことは、それ自体が悲劇的であるということがよくわかるような生活である。

『竜二』（一九八三）

妻と娘のため、足を洗って堅気になった男の焦燥と葛藤を描いたもの。暴力団の幹部で三年前に刑務所に入り、妻や子に会っていない。刑務所を出て、暴力団に戻ると格が上って歓迎され安定していた。しかし、心は満たされていなかった。そんなことを堅気になって生活している元兄貴分に告白すると、「俺は、そう考えたとき、俺自身を捨て、女房・子どものために生きようと決めたんだ」と言った。

自分も堅気になって、女房・子どもと生活することを決心する。妻も子どもも歓迎してくれた。小さなアパートに住み、酒屋の店員として安月給で働いた。充実していた。三ヶ月たったとき、兄弟分が訪ねてきた。やく（薬）中毒でやつれていた。金を貸してくれと言うが、竜二には貸す金がない。この兄弟分は間もなく死ぬ。葬式に出かけて香典を渡すと、「今頃おそい」と言って、家族から拒否された。

これを期に竜二の心には次第に焦り、苛立ちが芽生えてくる。小市民の日陰の生活は安定している。しかし、貧しい生活であり、大事な兄弟分に金を貸すこともできない。なぜ、もっと自由になれないのか。金が稼げないのか。タイミングを測ったように、そこに弟分だったやくざが訪ねてくる。元の世界に戻るように勧誘され、心が揺れる。やがて竜二は小市民の妻子との安定した生活を捨て、また荒っぽいが命を賭けたやくざの生活に戻る決心をする。

商店街で買い物をしている妻を遠くから見る。妻は竜二がやくざの世界に戻るのだということを察知する。竜二もそのまま別れて行ってしまう。

安定や家族を求めて生きていこうと決心しても、その現実のせち辛さ、苦しさに耐えられない竜二。そして命を賭けた争いに巻き込まれるだろうが、その張りつめた世界に生きようとする。家族の安定ということと、緊張して張りつめて生き、金に不自由のない生活との対比と社会的な安定と悪の世界との葛藤の結果、悪の世界が選択されるという心の動きについて描かれているのが印象的な物語である。心の安定ということよりも、危険に満ち、社会的には陰の世界に生きることであっても、張りつめた中での生活の方が、心が生き生きとするということは、成人の生き方やアイデンティティを決定する重要な要素なのだろうか。

五、壮年期のアイデンティティ幻想

壮年期はライフサイクルの中で、一見安定しているように見える時期である。心理学でもこれまで「大人とは」、あるいは「人間とは」というときの基準として考えられている。ということからか、その時期自体の特徴をライフサイクルに位置づけて吟味されることはそれほど多くなかった。この時期には、また特有の心理的に困難な問題がある。たとえ社会的に成功していても、表面的には家族とも、友人たちともうまくいっているように見えても、心の中は空白のままであり、生きていることにも意味が見いだせない状態が続くことも少なくない。このような空白感をもって私たちは生きていけるだろうか。壮年期の自殺などに遭遇して、「わからない」「成功しているのに何でまた?」「平穏無事だったのに」「もっとも恵まれていたのに」といった感想が語られることが多いのである。このような中年期の主題を扱った映画として、ここでは五つの映画『アレンジメント〈愛の旋律〉』『嘆きの天使』『ダメージ』『永遠のマリア・カラス』『秋のソナタ』を取り上げたい。同じテーマを扱った『私の中のもうひとりの私』

については第三章で述べたので、そちらを参照していただきたい。

『アレンジメント〈愛の旋律〉』（一九六九）

アンダーソンは貧しいギリシャ移民の出身だった。今では、広告業界の切れ者として通っている。郊外の豪華な屋敷に住み、朝の出勤は白いベンツのスポーツカーである。家には美人で、知的な妻がいる。成功者の典型のような人物である。ある日、出勤途中の高速道路で、突然、乗っている車ごとトラックに体当たりをするようにして事故を起こし、重傷を負う。見るものには自殺をしようとしたようにうつる。なぜなのだろう、という疑問が映画が進むにつれ、次第に明らかになっていく。

退院して家でリハビリをしていても、一言も仕事の話はしない。妻が話しかけても、応えない。性的な関係にも興味を失ったようなそぶりをする。会社の幹部が見舞いかたがた、仕事の話をしても相手にしない。まったく人柄が変わったように見える。出勤できるような状態になって会社に行っても、自分の作ったこれまでのコマーシャルの文句を否定するような発言をして幹部を困らせる。あるとき、かつて付き合っていた女性グエンと偶然に出会う。それをきっかけに、アンダーソンは彼女との関係を回復し、深い関係に発展させていく。彼女は純粋に彼のことが好きで関係を大事にしている。

この関係がバレてしまい、妻との間で問題になる。彼はすべてを捨てる覚悟ができている。自分が育った郊外の古びた家に出かけ、父をしのぶが、同時に自分の出自を深く思う。ギリシャ移民であった父の苦労をはっきりと自覚すると同時に、これらをすべて捨て、新しい出発をするためには、過去をすべて消し去らねばならないという思いから、彼はこの家に火をつけて焼いてしまう。この行為は関係者にはまったく理解できない。アンダーソンは完全に精神に異常をきたしたと思われてしまう。そして精神病院に送られてしまう。

すべてを失って退院した彼を待っていたのは、深く結ばれたグエンだった。これからまったく違った生活を始める。それは貧しい、社会的には誰も注目することのない、しかし、真実の愛に満たされた生活である。命を賭けた、しかし、周囲から見たら狂気の行動も、アンダーソンにとっては自分の内的な真実を求め、信頼する人と愛情のある生活を求めることであった。そのために、彼は現在をすべて否定し、また自分の育った過去、そして父と対決しなければならなかった。対決の中で「父を越え、自分になる」ために、彼は自分の育った家を焼かねばならなかった。それはすさまじい対決であり、心の戦いであった。壮年期のアイデンティティの主題がどんなに激しく、また命を賭けたものであるかが、理解できるように感じられた。ギリシャ系アメリカ人のエリア・カザン監督の深い思いの切実さが伝わってくる。

『嘆きの天使』（一九三〇）

この映画はしっかりた評判の教師が、女性の誘惑に負け、身を滅ぼしていくプロセスを描いたものである。このような女性をファム・ファタールとしてこれまでもたびたび小説の主題にされたりしている。この映画は二度作られている。私は最初の作品、一九三〇年に制作されたものがよくできていると思う。ここではマルレーネ・デートリッヒが「怖い天使」(der Blaue Engel) を演じて有名になった。第二作の方は主演の男性に重点が置かれていた。ドイツの名優クルト・ユルゲンスが演じている。映画の日本の題名は「嘆きの天使」となっている。天使というから、このキャバレーの踊り子であろうと想像される。しかし、天使は嘆いていない。むしろ、堂々として周囲の男性を支配している。怖い女性なのである。嘆いているのは男性の方である。

中学の教師であるラート先生はまじめで、かつ堅物で通っていた。初老にさしかかっているが独身であった。生徒たちがポルノ写真の回し見をしているので、注意して写真を没収した。それは近くのキャバレーに出演している女優の写真であった。先生は立場上、その写真の主を確かめに、生まれて初めてキャバレーなるところに出かけていく。そこで踊り子のデートリッヒに出会い、電撃的にこの女性の魅力の虜になってしまう。次の日にはおしゃれをして、キャバレーに出かけていく。学校でも町でも、先生は評判になってしまう。学校に居られなくなり辞める。そしてキャバレーの女性と結婚して、一緒にドサ回りをすることになる。女性のひも的な形でドサ回りをしている。出し物の人気がなくなると、先生にお鉢がまわり、道化として手品の助手にさせられ舞台に立たされるということになる。ラート先生は女性に生真面目につくすが、彼女は意に介せず、新しい若い男性と仲良くなってしまう。

ある時、再び学校のある町にこの一座がやってくる。落ちぶれた姿を見せるのはラート先生には辛い。そのうえ、妻の女性が若い男性とその日も関係をもっているのを目撃する。それに耐えられなくなった先生は、突然舞台を降り、妻と男性を悲しそうに見つめて、どこかに去っていってしまう。次の日、ラート先生はかつて自分が教えた学校の教室で死んでいるところを発見されるのであった。

分別も十分にある教師という仕事をしている男性が、ひとりの魅力的な女性に出会った瞬間に虜になり、これまでの人生を賭けて築いてきた社会的地位や名誉をすっぱりと捨てて、その女性に従うという破滅的な行動をしてしまうことが見事に描かれている。分別のある中年になっているのに、突然信じがたい行動をとってしまう。無意識の力が火山の爆発のように噴射して出現するということが起こる。中年の心の世界の難しさである。

『ダメージ』（一九九二）

主題は『嘆きの天使』とまったく同じである。イギリスの下院議員のスティーヴン・フレミングは、やがて大臣も約束された順風満帆な人生を送っている。もうすぐ結婚をするような男の子どももいる安定した家族生活を送っている。何の不自由もない生活に見える。ある時、フランス大使館の式典に出席していると、ひとりの若い女性が、自分は息子の恋人だと自己紹介をする。名前はアンナ。魅力的な女性である。父であるフレミングは瞬間的に何かの衝動を感じてしまう。その夜電話をすると、女性は待っている。お互いに運命的なものを感じて、求め合い、激しい情事を展開する。息子の許婚と息子の父との情事である。フレミングは罪悪感もあるがやめられない。アンナは平然としている。息子と結婚しても、フレミングと会うのが悪いとは思っていないらしい。関係はのっぴきならない状態のまま、深まっていく。

二人はアンナのアパートで密会し、激しく抱き合っているところに息子が現れ、二人の裸の姿を目撃してしまう。そのショックで五階から落ちて死んでしまう。フレミングは自分の生活のすべてを断罪する。職を辞し、離婚する。すべてを清算して、ギリシャの海岸に一部屋借りて、隠棲することになる。この事件はアンナにとっては人生の一こまの情事であったようだ。アンナはまた、別の男性と出会い、平凡な生活を営むということが暗示されている。

地位も、名誉もあり、指導的な立場にあって、政治的な能力もたかい。しかも家庭も安定している。非のうちどころのない人が、すべてを捨てるようにしてあるとき突然、女性にとらえられてしまう。このような内的な力が、この時期に発動するということが印象深い。その瞬間は突然にやってくる。私たちには中年期の独特の衝動的な行動や破壊的な欲動とどのように折り合いをつけたらよいのだろうか。

『永遠のマリア・カラス』（二〇〇二）

天才的なソプラノのオペラ歌手であり、社交界でも話題の多かったマリア・カラスの晩年について描いた興味深い映画である。マリア・カラスの歌声をたっぷりと聴くことができる。引退して後、晩年のマリアの様子はあまりはっきりとわかっていない。この映画に示されている解釈はライフサイクルにおける壮年期や晩年のアイデンティティを考えるうえで参考になるのではないだろうか。

マリアが隠棲生活を送っているパリに、昔の仕事仲間であるラリーがマリアを主演とする映画を制作するという企画をもってくる。現在はもうすでに声も衰え、演奏に耐えないが、かつての全盛期に録音した声と、現在のマリアを合成する形で映画を制作したらどうかというアイデアである。迷うがマリアもその気になる。オペラとして録音したことのないビゼーの「カルメン」を映画にしようというのである。マリアは熱心に役づくりに励む。映画はそのカルメンとしてのマリアの歌声がたっぷりと聴けるようになっている。往年のすばらしい歌声であるから、見ているものにとっては満足である。

完成してマリアはテスト試写を見る。それに動揺する。観客にはわからないかもしれないが、昔の声と現在の動きがあまりにちぐはぐであり、それを公開するには耐えられない。せっかくでき上がった映画をお蔵入りにしてしまう。マリアはむしろ、現在の声で作ったらどうかと提案するが、今度はラリーや周囲の人々がすでに歌手としての限界を超えているということで承諾しない。マリアは現在の自分の姿を認めざるをえないのであった。大衆の前でスポットライトをあび、大きな拍手で歓迎されていた人が、もう一度ということでその栄光を再生しようにも、不可能であることに直面させられるという厳しい現実であった。おそらく偉大であればあるだけ、引退後の生き方は悲惨を伴っているのではないだろうか。マリアの映画企画をもってくるラリーも残酷な人であるが、また現実に直面せざるをえないマリアの状況は悲惨だろうと思った。アイデンティティの幻想は強烈であるが、ライフサイクルとして次に展開するには、どのような道が考えられるのだろうか。

そういえば、似た映画として『トスカの接吻』（一九八四）という映画があった。引退した歌い手たちが、ヴェルディの基金で立てられた引退した音楽家用の老人ホームに晩年を過ごしている。多くの歌手が昔の栄光を幻想として、幻の中で生きている姿であった。幻想の中で「トスカ」を歌い、聴衆の前で礼をしている老歌手を遠くから写すのだが、そこはホームの暗い廊下の一角なのであった。

『秋のソナタ』（一九七八）

ベルイマンの映画は人間の内面を描いて、厳しい現実を私たちに示す。この映画も全体に静かな、舞台劇のような展開をするが、深く考えさせられる映画である。また、この映画はイングリッド・バーグマンの最後の出演映画として知られている。老いの年齢にさしかかったあの美しいバーグマンが、醜い内面を見事に演じている。

ノルウェー北部の森と湖のある美しい、しかし、人も多くは住んでいないさびしい場所に牧師館がある。イヴ・ウルマン演じるエヴァは年配の牧師の夫と静かな生活をしている。この夫婦には四歳になったひとり子が目の前の湖で溺れて亡くなるという不幸な経験がある。エヴァはまだその喪の過程から抜けていない。夫は静かにそれを見守っている。薄いガラスのコップを丁寧に扱うような用心深い態度である。深い配慮はあるが、夫婦の関係は絶望を抱えた寂しさに包まれている。エヴァは七年ぶりに母を招待する。バーグマン演じる母は、夫と死に別れをしたのであるが、ピアニストとして演奏旅行で世界を飛び回っている。少し静養したらどうかという提案である。母もこの招待を受ける。

母が演奏の都合をつけて、やってくる。底抜けに明るい。夕食の後、エヴァと久しぶりにピアノを弾く。エヴァは自信なく弾く。母は容赦なく批判し、ケチをつける。模範を示す母の自信に満ちた態度にエヴァは圧倒されると同時に、打ちのめされ、やっぱり母は何にも変わっていないと思う。小さいときから、こうだった。母の練習を邪魔してはいけなかった。演奏会のため、母が家を留守にすると、ひとりで寂しく待っていなければならなかった。

母のために招待したが、抑えていて忘れたと思っていた古傷がまたうずき始めた。眠れなくなって、ワインを飲みながらひとりで子どもの頃の思いに耽っていると、母親が目を覚ましてエヴァのところに降りてくる。そこで母子の会話が始まる。はじめは静かな抑えた会話であったが、エヴァは我慢ができなくなり、酒の力も働き、子ども時代、娘時代の寂しさや不満をぶちまける。母も大声を上げて防戦する。このやり取りは見ているものとして、抑えている内面の苦悩がどんなに深いものであるか、圧倒されて衝撃を受けるシーンである。そこに、動物のような、叫ぶような声がする。それは脳性まひのような状態の妹の声であった。妹をエヴァが引き取って面倒を見ていたのである。これには母も衝撃を受ける。母は面倒なことはすべて娘のエヴァにかませて、今も派手なピアニストとしての生活をしているのである。母はいろいろと言い訳をするが、言い訳は声が高くなるほど、自己中心的な自己弁護になってしまうのである。

母は一週間滞在する予定をやめ、次の日に出発してしまう。乗った列車が湖の向こうの家のあるあたりを通るとき、「私にはあのような家族的な生活はないわね」と、皮肉気味に、昨夜の激論もすっかり忘れたように、明るい顔でマネジャーの男性に話すのである。

エヴァの深い苦しみや孤独感と母の独特な自己愛的生活とが対比され、母娘の関係の独特さが印象深く描かれて、見るものを圧倒する。

六、老年期のアイデンティティ幻想

人生の最終段階に達したことの自覚は「自分が死ぬ」「この世との別れ」「親しい人々との別れ」ということに直面していることを前提にしているだろう。死に直面することは、これまでの人生の経験をすべて統合することである。人生最後の統合というのは、自分の人生は何だったのかという観点から、これまで生きてきたことを確認していく人生の回想・ライフレヴューをする心の仕事である。これまでの経験の統合という課題に取り組むことが生き方の主題となるだろう。事例として七つの映画『野いちご』『黄昏』『八月の鯨』『ペレ』『ライムライト』『トト・ザ・ヒーロー』『ストレイト・ストーリー』を取り上げる。このうち、『トト・ザ・ヒーロー』は第二章二節で取り上げるので、ここでは述べない。また、ベルイマンの『野いちご』は、著作集第一巻『ライフサイクルとアイデンティティ』で述べているので、第八章十一節で簡単に触れることにしたい。

『黄昏《たそがれ》』（一九八一）

西部劇のヒーローとしてのヘンリー・フォンダが、最後に「老い」を主題にして主演した映画である。この演技で彼はアカデミー賞をもらった。演技というより、実際の生活そのままという感じの作品であった。実際にヘンリー・フォンダは、この作品が彼の最後の映画になった。この映画が完成してまもなく亡くなっている。娘のジェーンと共演することで、行き違いの多かった親子が実際に関係を修復したということでも知られている。

物語は老境にある父と娘との交流を描いた家族愛ということができる。森の深いニューイングランド（アメリカ）の湖畔の別荘でバカンスを過ごしている老夫婦のところに、彼らの娘がやってくる。父は無骨で愛情をどのように表現したらよいかわからない。そのために疎遠になっていた。しかし、娘が連れてきた少年の孫との交流を通じて、父の愛情は次第にぎこちなさがとれていく。

父が一人で森の中を散歩して道に迷い、やや被害的な妄想状態になるシーンなど、また頑固一徹さの性格が一段と目立つようになり、妻の方が手を焼くシーンなど、老齢期の姿が実感をもって描かれる。ヘンリー・フォンダの演技というより、現在、その時期にあるのではないかという実感を滲ませたものであり迫力があった。最後は娘と仲直りをして、娘の自立を認め、また老齢者としての自分たちの生活を楽しもうという姿勢が生まれていくことになる。

単純な物語ではあるが、老齢期の実感がよく出ている映画である。現実と映画とが二重写しになって、父と娘の関係の再出発が印象的であった。ここでもライフサイクル上の世代性という主題が扱われている。老齢期の重要な主題として、次の世代との関係が修復され、しっかりバトンタッチされていく。それらがほのぼのと暖かく描かれている。

『八月の鯨』（一九八七）

老齢に達した二人の大女優リリアン・ギッシュ（九〇歳）とベティ・デーヴィス（七九歳）の競演ということも話題になった。脇役の人々も往年のハリウッドのスターたちであった。姉妹は人生のほとんどを仲良く過ごした。アメリカ・メイン州の小さな島にある妹の別荘に滞在している。その穏やかな日常生活を描いたものである。八月になると、この島の入江に鯨がやってくる。少女の頃、二人はよく鯨を見に行った。しかし、それは遠い昔のことである。ほとんど特別のことは何も起こらない。長く生きていると人生にはいろいろのことがあるのだということがわかる。いわゆる人生の回想・ライフレヴューをしている。

第一次大戦で妹の夫が亡くなったとき、支えたのは姉であった。また、現在目が不自由になって、気難しく意固地になった姉を支えるのは妹である。お互いに支えながら、近所の人々にも助けてもらう日々である。昔なじみの人たちが訪ねてくる。楽しいが何ということもないひと時を皆と過ごす。このような人間関係全体の中で、支えあって生きているのが老齢期である。ある日、鯨が入江に来ているという報せをうけて、それを見に姉妹が手を取りあって庭に出て行く。

老齢期の姉妹の支えあう生活がうまく描かれている。この中でも、目が不自由になった姉にはことばに棘があり、隣人をひどく傷つけてしまったりする。これを妹がかばったり、とりなしたりする。いつ倒れるかもわからない最晩年の、姉妹の心の通い合いによってようやく支えられている老齢の人の本当にもろい姿が描かれていて、全体にはほのぼのとした雰囲気を保ちながら、生命そのものの炎がいつ絶たれるのかという危うさの感じを示している。この微妙な関係が映画との関係で起こっているということも印象に残る。

ライフサイクル上の最後をどのように過ごすかということは大きな課題であろう。この中で特別な事件はないが、自分の生きてきた過去の生活や経験がライフレヴューとして美しく示されている。

『ペレ』（一九八九）

今から約百年前、スウェーデンからの移民として、老いた農夫と息子の父子がデンマークの港に着く。農夫の夢は豊かな食事と生活だった。それを息子にも聞かせていたが、港に着くと、その夢はすぐに打ち砕かれた。そこは厳しい現実だった。牛の世話をする農園にようやく拾われ、牛小屋で生活をする有様であった。父はこの境遇に腹を立てるが、どうすることもできない。いつかアメリカに渡ることを夢見て息子のペレをかばうことが精いっぱいであった。ペレは学校に行ってもいじめられた。農園は大家族でもあり、さまざまな人間関係も展開する。大人の人間臭い男女関係や家族関係でペレも振り回される。その中でペレはこの農場から独立し、離れていくことを夢見る。努力してペレは農園の管理人助手となる。しかし、ペレは管理人の制服の仮縫いの日、農園を出る決意をする。老いた父はペレの決意を十分に理解しているが、自分は年老いていて、一緒に出てもペレの足手まといになるばかりだと、涙ながら踏みとどまる。父を離れて、息子は雪の中の道を歩いて去って行くのである。それを父は地下室の鉄の格子窓から見つめている。

移民として老いた父が、農園での悲惨な生活に耐える力となったのは、ペレという少年の成長であった。そのためにすべてをささげているような姿が印象に残る。自分の老いの後には何も残らないが、ペレにはこれから自分の人生が展開する。それを期待している父。悲惨な生活の中で、このような思いが心の支えになっていることがわかる。ライフサイクルの展開の中で、老いと世代性という主題がしっかりと描かれていることが印象的である。高齢の主題はただ内的な人生の回想・ライフレヴューということのみならず、次の世代に希望をつなぐことによって、自分の生活を全うするという生き方である。暗い悲惨な老いの生活が描かれているが、その主題はしっかりと見るものに伝わってくる。

『ライムライト』（一九五二）

作品としては少し古い。画面も白黒である。しかし、映画の主題としては少しも古くない。また、老年期のライフサイクルの心の世界を扱っているものとしては素晴らしい作品であるということができる。

物語は、こう始まる。人生に絶望し自殺を図った踊り子を救ったのが老いた道化師であった、というところから始まる。彼は愛情に満ちた笑顔で彼女を元気づけた。道化師としての彼に昔の栄光はない。生活も楽ではないが、この少女を見捨てることはできなかった。大事にしていたバイオリンを質に入れたりして、彼女の快復をひたすら願った。美しいバレリーナに返り咲いた彼女と一緒に舞台に立つ約束をする。そして道化師として舞台に立つが、老齢のため足元がおぼつかない。最後には舞台から奈落へ落ちて死んでしまう。しかし、観客は奈落に落ちるのも彼の演技だと勘違いして盛大な拍手をおくるのである。

老いという主題の中で、かかわりを求めて若い人を育てるという関係性のあり方を見事に映像化している。エリクソンのいう世代性（generativity）が、この映画に見事に示されているといえよう。何という優れた洞察だろうか。世代性と世代の循環ということは、私たちの人生に起こる自然な展開であるが、親しい人との別れという悲劇を伴いながら起こるものであるということも真実であろう。『ペレ』は親子の絆が主題であったが、ここでは芸の上での、先輩と後輩の関係として示されている。

『ストレイト・ストーリー』（一九九九）

アルビンは七三歳の老齢になり、家の中で転倒し、杖の生活になった。心の行き違いのため、長年わかれて住み、音信がなかった兄ライルが心臓病で倒れたという話を聞いた。彼は死ぬ前に仲直りをしておきたいと考え、会いにいくことを決心する。しかし、免許証はなく、足も不自由なので、バスの旅もうまくいかないだろうと思う。そして思いつくのが、芝刈り機である。時速八キロ。自分の住むアイオワ州から兄の住むウィスコンシン州の町まで五六〇キロ。歩くより遅いぐらいのスピードである。六週間の長旅になる。芝刈り機はすぐ駄目になり、次に小型のトラクターに荷物車をつないで出発する。荷物車は食料品を入れ、また自分の寝床でもある。

この映画はロードムービーでもある。途中にいろいろのことが起こる。しかし、生命の危険にはあわず、一筋に兄の家に向かう。荒れたぼろ家になっている兄の家に到達して、遠くから「ライル！」と叫ぶと、家の中から「アルビンか？」という声がする。そして杖をついてよぼよぼの兄が姿を現す。この声はすでに二人が許しあっていることを示していた。二人は静かに椅子に座って、荒れ果てた庭を眺めている。

老齢に達したとき、もし仲違いがあったら、死ぬ前に仲直りをして、わだかまりを解決したいと思うだろう。また、たとえ遠くとも、自分の力でそれを実現したいという気持ちもよくわかるように思う。この映画はただひたすら、のろのろと兄のいるところに向かって旅をするという単調な物語である。それなのに、目が離せず、感動的なのは、私たちの心の展開の時間と似ているからではないだろうか。最後のシーンの二人の声かけは、名前を呼び合う単純なものなのに、返事があったり、何十年も離れて生活したりしているのに、昨日会ったように返事が正確に返ってくる。心が通い合うという不思議な感動を味わうことになった。

老齢期の和解は、家族や親族との和解のみでなく、また自己の内的な過去経験との和解、統合ではないだろうか。老齢期の旅はこのような過去との出会いと和解という形で、自分の人生を取り戻し、確認するということになると思われる。これがまた、エリクソンのいう老齢期の「経験の統合」ということかもしれない。

第四節　「ミケランジェロのモーセ像」
――フロイトの芸術論によりそって――

フロイトの芸術論について述べてみたい。また、特に精神分析的な芸術理解ないし、鑑賞者として芸術作品への思い入れについて見てみたい。そのために、ここではフロイトの「モーセ論文」を取り上げる。フロイトはモーセについて次の二つの論文を書いている。その中でも、第一の論文をここでは検討してみたい。

一、フロイトの芸術関係論文

「ミケランジェロのモーセ像」一九一四年（著作集十一巻）、補遺（一九二七年）Der Moses des Michelangero. Nachtrage zur Arbeit über den Moses des Michelangero.

「人間モーセと一神教―三つの論文」一九三八年―一九三九年（著作集十一巻）Der Mann Moses und die Monotheitische Religion: Drei Abhandlungen.（Moses and Monotheism: Three Essays.）

「ミケランジェロのモーセ像」論文はミケランジェロを扱っているので、芸術論として分類してもよいかもしれない。フロイトは精神分析から見た芸術に関する論文をたくさん書いている。以下のようなものである。

「ハムレット」「エディプス」は書簡集、夢判断に散見　一八九七―一九〇〇

「機知―その無意識との関係」一九〇五

「舞台の上の精神病質人格」一九〇五（一九二四年出版）訳なし
「W・イェンゼンの小説『グラディーヴァ』にみられる妄想と夢」一九〇六（一九〇七年出版）
「詩人と空想すること」一九〇七（一九〇八）
「レオナルド・ダ・ヴィンチの幼児期のある思い出」一九一〇
「小箱選びのモティーフ」一九一三
「ミケランジェロのモーセ像」一九一四
「『詩と真実』の中の幼年時代の一記憶」一九一七
「不気味なもの」一九一九
「『ミケランジェロのモーセ像』補遺」一九二七
「ユーモア」一九二七
「ドストエフスキーと父親殺し」一九二七（一九二八）
「ライクのドストエフスキーに関する手紙」一九二九（一九三〇）（訳なし）
「マリー・ボナパルト『エドガー・ポー――精神分析研究』への緒言」一九三三（訳なし）

二、無意識の説明としての芸術作品

このように一覧にしてみると、芸術に関するフロイトの論考が、音楽に関しては見られないが、相当な量に達することがわかる。全体には研究の初期に多いことがわかる。恐らく、その理由は二つあると考えてよいだろう。一つ目は、彼がウイーンの同時代の上流・中産階級の教養人と同じく、生活の中で音楽を愛し、文学を愛する人であったこと。二つ目は、精神分析とは何かを説明するのに、芸術作品を例に出して説明するとわかりやすかったという事情があるのではないだろうか。

ここでは二つ目の理由について問題にしてみたい。

精神分析という新しい学問や治療法を説明するのはなじみのないものであったので、一般の理解を求めるのが難しかった。無意識といっても簡単にわかるようなものではない。フロイトは苦労して、『夢判断』や『日常生活の精神病理』また『機知について』など、専門書というより一般書と考えられる著書を著わしている。これらの著書で説明しようとしているのは、次のようなことであった。

精神分析の真髄は無意識である。その無意識はちょうど、「夢」や芸術で扱われている内容と同じである。それらは無意識の状態を記述しているものである。無意識とは私たちの日ごろの生活からは隠された内面の欲望や欲動である。芸術家はその無意識の欲望や欲動を社会に受け入れられる形で表現しようとしている。精神分析は欲望や欲動が精神的な問題を引き起こしていることを想定している。そして無意識を整理することによって、内的な問題や精神的問題を解決しようとする。一般の人々に精神分析を説明するのに、日ごろ接している芸術作品に示されている無意識の欲望や欲動から説明すると、精神分析ということがわかりやすかったのではないだろうか。そしてさらに芸術作品の精神分析的研究という形で次第に結実していったのではないだろうか。

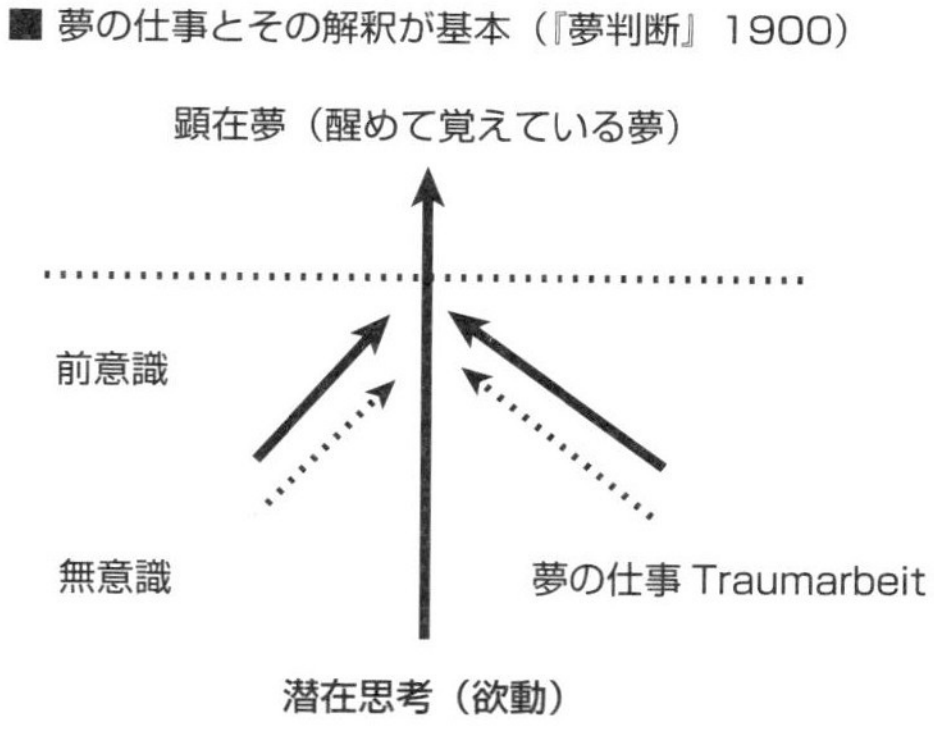

図 1-4-1　フロイト的芸術作品理解の方法（1）

フロイトの芸術論は、芸術作品を分析して作者や作品の無意識の世界を明らかにすることである。その手法は、彼が『夢判断』で示した方法であった。これを説明したのが、図1-4-1、図1-4-2である。図1-4-1は夢分析の方法と夢理解による芸術作品理解の方法についての図式である。

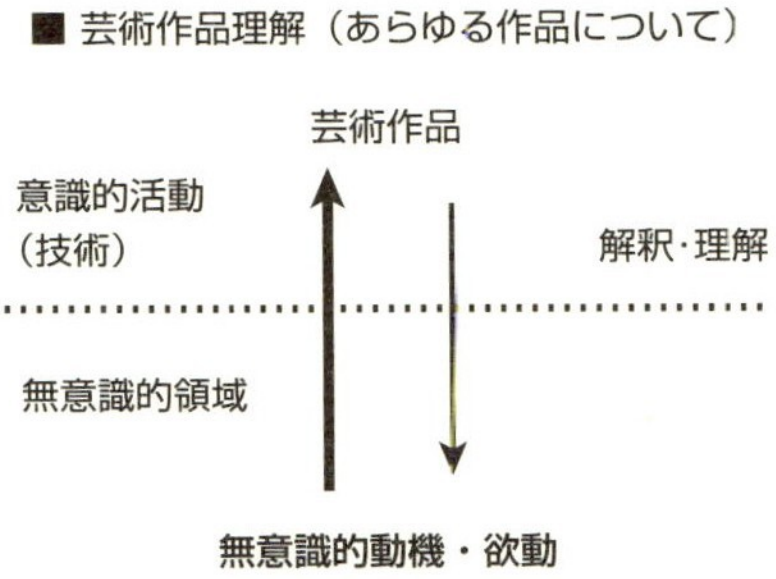

図 1-4-2　芸術作品理解の方法（2）

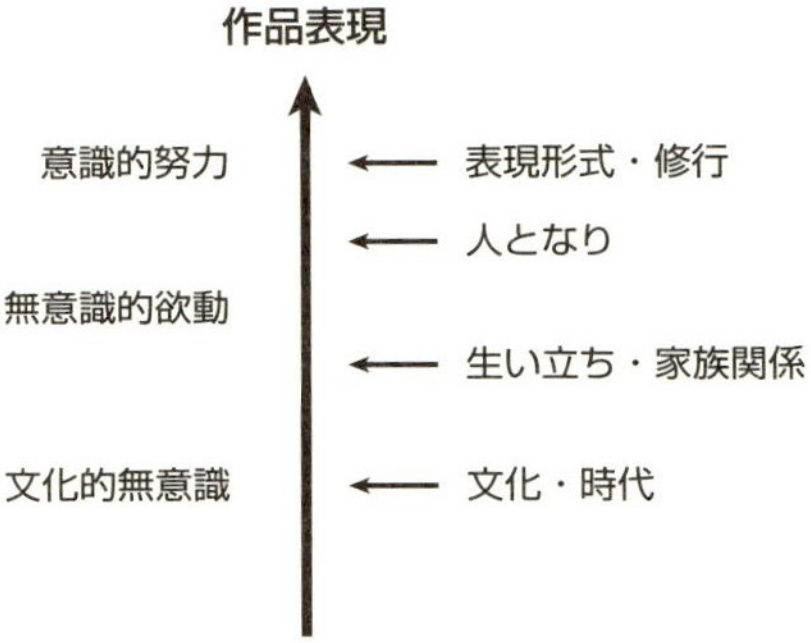

図 1-4-3　芸術作品理解の方法（3）

図1-4-2は夢分析の応用としての芸術理解の方法の図式である。

扱う内容は夢と芸術作品であるが、分析の方法は原理的に同じであるといってよい。ここでフロイトが述べているのは、精神分析の古典的なリビドー論と位相論的な観点である。これに対人関係論的な要素を加味してみると、現代においても夢分析や芸術作品理解に十分有効であるということができる。フロイトにとって、芸術作品理解の方法というのは、次のようになるだろう。

・作品には無意識的動機や欲動が表現されている。
・そのためには、芸術家の人となりを知らねばならない。
・そのためには、その芸術家の生い立ちと親子関係、人間関係など、欲動のあり様、内容、性質を知らねばならない。
・そして欲動の充足方法（形式・象徴表現など）を理解しなければならない。
・そのためには、文化や時代の空気、表現形式を知らねばならない。

これを図示すると、図1-4-3のようになる。

シャガールやダリなど超現実派の絵を描く人々は、実際には精神分析に影響を受けた人々なので、歴史的には前後関係が逆であるが、このような理解の図式がピッタリとあてはまると思われる。写真のように現実を写し取るのでなく、内的に感じている状態をそのまま視覚的イメージとして表現しようとしている。夢と同じく、時間・空間の枠を超えて人間が自由に動いている。空を飛んだり、逆さまの姿であったり、動物を同居させたりなどが自然なこととして描かれているのである。これはシャガールやダリなど、多くの超現実的な絵を描く人に共通している。

このようにイメージそのものはそれぞれ作家固有の姿や形をとっているが、心の世界を描くことにおいては共通している。ここでは神話の世界、個人的な世界が自由に行き来していることもわかる。これが私たちの心の世界であり、私たちの内面である。この世界は精神分析からすると、前意識的領域の内的な世界の表現であるということができる。また、このような内的世界のイメージ相互の曖昧なつながりをサリバンは「パラタキシックな経験」の様態と呼んでいる。この点についてはすでに述べた。

三、ミケランジェロのモーセ像

さて、それでは今回取り上げようとしている「モーセ」に関する二つの論文はどのような位置を占めるだろうか。二つのモーセに関する論文も精神分析的な芸術論の姿をとっている。しかし、この二つの論文には、これまで述べてきた芸術論的理解の手法がとられていないのである。つまり、第一の論文「ミケランジェロのモーセ像」(一九一四)は、旧約聖書のヒーローであるモーセの「怒り」を、ミケランジェロはどのように表現したか、ということに焦点をしぼって分析したものである。

第二の論文「モーセと一神教」(一九三九)は、一神教を創出し、ユダヤ人に与えたのはエジプト人モーセであることを証明しようとしたものである。芸術論の衣を着けていながら、実はまったく別の意図をもって書かれたものであるということができる。それではフロイトはなぜ、この論文を書いたのだろうか。どんな意図があって書かねばならなかったのだろうか。

ここでは第一論文「ミケランジェロのモーセ像」について検討したい。

ミケランジェロについて知らない人はいないかもしれない。ここでは話の都合として必要な資料を示し、彼の生涯を簡略に述べ、モーセ像が作られた年代と時代について示しておきたい。

（一）ミケランジェロのモーセ像の内容

ミケランジェロの名前は Michelangero di Lodovico Buonarroti Simoni という。一四七五年三月六日にイタリアのカプレーゼ（Caprese）というところに生まれている。一五六四年二月一八日にローマで死去した。八九歳であった。当時の平均生存年齢からすると、驚異的に長生きした人である。レオナルド・ダ・ヴィンチとともに、ルネッサンス期を代表する彫刻家および画家である。サン・ピエトロ寺院の設計もするなど才能は多彩であった。これはダ・ヴィンチも同じであった。

ついでに言うと、ダ・ヴィンチ（Da Vinch）は一四五二年に生まれている。ミケランジェロより二三歳上になる。偉大な二人の天才は同じ時代を生きていたのであった。また、活躍の場所もミラノ、フィレンツェ、ローマといった同じ地方であった。ミケランジェロの生涯については、映画『華麗なる激情』である程度、イメージをつかむことができるだろう。また、ダ・ヴィンチについては、最近話題になった小説と映画『ダ・ヴィンチ・コード』で時代の雰囲気を少しは知ることができるだろう。

ところでミケランジェロの作品の中で、「モーセ像」は彼の生涯のどの位置にあるのだろうか。彼の膨大な作品の中で、代表的なものをあげると次のようになるだろう。

ピエタ（サン・ピエトロ寺院）ミケランジェロ、二三歳―二四歳（一四九八―一四九九年）
ダビデ（アカデミア美術館）三九歳（一五〇四年）

モーセ像（サン・ピエトロ・エン・ヴィッコリ寺院）五〇歳（一五二五年）
「昼」と「夜」像（メジチ家の墓所寺院）五五歳―六六歳（一五三〇―一五四一年）
システィナ寺院（ヴァチカン）の壁画・天井画　三三歳―七一歳（一五〇八―一五四六年）

ミケランジェロの天才はサン・ピエトロ寺院の「ピエタ」を見るとよくわかる。二五歳にして、世界の至宝といわれる作品が制作されている。霊性と聖性とをあわせもった像は本当に驚くべきものである。私は現在のように防弾ガラスの向こうに置かれる以前、手に触れることのできる位置でこの像を見たことがある。これが本当に人間の手によって造られたものであることが信じられない思いがした。そしてモーセ像は人間的にも、また技術的にも充実した五〇歳のときに制作されている。依頼主のユリウス二世は権力欲の強い、また気性の激しい人であったらしい。ミケランジェロへの注文は自分の墓所を飾る彫刻群であった。計画ではモーセ像と対になるべきパウロ像が彫られることになっていた。しかし、これは実現していない。

(二) フロイトの芸術論文における「ミケランジェロのモーセ像」の位置

フロイトの著作活動は一八五九年の『ヒステリーの研究』に始まるが、これはブロイエル（Breuer, J.）との共著である。彼が単著として書き始めるのは『夢判断』（一九〇〇年）からである。これらについてはすでに示したとおりである。

芸術関係の論文は、フロイトの著述の初期から始まり、一九三〇年代前半で終わっている。フロイトの死去が一九三九年であるから、彼は生涯にわたって芸術に関心をもち、論文を書き続けたということができる。その中で「ミケランジェロのモーセ像」は一九一四年に書かれている。他の論文がいわゆる精神分析的芸術論となっているのに対して、「ミケランジェロのモーセ像」は必ずしも、芸術論になっているということはできない。精神分析の芸術論という場合、すでに述べたように作品の中の作者の無意識的な欲動や願望を取り出し、解釈するということになる。そのために作者の幼児期の願望や経験が取り上げられ、それらが現実の作品や作者の生活をどのように支配しているか見ていくというものである。フロイトの他の芸術論文は、ほぼそのようなスタイルがとられて記述されている。

しかし、「ミケランジェロのモーセ像」論文に関しては、そのような分析の手法をフロイトは用いていない。彼が関心をもっているのは、ただ一点である。それは次のようにいうことができる。

「モーセは怒りを鎮めようとしているのだろうか。あるいは、怒りを爆発させて、神から与えられた十戒を彫りこんだ石版を、これから群集に投げつける直前の姿勢をとっているのだろうか」。

フロイトは「モーセ像は怒りを鎮めようとしているのだ」と解釈し、精力的に説明をしようとする。旧約聖書には次のように書かれている（出エジプト記二〇章から三四章までを要約した）。

エジプトを離れて、シナイ半島にきて、神がモーセをシナイ山に招き、「あなたは私のほか、何者をも神としてはならない」ほか「十戒」を二枚の石版に書いて与えた。モーセはこれを持って山を下り、民衆のところに行くと、民衆は金で子牛をつくり、祭って騒いでいた。そのためにモーセは怒りに燃え、手に持っていた石版を投げうち、山のふもとで砕いた。また、民衆が作った金の子牛をとって火に焼いて、粉々に砕いた（出エジプト記三二章一九節—二〇節）。そして、状況が静まってから、また神の指示に従い、十戒を記した石版を授かることになる（同、三四章一節から四節）。

この聖書の記述に従い、多くの絵が描かれ、また彫刻が創られた。さらに、先に紹介した映画も作られている。また、現在のイスラエル国家はこの聖書の記述に従って一九四八年に建国された。中東のイスラエルとアラブ諸国との紛争はまさに、この主題を扱った現代の深刻な国際問題でもある。

このように見ると、フロイトの説は旧約聖書の「出エジプト記」の記述に反し、またこれまでのモーセ像の理解にも反している。しかも、この解釈を堂々と主張するフロイトの説は極めて興味深いものだということになるだろう。この論文はかなり詳細に彫像を観察して書いているので、フロイトの意図には特別な意味がありそうである。

フロイトはこのミケランジェロのモーセ像を見るために、何度もローマのサン・ピエトロ・エン・ヴィッコリ寺院を訪ねている。スケッチまで残している。他のミケランジェロの作品も見ているのに、フロイトはモーセ像について、なぜ特別の関心を示したのであろうか。また、この時期になぜ、この論文が書かれたのだろうか。

ここでは、「フロイトはモーセ像になぜこだわったか」「フロイトはこの論文をなぜ書くことにしたのか」について、精神分析的な接近をしてみたい。

四、フロイトにとってのモーセ

フロイトは一九一四年に五八歳であった。一九一四年は第一次世界大戦が勃発した年である。欧州を中心に多くのところで世界騒乱が始まろうとしている。ヒトラーの勃興はもう少し時間を要するが、反ユダヤ主義は欧州に潜在的に存在していた。フロイトはユダヤ人である。

第一次大戦に関する連合国の戦後処理の失敗は、ドイツの政治的な混乱とヒトラーの台頭に大きな力を与えた。その運動の中で、ゲルマン民族としてドイツ国民の文化的な高揚や純粋性が強調されるようになった。そしてやがてあからさまの反ユダヤ主義となっていく。そのような社会状況を背景に精神分析は運動として展開していった。

（二）精神分析運動の指導者フロイト

このような風潮の中で精神分析は発展し、第一回の国際精神分析学会（一九一〇年）が開催された。前年の一九〇九年には、フロイトはアメリカのクラーク大学の創立記念の式典に招かれ、精神分析について五回シリーズの講演をしている。国際的にフロイトの名前は知られるようになった。精神分析の国際的なリーダーとしてのフロイトの役目は、精神分析が科学としての心理療法としてはっきりした地位を確保することであった。知的なリーダーとしてフロイトの後継者を養成していくことも重要な仕事であった。

国際精神分析学会の参加者は年々多くなったが、またフロイトの意見や見解を異にする人々も次第に増大していった。なかでも、アドラー、ユング、シュテーケルなど、フロイトの側近の人々が違った意見をはっきり表明するようになり、精神分析のサークルの内部も情緒的に混乱を引き起こすようになってきている。このようななかで、フロイトの頭の中にあったのは、民族をまとめ、約束のイスラエルの地に導いたモーセのような指導者のことではなかったろうか。

すでに見たように、聖書によるとモーセはエジプトにおける奴隷状態からユダヤの民を開放した。やがてユダヤ人すなわち、イスラエルの民の住むべき場所とアイデンティティとを与えた長老である。エジプトから現在のイスラエル・カナンの地までの民族移動の長い旅の途中で、モーセは神から十戒を与えられた。それは「私のほかは神としてはならない」という一神教の原理であった。多神教的な民衆の行動に怒りを爆発させ、モーセは十戒を刻んだ石版を民衆に投げて砕いた。モーセの神の掟に従わないものは追放し、また多くの人を殺した。そのようにしてモーセはユダヤの民の一神教信仰の純粋性を保ち、イスラエルの地に導いたのだった。

フロイトのモーセへの関心は、このような指導者モーセではなかっただろうか。フロイトは小さいときから、民衆の英雄に関心が高かった。イタリアを統一したハンニバル将軍にも、ナポレオンにも、ナポレオンをやぶったイギリスのウエリントン将軍にも関心があった。フロイトの中の英雄願望は幼児期からあった。彼は学業において知的に失敗したことはなかった。常に成績優秀で通してきた。いまや、精神分析という新しい科学の創始者である。自分が英雄として誰かと同一視しても不思議なことではない。それが同じユダヤの民の英雄モーセであればなおのことであろう。

フロイトはローマでサン・ピエトロ・エン・ヴィッコリ寺院に何度も足を運んでいる。ミケランジェロのモーセ像に深い関心を示した。しっかりと観察し、スケッチまでしたことは前に触れた。

フロイトにとって精神分析は、モーセの一神教に匹敵するものではなかったろうか。「これが精神分析である」「誰もそれ以外の思考を混ぜ合わせて、多神教の姿にしてはならない」「精神分析のエッセンスはこれだ。それに沿っていない思考は異端であり、精神分析ではない」ということを示さねばならない。精神分析がポピュラーになればなるほど、事態は複雑となり本筋が曖昧になってくる。アドラーのような、そしてユングのような人々が現れて、公然とフロイトの考えと違った考えを主張する人が増えてきた。異端を取り締まるためには、精神分析の「十戒」が必要になる。フロイトの十戒は論文「精神分析運動史について」と「メタ・サイコロジーに関する諸論文」であったと思われる。

(二)　一九一四年前後のフロイトの論文と精神分析家アイデンティティ

「ミケランジェロのモーセ像」論文は一九一四年に書かれている。その前後にフロイトがどのような論文を書いているかを見ておきたい。「精神分析運動史について」の中で一九一四年はどうような年であったかを感じ取りたい。以下に示すのは、一九一三年から一九一五年に書かれた彼の論文である。

「証拠としての夢」一九一三
「夢の中の童話素材」一九一三
「小箱選びのモティーフ」一九一三
「子どものうその二例」一九一三
「強迫神経症の素因―神経症の選択の問題に関する一寄与」一九一三
「トーテムとタブー」一九一三（書かれた年、一九一二―一九一三）
「精神分析への関心」一九一三
「分析的実践から得た観察と実例」一九一三（訳なし）
「精神分析治療中における誤った再認識（「すでに話した」）について」一九一四
「ミケランジェロのモーセ像」一九一四
「精神分析運動史について」一九一四
「ナルチシズム入門」一九一四
「メタ・サイコロジーに関する諸論文」一九一五
「本能とその運命」一九一五
「抑圧」一九一五
「無意識について」一九一五
「戦争と死に関する時評」一九一五
「無常ということ」一九一六（書かれた年は一九一五年）

この頃のフロイトは精力的に論文を書いていることがわかる。この中で目立つのが、「ミケランジェロのモーセ像」の後に書かれた「精神分析運動史について」と「メタ・サイコロジーに関する諸論文」である。フロイトはこの二つの論文において精神分析の正統性を明らかにしようとしているように思われるからである。

「精神分析運動史について」論文の中で、フロイトは精神分析研究初期の黎明期から解き明かして、次第に研究する仲間が増えていった様子を述べている。しかし、仲間が増えると、フロイトの考える精神分析の本質的なものも捨てられたり、新しい観点が導入されたりして精神分析の方向が拡散し、曖昧になることが起こる。科学的な営為の発展としては当然のことである。このことは前に述べた。しかし、精神分析を思想発展の運動体と見れば、異端の思考やはみ出した考えは排除されるべき事柄となるだろう。次節で述べるように、フロイトは論文の中で、どこがズレているかについてシュテーケル（Stekel, W.）やアドラー（Adler, A.）やユング（Jung, C. G.）の例をあげて説明したり、あるいは糾弾したりして、これらは精神分析とは異なるものであると弁明している。

このようにして精神分析的思考の拡散を防ぎ、「精神分析とは何か」ということを理論的に明確にしようとした。次の年一九一五年に計画され、書かれた「メタ・サイコロジーに関する諸論文」はこのような総合的大系を示す試みであったと思われる。これまでのさまざまな精神分析的研究を一つの大きな学問体系としてとらえ直しを行い、精神分析の正統性を示そうとしたものである。残念ながら、書かれた論文は破棄されたり、また計画どおりに書かれなかったりした。

以上のようであるから、フロイトが考えていた精神分析のメタサイコロジーを今日知ることはできない。それはそれとして、このようなことを計画するフロイトの動機に興味がもたれるところである。

五、フロイトのモーセ像の解釈

フロイトはサン・ピエトロ・エン・ヴィッコリ寺院に何度も足を運び、ミケランジェロのモーセ像を見ているこ

図 1-4-4　ミケランジェロのモーセ像
（写真は筆者）

とは前に述べたとおりである。彼がモーセ像にこだわり、自分の解釈に大変な思いを込めていたことがわかる。なぜ、この解釈にこだわったのだろうか。なぜ、フロイトにとっては聖書に記されているように、民衆に怒りをぶちまけるモーセではいけないのだろうか。

モーセ像の観察やスケッチから得られたフロイトの結論は次のようであった。

①右手に石版を持っている。

②そして民の歓声を聞き立ち上がり、大いに怒った。そして顎ひげをつかむ。

③しかし、いったん怒りを鎮めて、また座りなおす。この際に顎のひげの手が少し下の方に移動したのである。

私もモーセ像を何度か見たことがある。フロイトの解釈も意識しながら見たこともある。像全体をよく見てみると、いくつかの特徴がある。左足は少し引かれている。これは立ち上がるときの動作に近い。また、両方の足のガウンが左手によって引き上げられ、脚が膝のところまで見えている。これも立ち上がる姿勢として理解する方がわかりやすい。立つ位置から座ろうとしているのなら、ガウンは垂れているはずである。

石版が右の腕の下に少し不安定に挟まれている。これは座っていて、立ち上がろうとして椅子（あるいは座った石台）に支えられた石版を右腕に挟み、次に石版を下から支える姿勢になっていくことが想像できる。目も耳も遠くに注意を集中し、喧騒の音を聞き分けようとしているように見える。表情にはまだ、はっきりした怒りは見えない。怒りの爆発は、喧騒の意味を確認してから後に起こるのではないだろうか。これは聖書の記述に忠実になっていると考えてよい。これが聖書に忠実な解釈であり、これまでとられてきた一般的な理解の仕方であった。

　このように見ると、フロイトの解釈は右の解釈の逆になる。そうだとすると、なぜフロイトは一般的な意見や聖書の記述に反して、独自の解釈をしなければならなかったのだろうか、ということが問題になってくるだろう。そしてその動機はすでに見た「精神分析運動史について」論文の中にあると考えることができるのではないだろうか。

六、怒りを鎮める指導者モーセのフロイト

　ここではフロイトのモーセへの同一化を前提にしなければならない。フロイトにとって、モーセはユダヤの民の指導者であり、自分はユダヤ人であり、科学的な営為を指導者として遂行している人間である。多くの異端者を殺戮して一神教をユダヤ人に与え、ユダヤ人アイデンティティをつくり上げたのがモーセであった。精神分析をつくり上げ、精神分析家アイデンティティを築いたのがフロイトであった。モーセが異端者を殺戮して排除したように、異端者は排除されねばならない。フロイトはなぜ「精神分析運動」といって精神分析を発展させ、指導していこうとしていたのだろうか。精神分析が科学的な営為であるならば、政治的活動を意味する「運動」ということばはふさわしくない。科学的な営為はすべての批判や反証を通して、さまざまな要素を取り入れて展開していくものである。科学の名においてなされている活動であれば、指導者の意に反する方向に発展することがあっても活動を禁止したり、抑圧したりすることはできないはずである。

　政治的な運動や宗教的な運動には「正しい主張」が存在する。正しい主張は正統であり、その正統を批判したり修正したりするものは、異端として切り捨てられることが起こる。モーセが多くの異端者を処刑したように、運動に対する異端者は排除されるのが当然ということになる。このように正統性を主張するために書かれたのが、フロイトの論文「精神分析運動史について」であるとすると、論文のテーマが正統と異端の主題であるということが理

解できるのである。ごく最近まで、精神分析では「正統派」「分派」「新派」という呼称があった。これはまだ、「学派」と称しており、その痕跡の名残がある。

アドラー、シュテーケル、そしてユングは精神分析に関心をもって、フロイトの研究サークルに参加した。フロイトはアドラー、シュテーケル、そしてユングなど豊かな才能をもっている人々に大いに期待していた。これらの人々は、フロイトが精神分析の後継者としてみていた人々であった。精神分析は国際的な広がりをもって展開するまでになった。そのような中で、彼らは独自のアイデアを展開していった。その人々が堂々とフロイトの考えや精神分析を批判するに到ってはこれを許すことできないだろう。フロイトが本当に失望と怒りに満たされていたことを想像することは困難ではない。

しかし、問題は怒りをぶつけて片付く事柄ではない。深い怒りを抑圧して、知的に批判を受けて立ち、自分の正統性をはっきりと主張し、そして精神分析の運動を自分の考える方向に進めねばならない。このような思いで書かれた論文が「精神分析運動の歴史」であった。したがって、論文は理性的であらねばならない。また、読者が納得するものでなければならない。このためには怒りは完全に抑圧されなければならない。しかし、抑圧されたものが消滅するものでないことは、精神分析自体がそれまで証明してきたことであった。つまり、どこかで自己矛盾をしながら書かれていったものが「精神分析運動史について」であったと考えられる。

それでは怒りはどこにいったのだろうか。これがミケランジェロのモーセ像に出口を見いだしたということができると考えられる。フロイトにとって、モーセは特別な意味があった。モーセはユダヤの民に一神教を与えた指導者であった。エジプトでの困難な奴隷状態から救い出し、約束の地に導き、ユダヤ人アイデンティティを与えた。また、ミケランジェロのモーセ像はたまたま「怒り」を扱っている。当時のフロイトにとって、精神分析のグループを指導し、次第に大きくなって国際的になったときに分裂の危機を迎えようとしている。この時期のフロイトにとって、モーセ像との出会いはまったく時を得た主題に出会ったということになるのではないだろうか。

その中心の主題が「怒りをいかに鎮めるか」にあった。そしてモーセ像がそこにあった。聖書の物語も、モーセのことも十分に知っているフロイトであった。後は、どのように解釈するかであった。フロイトにとっては、怒りを鎮めるモーセでなければならなかった。そしてこの論文では、そのように解釈されたのである。まさに、フロイト自身が芸術解釈や理解に、作者のみならず鑑賞者としての私たちの内的動機が深くかかわっていることを身をもって示したことになるのではないだろうか。このような作者と鑑賞者との関係論的な理解は、また精神分析の中の新しい視点でもあるということができる。

参考文献

フロイト　一九一四「精神分析運動の歴史」
フロイト　一九一四「ミケランジェロのモーセ像」
フロイト　一九一五「メタ・サイコロジーに関する諸論文」
フロイト　一九三九「人間モーセと一神教」
精神分析関係論の論文は『フロイト著作集』（人文書院）によっている。

第二章

心理臨床的な研究事例

第一節　『ベニスに死す』（一九七一）―創造性の枯渇と焦燥
第二節　『トト・ザ・ヒーロー』（一九九一）―究極のアイデンティティ
第三節　『羊たちの沈黙』（一九九一）―精神分析訓練のプロセス
第四節　『判決前夜―ビフォア・アンド・アフター』（一九九五）―家族の善意
第五節　『ミセス・ダウト』（一九九三）―離婚と子ども
第六節　『フランケンシュタイン』（一九九四）―親なし子
第七節　『パーフェクト・ワールド』（一九九三）―泣き面に蜂の人生
第八節　『居酒屋ゆうれい』（一九九四）―喪の仕事　ア・ラ・ジャポネ
第九節　『トリコロール　青の愛』（一九九三）―喪の仕事　ア・ラ・フランセ

第一節『ベニスに死す』（一九七一）

――創造性の枯渇と焦燥――

一、物語のあらすじ

アッシェンバッハ教授は作曲家。創造性の枯渇に苦しんでいる。そのため、勧められてベニスに静養に出かける。ベニスの運河を船でホテル・リドへ。船の名前がエスメラルダ（娼婦の名前と同じ。かつて若いとき、この名前の女性のところに出かけたことがある。そのときに女性と性的関係がもてなかった）。欧州の上流階級の人々の旅は荷物が多い。ホテルに着くと、正装し、夕食に出かける。待合室に座っていると、陰鬱な気分が次第に変っていく。見回しているとセーラー服の少年が目に映る。ハンガリー貴族の家族の滞在者らしい。少年は優雅な母親や姉妹と一緒にいる。この少年の完璧な美しさを見て唖然とする。アッシェンバッハは一瞬のうちにこの少年に心を奪われてしまう。そして、この少年タッジューから目を離すことができなくなる。しかし、この非合理な思いや衝動は危険であり、身を滅ぼすかもしれないという予感がある。思いは断ち切らねばならない。アッシェンバッハは無理をしてベニスを発とうとする。この少年から遠ざかろうとする。

しかし、駅に行くと自分の荷物が間違って他のところに運ばれてしまった。係員に対して、激しく怒る。荷物を取るまで、ここを動かないと宣言する。この偶然の出来事は幸いなのか、不幸なのか。微妙な内的な変化が起こってくる。彼は複雑な微笑みを浮かべる。この出来事によって、彼がベニスに滞在するのは、自分の衝動のゆえというより、外的な事情によるのだという弁明ができることになる。
内的な禁止を破って、一線を越える機会を与えられたのは神様のご配慮だろうか。彼は荷物の誤配を理由にして、ホテル・リドへ再び帰る。少年への思いは深まる。そして彼はかなり行動的になる。家族の散歩をつけていったりする。それをタッジューはわかっているのか、気をひき、じらすようにちらちらと彼を見ながら歩いていく。それで教授の思いはさらに深まるばかりである。

一方、彼の内面では自分の芸術的な創造力の枯渇や芸術の源泉についての葛藤が大きい。友人との芸術的な能力について激しい論争をしたりしている。芸術家は天与の才か、努力か。彼の最新の作曲の失敗は演奏会での聴衆のブーイングの反応にはっきり示される。彼は打ちひしがれる。彼には夫婦関係の難しさもある。大作曲家の妻を横取りするようにして結婚した妻は、自分の才能の限界を見通している。子どもを失った悲しみはまた大きい。しかも、彼は子どもの死を予見したかのように「亡き子をしのぶ歌」まで作曲してしまっている。彼の幼児期からのこれまでの人生のすべてがのしかかってきて、アッシェンバッハを苦しめる。

やがて、ベニスにはコレラが蔓延し始める。ベニスの町は消毒液で汚されて、醜くなる。彼は町での消毒の正体がコレラにあることを突き止めるが、少年タッジューのために離れることができない。タッジューの家族にベニスを早く去るように勧める空想をしたりするが、実行することはできない。ある夜、途中に道化のような表情をした辻音楽師たちの、宿泊客へのしつこく長い演奏と金を求める場面が展開する。彼の「芸術的」な音楽と土俗の激しい力強い人間臭い音楽との対比は衝撃的な場面である。

最後のシーンで、不自然とも思える若づくりの仮面様の化粧を床屋でさせられてしまう。タッジューに見合う若づくりのつもりだろうか。仮面のような化粧はますます彼の存在を醜悪にしてしまう。彼は正気の世界を逸脱し始めている。そのうえ、いつの間にか彼はコレラに冒されていた。海辺に座っている彼の椅子の前をタッジューが海に入っていき、そのシルエットはまるでギリシャの美少年アンテノオスであった。それを見ながら彼は浜辺の椅子の上でこと切れるのである。

二、ヴィスコンティのフィルモグラフィー（『ヴィスコンティ集成』フィルムアート社より）

一七の作品がある。一九五〇年ごろから作品が多くなり、一九七六年の『イノセント』を最後に、映画の世界から引退し、その後は舞台の演出に打ち込むようになった。

『郵便配達は二度ベルを鳴らす』一九四二
『揺れる大地』一九四八
『ベリッシマ』一九五一
『われら女性』一九五三
『夏の嵐』一九五四
『白夜』一九五七
『若者のすべて』一九六〇
『ボッカチオ´七〇』一九六二
『山猫』一九六三
『熊座の淡き星影』一九六五
『華やかな魔女たち』一九六七
『異邦人』一九六七
『地獄に堕ちた勇者ども』一九六九

『ベニスに死す』一九七一
『ルートヴィッヒ』一九七三
『家族の肖像』一九七四
『イノセント』一九七六

ヴィスコンティの作品群は映画、演劇、オペラなどいろいろな領域で活躍している。時代の変化に敏感な人であったらしい。第二次大戦ではレジスタンスとして活躍した。

リアリズムによる、新しい世界の開示を示す。しかし、映画『自転車泥棒』や『刑事』といった現実の日常的な世界を描くのではなく、時代の変化の結節点のような世界に関心をもっていたようである。それは階級や家の没落と解体への関心として示されている。ここで取り上げている『ベニスに死す』はその点からすると、少し個人的な視点になるだろうか。彼の後期の作品で強く表現されるようになった、精神の陰影、退廃・腐敗と完璧性との対比、仮面の世界、同性愛（幼児愛）の世界、近親姦の世界、抽象的精神の不毛と死、狂気や性的衝動などの微妙な存在を表現している。

三、「ゲルマニア三部作」

それは死のテーマとしてドイツを扱った次の三部作である。

『地獄に堕ちた勇者ども』一九六九
『ベニスに死す』一九七一

『ルートヴィッヒ』一九七三

いずれも後期の作品にあたる。扱われている主題は、「死」というより、「狂気」の世界のように思われる。人間の内的な衝動の中でも性的なものに関心を示し、同性愛や幼児愛といった社会的にタブーとされる世界を重厚、複雑、微妙に描いている。

映画評論家の荻昌弘氏は『ベニスに死す』とヴィスコンティについて、「芸術家が自分の芸術的精神が老いて死んだ、と自覚する瞬間。後に残されたものは形骸化した技術（メチエ）の達者な繰り返しであった。それを見つめることは暗黒の恐怖である。老いの穢れの自覚と若さの無垢の美との対比」「タッジューの無垢の美を見ることは、とりもなおさず自分の老醜と絶望的な時代から取り残された実感をすることに他ならない」「芸術家は少年への実りのない愛欲に空しく燃えきって俗の世界に散っていく。老い、無残。これはヴィスコンティの芸術としての運命である」と述べている。これから先に映画は作っていないが、それは彼の関心が舞台芸術に移っていったことであり、「老いや創造性の枯渇」と断ずることは少し無理があるかもしれない。

四、さまざまな対比

原作となったトーマス・マン『ベニスに死す』は、主人公が小説家である。しかし、映画では主人公が音楽家である。また使われている主題音楽はマーラーの交響曲第五番である。さらに映画の中のエピソードもまた、マーラーの生涯に起こったエピソードが描かれている。映画では主人公はマーラーだと考えてもよいだろう。交響曲第五番は三九歳のときの作品である。特に第四楽章が全編に流れ、主題自体の陰鬱さや悲劇性を象徴している。

私はこの映画に大きく影響を受けた。また、はじめのシーンであるホテル・リドへの船と海の長いシーンの背景に流れていた第五番の第四楽章に圧倒されて、その後マーラーを聴くようになった。
この映画の中にはさまざまな対比が語られ、描かれている。

抽象的産物：(アッシェンバッハ)――肉体的、具体的な存在：(タッジュー)
死・老い――生・少年
教授、特権階級――使用人、召使、働く人々
芸術家――ピエロ、そのほか
仮面・化粧――もって生まれた美(少年)
人工の町――自然の山
伝染病で穢れた町――美的な町
孤独・孤立・停滞――暖かい、美しい家族、瑞々しさ

このような対比も、映画の内容についての象徴的な意味を、さらに陰影深くしているのではあるまいか。

五、マーラーについて

一九一一年にS・フロイトの診察を受けている。妻との不和の問題や心臓病、神経症に苦しんでいたらしい。マーラーの個人的な問題は、それ自体が臨床心理学の研究対象になるようなものであり、ことにアイデンティティ形成の主題として取り組んだら興味深いと思われる。さしあたり、次のようにマーラーの主題を述べておきたい。

・ユダヤ人であること。そして途中でキリスト教に転向する。それは社会的に認知され受け入れられる方法であると考えた。
・キリスト教徒になることの苦しみ。また、転向の苦しみ。
・彼の音楽は退廃的と考えられた。彼は世紀末のウイーンの新しい形式を導入することによって、時代と社会に受け入れられることを求めた。

六、年齢と老い

・老いと創造的精神の枯渇。生き方の転換を求められているが、方向がわからない。現実から遊離したときにおきる。
・ライフサイクルでの老い。「死を前にしたとき、すべてが空しい」。次世代への関心に向かうか。達成感からの変化。権力衝動・欲求といえるもの。
・世代性のテーマとしての孤立と死（停滞と自己陶酔、ナルチシズム）。

七、精神分析的理解

(一) 突然に少年に魅せられるということ

衝動の突発性、理性やコントロールを超えるものとしてのエロス、想像のエロスでもあった。少年の存在は外にある完璧な美。これに対して芸術家としては、自分が生み出すのは内的創造性の源に頼っている。この外と内の対比も重要な意味をもっている。

(二) 過去の力が現在を圧倒する

彼の苦しみは芸術的想像力という抽象的なものではなく、日常の中での生活の意識に実感されるものである。ユダヤ性というテーマは常に重く、また、芸術家として認められるということは自己確認になる。しかし、一方でこれは大衆への迎合でもある。芸術家は大衆を意識しながら、これを突き抜ける創造的な力を必要とするだろう。しかし、それは必然的に孤独という苦しみを伴っているのである。

(三) 老いの危機と創造性の枯渇

ピカソのような人物もいるので、老いが創造性を枯渇させるということを一般的にいうことはできないだろう。しかし、老いは生命力全般の枯渇や低下を意味していることは間違いないので、芸術家にとっては最大の危機を迎えることは事実であろう。この老いのテーマは芸術家に限らず、人間全体の問題でもある。

(四) 死との戯れ、死を超えるもの

芸術的な創造の世界は、芸術家が肉体的存在であることの限界を試されるものかもしれない。私たちは日常において、身体的な健康を気遣いながら生活している。美少年にとらわれてしまったアッシェンバッハは、ただ内的な芸術的衝動や美の世界にとらえられて生きていくことになった。それは突然にやってきて彼をとらえた稲妻のようなものではなかっただろうか。少年の美は彼に圧倒的な力で迫って、彼のすべてを支配してくるものであった。ペストの病も、健康も、死も、この内的な衝動や美が彼を圧倒してしまっていたのではないだろうか。外から私たちが見て、常軌を逸しているということは意味をなさない世界であろう。若づくりの化粧も必死の自己表現であるとすれば、圧倒的な力に支配されている証拠が示されているに過ぎないとも見える。日常と異常、常識と非常識など

の対立を超えて無意味にする世界があるというのが、この内的な創造の世界かもしれない。

（五）シネマトロギーとして

この映画は四幕劇として展開されていると見ることができる。以下に、この点から映画の構成を検討し、その意味を探ってみたい。

第一幕　導入から夕食でのタッジューとの出会いまで

幕が開くと、暗い陰鬱な海とその海と見分けのつかない空と霧の中を船が進んでいる。ターナーの絵をもっと陰鬱にしたような印象の中で幕が開く。

その背景のマーラーの第五番第四楽章の音楽が流れる。激しさはまったくないのに、圧倒的な力で迫ってくる出だしに見える。主人公の心模様が見事に描かれる。と同時にこれから起こる出来事が予見されている。それは決して明るいことでもなく、楽しいことでもないらしい。

第二幕　自己崩壊の恐怖から、少年への魅力を振り切ろうとする

芸術的であることは、内的衝動を見つめ、統制し、形式に従って表現することである。その表現形式を棄て、自分自身が行為者となって衝動に身をまかせたとき、芸術家は芸術家であることを放棄し、つまらない一介の市井の老人となってしまう。衝動が行為化されるのでなく、如何にして表現形式を選択して表現されるかは、芸術家の岐路といってよいだろう。

彼は芸術家として生きようと、衝動が行為化することを振り切るために駅に向かうが、そこで彼の動きを決定づけることが起こってしまう。

第三幕　停留所での荷物の行き違いの偶然性とリドへの逆戻り

偶然に彼の荷物が行き違ってしまうということが起こる。この偶然は一体なんだろうか。この偶然を彼の衝動が利用する。彼の芸術家としての魂は力を失っている。「荷物が帰らなければ、動かない」といってホテル・リドへ逆戻りする。もちろん、身ひとつで帰ってもよかった。それが芸術家の道であった。しかし、彼はホテル・リドを選び、美少年を選んだのである。芸術家でなく、行為者になってしまったのである。

このときから彼の自己崩壊は始まる。そして第四幕の長い自己崩壊のプロセスはこの瞬間から始まるといってよいだろう。

第四幕　自己崩壊と死

衝動の実現のために身を任せていくプロセスは映画を見る者にとって、苦しい時間を強いられることになる。彼が芸術家としての道を逸脱するのをみるのは辛い。観客としては複雑な思いとなる。そちらの道に行かないでほしい。どのようにして成功するのだろう、など。階段を下るように、自己崩壊の道を進んでいくのを食い止めるものはもう存在していない。そして死。一方的関心であり、美少年には関係ない世界。

主人公と同じように、私たちも打ちのめされて映画館を出てくることになる。

心うたれた映画のひとつである『ベニスに死す』は、その後の私の人生にとって、大きな影響を与えたという気がしている。このことによって、ヴィスコンティの映画はすべて見た。マーラーの音楽を聴くようになった。ベニスへの関心が大きくなった。トーマス・マンを読み直した。ダーク・ボガードというイギリスの名優に惹かれ、彼の出演する映画も多く見た。その中でも映画『夏の嵐』のナチの残党とその仲間でもあるナチ将校だった男性とユダヤ人収容所の女性との破滅的恋愛は衝撃的であった。ここでも日常の常識、名誉、民族的な偏見などをすべて超えてしまう人間の内的な衝動、性的な欲動が描かれていた。その衝動や欲動は終局的には死に向かうものであるのも説得力があると思われた。

一、スタッフ

製作：ヴィスコンティ

監督：ヴィスコンティ

脚本：ヴィスコンティ、ニコラ・バタルッコ

音楽：G・マーラー（交響曲第三番ニ短調、第五番嬰ハ短調）

撮影：パスカリーノ・デ・サンティス

原作：トーマス・マン

二、キャスト

アッシェンバッハ教授：ダーク・ボガード（芸術家の内面的な苦悩や衝動の表現が見事）

タッジュー：ビヨルン・アンドレセン（スウエーデン出身、三千人の中から選ばれた美少年）

タッジューの母：シルバーナ・マンガーノ（貴族的な雰囲気がよく出ている）

第二節　『トト・ザ・ヒーロー』（一九九一）
――究極のアイデンティティ――

自分という意識を基にして私たちは行動している。また、世界を見ている。しかし、正確に、現実的に見ているという保証はない。自分の見る自分と他人の見る自分は大体において違っている。それにもかかわらず、やはり私たちは自分の認知を中心に行動している、と思っている。認知と現実とのズレは時々、私たちに苦しみの種となることがある。

私たちは自分が自分であり、自分に違いないという確信をもっているが、それはどこからくるのだろうか。どうして自分であり、他の人ではないのだろうか。よく「親にそっくり」などと言われると、「クローン人間」ではないが、実際に何パーセントが自分で、何パーセントが親なのだろうか、ということが気になる。

よく考えると、混ざり気のない純粋な「本当の自分」というのは存在しないのではないだろうか。それなのにこれが自分だと平気でいられるのは、どうしてなのだろうか。それは、私たちがただ鈍感だからだろうか。それともこんなことを考えると恐いので、逃げて考えないようにしているのだろうか。これまでも多くの人が「もし自分が自分でないならば……」と想像したことは何度かあるのではないだろうか。

「私はなぜ、この家に生まれたのか」「どうして隣ではないのか」また、「私はどうして日本で生まれて、アメリカでないのか。中国でないのか」「私は本当に両親の子どもなのだろうか」「私はもらわれてきたのではないだろうか」「私は拾われてきたのではないだろうか」といった自分についての確かさの疑問はさまざまに存在している。

親も冗談か、腹立ててか、「お前は拾ってきたのだ」「貰ってきたのだ」と言うことがある。「ああやっぱり」と思ったり、「そんなことはないでしょう！」と本気で否定させようとした経験はないだろうか。このような経験をもっていない人は幸いである。「自分は自分だ」ということを疑ったことのない人は幸せである。しかし、疑ったことがないというのは、自分についてとても鈍感なことかもしれない。

私たちは自分について問い詰められたりすると、「自分」についてそれほど正確に返答できる自信がない。また、「別な自分になりたい」という願望をどこかにもっているといってよいだろう。日ごろ、私たちのアイデンティティは固定したものではなく、いつも揺らぎながら存在している。

本節の主題は自分のアイデンティティがすり替えられた人の物語である。最近はこのような物語の映画も幾つかある。『フェイス・オフ』ではジョン・トラボルタの犯人をニコラス・ケイジの刑事が追うというものである。整形手術で自分の顔を追跡者の刑事の顔につくり替え、刑事は反対に組織に潜入するために、犯人の顔につくり替えて、アイデンティティが逆転する物語である。映画『マスク』ではおとなしい男がマスクをつけると、元気のよい活発な人間になる物語である。『多重人格』は自分の中に別の人格が存在していて、ときどき顔を出し、周囲の人を困惑させてしまう物語である。

また、医学の世界では臓器移植もそれほど珍しいものでなくなった。臓器移植では、他人が自分の身体に侵入して自分を支配している、という違和感のあることが報告されている。これも難しい問題を抱えている。私たちは自分であることの確認を身体的レベルや現実経験レベルで行っているが、臓器移植とか、身体移植といったことが進むと、経験レベルでの自分意識があやしくなってくるかもしれない。

ところで、今のところ可能性は低いかもしれないが、究極の臓器移植は大脳移植であろう。これは完全に他人の身体に自分のアイデンティティを移し替えることである。つまり、大脳移植は他人の身体をのっとるということになる。大脳移植されると、移植ではあるが、身体は移植された脳のものになり、これまでの臓器の移植と逆転する。

いずれときどき、自分の体を入れ替えて、若返らせておくことができるようになるかもしれない。これがブラック・ユーモアであればよいのだが。

この映画の主題はこのようなアイデンティティを取り替えられた人の物語である。『トト・ザ・ヒーロー』という映画である。トマが物語の主人公である。

この映画の監督は若いベルギーの人で、ジャッコ・ヴァン・ドルマルという名前。三五歳。この映画はヴェネチア映画祭で「カメラ・ドール」（新人賞）を受賞（一九九一年）している。

物語は以下のようである。

映画は老人が銃弾に撃たれて倒れるという衝撃的な場面から始まる。手には、赤いセロファンに包まれた飴玉が握られている。その死者の回想がこの映画である。死者の回想というのは、ありえないことのように思われるが、一風変わった構成で、はじめはその筋や時間の流れに戸惑ってしまう。

主人公の老人が老人施設の小さな個室の中のベッドで寝返りを打ちながら、「私の人生には何一ついいことはなかった」と呟いている。ヴェルレーヌのことばを借りて、次のように呟く。

　人生はうつろな影法師
　この世の舞台で
　あがき、苦しみ、やがて消える

さらに、シェークスピアの『マクベス』を借りて、次のように呟く。

人生は愚か者の語る物語
響きと怒りに満ちて
意味など何もない

このように、自分を導いたのはアルフレッドという男だ。

「君を殺す、アルフレッドよ。私が生まれた日に、私から奪ったものを返してもらう。私の人生を」という。ピストルを盗んで、老人施設をこっそりと抜け出す。殺したい相手はアルフレッドだ。

その老人はトマ少年のなれの果てであることがやがてわかる。トマが少年のころ、父はシャルル・トレネの明るいシャンソンをいつも歌ったり、手品をしてくれたりした。手品で父の手からいつも出てくるのがあの赤いセロファンに包まれた飴玉なのだ。物を運送する会社の飛行士で、家族を愛する優しい父と母、そして大好きな姉アリスおよびダウン症で知的な障害のある弟のセレスタン。貧しいが幸福な五人家族である。

向かいにはカントという実業家で金持ちの家族が住んでいる。そこにはトマと同年で誕生日も同じアルフレッドが住んでいる。アルフレッドは誕生日に子ども用ではあるが乗ることのできる大きな自動車をプレゼントとしてもらう。トマへのプレゼントは机の上で遊ぶおもちゃの自動車である。トマはアルフレッドがうらやましい。

トマが生まれたとき、産院が火事になり、同じ部屋に寝かせられていたアルフレッドと取り違えられたのだとトマは信じている。だから、あの自動車も、あの大きな家も実はアルフレッドのものでなく、トマのものなのだと深く信じている。しかし、その複雑な思いは誰にも言えない。

カント家の経営するスーパーマーケットのために、父はジャムを運ぶ仕事で英国に飛ぶことになる。嵐の中を飛び、遭難して行方不明になってしまう。このことでトマの家族は収入のない惨めな生活となってしまう。母はスーパーで肉を万引きしようとして、捕まってしまったりする。チキンスープといって自分がからかわれる。自分の家にはよいことは何も起こらない。トマはさびしく惨めな自分をＴＶの「探偵トト」物語の主人公トトに同一化し、何とか惨めさやさびしさを紛らわしている。このＴＶの主人公トトが映画の題名の「英雄トト」である。

あれもこれも不幸を作ったのはアルフレッドの父の仕業だ。トマは許せないと思う。しかし、姉はそのカント家のアルフレッドと仲良くなる。トマはこれを絶対に許せない。トマは誰より姉のアリスが好きなのだ。

それは古代エジプトの物語にあるネフェルティティが弟と結婚したように、自分も大好きなお姉さんと結婚したいと思う。トマと姉アリスが一緒に浴槽に入って、裸で見つめあったり、ベッドに並んで横になり、おへそにソーダをつけ、つばで発酵させて遊んだり、腕を伸ばして、「この腕好き?」と比べてみたりして遊ぶ。やがてどろどろした性の世界に入っていく直前の、姉弟の神話的な愛情の微妙な性の関係を描いた美しいシーンが展開する。

自分の好きな姉が自分以外の男の子を好きになるのは、自分への裏切りである。トマは怒って、姉アリスに言い放つ。

「僕とアルフレッドとどっちが好きなのか?」

「本当に僕を好きなら、アルフレッドの家に火をつけろ!」

アリスはためらわず、アルフレッドの家の車庫にガソリンをまいて自爆して死んでしまう。止める時間もない一瞬の出来事であった。大きな火達磨になっている車庫の火事をトマは呆然と見ている。何というストレートで純粋な愛の表現だろうか。しかし、これはトマの心に深い傷となる出来事であった。

父は死んで、姉のアリスも死んで、やがて家族は貧窮し、子どもはばらばらに施設に入れられてしまう。施設に入るとトマは、なげやりのまま、たまたま測量の勉強をして大人になり、現在は役所に勤めている。机に座って鉛筆を削るのが日課のような何の変哲もない日常生活である。何の変化もなく、十年一日のように時が過ぎていく。時々、暇つぶしにサッカーを見に行く。そこで不思議な出来事に遭遇する。

あるとき、自分の座った席の少し前の方に後姿が姉のアリスにそっくりの女性を発見する。後ろ姿、髪のかたち、黄色いブラウスなど。会いたいと思うが、サッカーの終了時の混乱で見失ってしまう。それからのトマはサッカーのある日は早くから入り口でそのアリスを待ち続ける。あるとき、車で帰っていると、線路の踏み切りの向こうにアリスを発見する。トマは追いかけていき、とある楽器店にアリスが入るのを見て自分も入っていく。アリスはヴァイオリンの修理に来ていた。アリスが自分の住所を店主に言うのを聞いていて、彼はその日の夜に彼女の家を訪ねる。外で待ってアリスが帰るのを待ちうける。アリスに出会い、「自分は怪しいものではない。あまりにそっくりな人を知っているので、会って話たくなったのだ。一回でよいので、会ってほしい」と伝える。彼女は承知する。

彼女は音楽学校でヴァイオリンを勉強している。名前はエヴリーヌである。結婚している。トマの純粋で素朴な人柄に彼女も惹かれるようになる。二人は次第に深い関係に入っていく。郊外のホテルでベッドに並んで寝転んでいると、彼女は二本の腕を上げて「きれい？」とトマに聞く。そのしぐさが少女アリスにそっくりである。トマは少年のときのアリスとの楽しいひとときの場面を思い出して泣き出しそうになってしまう。それを見て、女性は「私は私、エヴリーヌよ。私を愛して」と言う。トマの中には、ずっと愛する姉アリスがいるのである。

二人は結婚したいと思う。エヴリーヌは不幸な結婚から逃げて、愛するトマと結婚するために駆け落ちをしようと考える。二人で町を去ろうと決め、駅で落ち合うことにする。エヴリーヌは都合で少し遅れてしまう。心配になったトマは彼女の家を訪ねる。そしてノックすると、そこに出てきたのはアルフレッド・カントであった。トマはびっくり、アルフレッドもびっくりする。招かれて家の中に入ると、かつてのアリスの遺品が並べてある。アルフレッドもアリスが好きだったのだ。そしてアリスそっくりのエヴリーヌと結婚したのだということがわかる。これはまったくショックであった。彼は自暴自棄になって落ち合うことになっていた駅に行き、次にきた列車に目的もなく乗り込む。そして気の向いた町に降りて、そこで残りの人生を過ごすのである。もう精神的には死んでしまったのだった。これが「自分の人生には何にもいいことはなかった」と老人施設の個室で言う冒頭のことばであったのだ。

生まれたときから、自分に災いをもたらしたアルフレッド・カント。これを亡き者にするのが、人生最後の自分の仕事であり、復讐であると思い定めて、トマはアルフレッド殺しに出発するのである。アルフレッドは事業に失敗し、殺し屋に狙われているというニュースが流れている。殺し屋がアルフレッドを殺すより先に、自分がアルフレッドを殺さねばならない。そう思いながら、アルフレッドの帰りを待っている。思いにふけっていて、次第に別のアイデアを思いつくのである。

もともと自分は誕生のとき、産院の火事で取り違えられたのだ。もし、このままアルフレッドを殺したら、自分は永久にトマである。ここでもし、殺し屋が自分をアルフレッドに間違えて撃ったら、まさに自分はアルフレッドとして死んだことになる。そうだ、自分はアルフレッドなのだ。アルフレッドとして死ぬのだ。「ざま見ろアルフレッド、いやトマ！」。

そして彼は身代わりを実行して、殺し屋の銃弾に倒れるのである。これが映画の最初のシーンにつながってくる。一生をかけた欺瞞の人生を正すには、死なねばならなかったのであった。だから、このトマの死は勝利の死であったのだ。霊柩車ではあるが、あこがれの本物のシボレーにも乗ることができた。飛行機にも。飛行機から撒かれる火葬されたトマの灰は空に消えていく。それに大きなトマの哄笑が流れる。今、ようやく笑えるぞ。そしてシャル・トレネの明るいシャンソンが流れる。それは一層大きな悲しみとして私たちに伝わってくる。

感想を述べてみたい。

死ぬことによって取り返すアイデンティティのテーマが映画の主題である。死ぬことによって得られるものがあるのだろうか。「死んだ方がまし」という言い方をすることはある。実際に名誉を傷つけられたり、苦痛を味あわされたりしたときに、私たちはこのような悲痛な叫びをあげるだろう。主人公のトマもそのような人物である。彼は人生に何一ついいことはなかった。しかもそれはアルフレッドのせいだという信念である。まず、この問題を考えて、それから派生する二、三の問題を考えてみたい。

一、自分は取り替えられたという信念について

自己のアイデンティティが曖昧であったり、また不満であったりしたとき、別の人間に生まれ変わりたいという願望や、あの人と同じであったらいいな、という願望が生まれるのはそれほど珍しくない。しかし、現実に深くそれを信じ、そのために日常生活を方向づけるということになると、やや常軌を逸しているといわねばならないかもしれない。実際に統合失調症などには、このような「もらい子妄想」や「捨て子妄想」が見られることがある。

この映画の興味深いところは、普段の日常生活の中にこのような願望があるのだということを示してくれたことであろう。私たちはしっかりした自分意識、アイデンティティ意識がなくてはまともな生き方ができないところがある。自分意識が曖昧であると、いつも「自分とは」ということを確かめなければならないのである。トマにとって自分に降りかかってきた不運な運命は、受け入れることができず、それは何かの間違いではないかという感じや実感があっても不思議ではないという感じがする。トマの解決もひとつの方法であろうが、できることなら「これが私だ」という形で満足のいく人生であったらなあと思う。

それにしても、死のテーマと恨みのテーマと姉と弟の結婚という暗い、しかし、神話的な主題を扱うのに対し、シャルル・トレネのシャンソンは何と明るい歌声なのだろうか。このような明るさによってようやく、悲しく陰鬱な物語が私たちの心の中でバランスをとって見ることができるのだろう。

二、愛する姉アリスの力

トマの人生は姉アリスに支配されたものであったということができよう。トマにとっては頼りにしていた愛する姉であった。そして結婚できれば結婚したいと思っていた。姉アリスがトマを愛している証明として、車庫に突入して火達磨になって死ぬという行為は大きな衝撃であり、トマにとっては一生ついて回るトラウマとなってしまった。それほどの大きな愛を示した人は、トマの生涯の中では誰もいなかった。それは近親姦的な関係であったかもしれないが、心の発達からみると、自然なものではなかったろうか。

しかし、いつも机の上には、姉アリスの写真をおいて眺めているトマであったから、アリスの力は常にトマを支配していたと考えることができよう。アリス以外の女性と出会い、結婚するなどということは考えられないのが、トマであった。アリスとそっくりのエヴリーヌと出会っても、トマにとってはアリスとの出会いそのものであった。結婚してもよいと思って、駆け落ちまで考えたのは近親姦の実現であったかもしれない。いろいろのゴタゴタした出来事はトマの内的な禁止を犯す行動化としてみることができるかもしれない。そしてその後、一生一人で孤独で生活するのは、その処罰ということができるかもしれない。

このように見ると、この映画は神話的なレベルの物語が現代に置き替えられて描かれているという見方もできるかもしれない。この物語が深く、私たちの心を打つのも、その深い神話的な物語のもつ真実性に根ざしているからだということができるかもしれない。

三、知恵遅れの弟セレスタンとトマ

兄弟愛という点では、弟セレスタンへの優しさも美しく示されている。この俳優は実際にダウン症の人である。それが見事な演技をする（この俳優は、監督の次回作『八日目』の中で主演をしている。そしてカンヌ映画祭で主演男優賞を得た)。ダウン症本来の明るさがよく出ている。トマはこの弟が好きで、施設に入っているが時々会いに行く。また、恋人エヴリーヌと親しくなったとき、弟に紹介したりする。見ていて、「何と自然だろう」という感じである。障害者という意識はまったくない。ただ、愛する弟と兄との出会いとして、二人は楽しい時間を過ごすのである。障害者へのやさしさが素直だなあと思った。「兄弟なんだもん」「好きなんだもん」「会っていて楽しいんだもん」と言っている。それ以外には、何の思いもない。すばらしい肉親愛が描かれたものだと感激した。

第三節　『羊たちの沈黙』（一九九一）

——精神分析訓練のプロセス——

精神分析的な世界をよく示していると思う映画を少し古いが取り上げることにした。それは『羊たちの沈黙』である。公開された当時、この映画は大変話題になった。主演はジョディ・フォスター。『告発の行方』に続いて、この映画の演技でアカデミー賞の主演女優賞を得ている。個性的な女優であり、俳優、監督、プロデューサーなど豊かな才能を映画界で縦横に発揮している現在もっとも翔んでいるひとりではないだろうか。監督はジョナサン・デミ。

一、物　語

ＦＢＩの訓練生が、猟奇的な女性連続殺人事件を見事解決するスリラー映画である。バファロー・ビルと呼ばれる殺人犯は、若い太めの女性を殺し、その皮膚を剥いで川に捨てるという冷酷な人物である。ＦＢＩの必死の捜査にもかかわらず、犯人の行き当たりばったりのやり方に、組織的な捜査が機能を発揮しない。そこで心理的プロファイル（例のドラマ『ＦＢＩ特別捜査官』で有名になったやり方）の情報を得るため、刑務所に収容されている殺人犯に協力を依頼して、情報の収集に当たっている。犯罪者の中に、「人食いハンニバル」と呼ばれる元精神科医ドクター・レクターがいる。自分の患者を殺して食べたり、人を殺しても脈拍の変化もないという冷酷非情な人物である。しかも知的に優れて、普通の人間では相手にされない。からかわれたり、マインド・コントロールされておかしくなったりする。一筋縄ではいかない人物である。演じるのはイギリスの俳優アンソニー・ホプキンス。この人物の造形がすごい。クールで底しれない不気味さをたたえた正気の鋭い知性と人食い殺人犯の狂気とが同居している人物を見事に演じている。顔を少し下向き加減にして、目だけ上向きに大きく開いて睨んでものを言うどアップの描写には圧倒される。

ＦＢＩの上司クロフォードはドクター・レクターに相手にされないので、訓練生スターリングを使う。演じるのはＪ・フォスターである。やや小柄で、少しやせ型。髪はブルーネットで、肩上までの断髪。面長の顔にやや尖った顎と青い目、そして少し吊り上がった目尻。尖った鼻。きりりと締まった唇。時々、眉間に縦の皺を寄せる。それは答えが出ないときの苦悩だけでなく、幼児期から自分の内面に抱える問題を示すものでもある。訓練生らしくきちっとした黒のスーツ。将来が頼もしい能力の高い女性であると見える。

スターリングは刑務所のドクター・レクターに会いに行く。ドクター・レクターのいる場所は逃亡不能な地下の個室。何もない。太陽に当たる自由もない。好きな絵画を描くのが許されているぐらい。描いた絵について尋ねると、フィレンツェのベルベデーレの丘だという。エル・グレコの描くゴルゴダの丘のようだ。教会の塔がまるで三本の十字架に見える。ドクター・レクターは知的で素直な若い女性のスターリングに好意をもつ。協力してもよいが条件があるという。その条件はスターリングの個人的な情報と交換すること。これは上司クロフォードから禁止されている。というのは、個人的情報を提供するとドクター・レクターに取り込まれて、マインド・コントロールされてしまうからである。しかし、彼女は条件を受け入れる。

「オーケイ。それでは君のもっとも早期の辛い経験は何だったかね」。

「それは父親の死でした」。

「何で死んだのだ？」

「父は町の警察官で、強盗を捕えようとして、逆に銃で撃たれて」。

「一〇歳でした。母親はもっと小さい時に死んだので覚えていません」。

さらに聞こうとするドクター・レクターを遮って、反問する。

「今度は私の番。バファロー・ビルの情報をください」。

ここらあたり、なかなかのもの。情に流されず、丁々発止と知的に冴えたお互いの切り返しの会話が面白い。聞いている私たちは、スターリングの内面の苦しみとバファロー・ビルについてのヒントからくる事件の展開との両方に次第に引き込まれていく。

倉庫を探すようにドクター・レクターに示唆され、探すと顔に化粧した男の首が見つかる。それはドクター・レクターの元患者であった。その患者がバファロー・ビルをドクター・レクターに紹介していることがわかる。バファロー・ビルはドクター・レクターの元患者だったのだ。

こんなやりとりの最中に、また、新しい女性誘拐事件が起こる。被害者は上院議員の娘である。ここで私たちは犯人をチラリと見る。犯人は食べ物を与えないで三、四日おいてから殺し、皮を剥いで捨てるらしい。また、新しい死体が見つかる。犯人のバファロー・ビルは活発に動いているらしい。新しく誘拐された女性も殺されるまでにあまり時間の余裕はない。見つかった死体を検案していると、喉元に大きな蛾の蛹が見つかる。アジア地域のもので、アメリカで生息する普通の蛾ではない。この蛹を口に突っ込んだ犯人は蛾を趣味にして飼っているのではないだろうか。

これらの情報をもってスターリングはドクター・レクターのところに行く。ドクター・レクターは蛾をどう思うかと聞く。蛾は「変化」のシンボルであり、再生のシンボルである。それから推察できることは……。

「犯人は変身願望をもっています」。

「それでは同性愛者か。男性が女性の服などを身につけるトランス・ベスタイト（服装倒錯者）か」。

「しかし、トランス・ベスタイトは受動的であり、攻撃的ではありません。それと殺人はつながらないと思います」。

訓練生スターリングもなかなかよく勉強している。

「変身願望のため手術をする病院は、アメリカには三個所しかない。それはAとBとC。しかし、手術は受けていないだろう。事前の検査で精神的な不安定さが発見されるだろうから」。

この会話の場面は、ドクター・レクターとスターリングを隔てるガラスに二重映しになり、二人は重なっているような画面になっていて独特の雰囲気である。

ドクター・レクターの示唆は調べる価値がありそうだ。手術のための検査を受けた記録は残っているかもしれない。また一方、ドクター・レクターの情報を上院議員が司法取引しようとする（これは日本と違うところ）。飛行場でのドクター・レクターと上院議員との司法取引のための出会いも印象的である。ドクター・レクターは僅かの情報を与え、あとは上院議員をからかう。時間稼ぎをしている。ドクター・レクターの警備は物々しい。四階の大きな部屋の真ん中に鉄の檻の部屋を作り、どこからでも見通せるようなところにドクター・レクターを収容している。そして二四時間監視の態勢。逃亡は不可能に見える。スターリングはその監禁の場所に行って、ドクター・レクターに意見をきく。すると、ドクター・レクターから逆の質問を受ける。ドクター・レクターは一貫してスターリングの個人的な世界に関心をもっている。彼の質問は前の続きである。

「それでその牧場にどのくらいいたのかね」。

「二カ月あまり」。

「何でそんなに短いのか。叔父さんが性的にいたずらしようとしたのか」。

「いや、叔父さんは良い人でした」。

「それではなぜ？」

「夜中に声を聞いたのです」。

「声を？　何の？」

「子羊の泣く声」。

「それは屠畜のためのものだったのか」。

「そうです」。

「それを助けたかった」。

「そうです」。

「それでどうした？」

「小屋にいってみました。たくさんの子羊がいました。《涙ぐんで、まだ生々しい体験のように話す。こちらもつい話に引き込まれる》。逃がそうと戸を開けましたが、逃げません。私にできることは一匹を抱いて逃げ出すことでした。しかし、重くて。途中で追っ手に捕まり、その場で子羊は射殺され、私は施設に送られました」。

「その羊の声に今も、うなされて目がさめるのだろう？　夢を見て」。

「そうです。……今度は私が聞く番です。教えて下さい。バファロー・ビルの本当の名前を。名前は何といいますか」。

立ち直ってスターリングは懸命に尋ねる。

「答えはすべて、資料の中にある」。

と言って、ドクター・レクターは間接的にしか答えない。ノラリクラリとしてスターリングを苛めているようにも見える。スターリングが去った後、監視のスキを利用してドクター・レクターが監禁を破り、脱出するところは凄惨な場面となる。警備の警官を十字架に吊したのは意味深長だ。前に見たドクター・レクターの描いたフィレンツェの絵に通じるようだ。

スターリングは帰って、同室の友人と「答えはすべて資料の中」という意味を探っていく。そして死体の遺棄場所は故意にいい加減にやっているように見せているることに気づいていく。最初の女性誘拐は身近な人であるらしい。その女性被害者の家には凝った服がたくさんある。しかし、彼女は自分ではつくらない。

ボーイフレンドが服に関心？

服を作って着る？　それも女性の服を？

しかも、女性の皮を剥いで服にする？

推理は核心を衝いている。そしてついに家を探し当てる。

その地下は薄暗く、珍しい蛾や蝶が飼われている。そして女性の哀願する悲鳴。

スターリングは戸をたたく。中から男性。尋ねるが人違いらしい。ところがそこに一匹の蛾が舞い降りる。その瞬間、スターリングはこの男が犯人だと確信する。男は地下の暗闇の中に逃げる。それを追うスターリング。しかし、完全な闇に閉ざされてしまい動けない。スターリングは全身を耳にして手探りで動く。男は赤外線の眼鏡でスターリングの行動を楽しみながら観察し、射殺の機会を狙っている。男が銃の撃鉄を上げたカチリという音を聞いた瞬間、スターリングはその音に向かって銃を続けて発射する。それは男の銃の発射より一瞬早かった。ここらあたりのシーンは心臓に悪いと思った。見ているこちらもスターリングに完全に同一化して息を殺していた。

というわけで、実地の勉強が厳しすぎて、学科試験を落ちそうになるが、スターリングはめでたく卒業を迎える。その卒業のパーティに電話がかかってくる。脱獄したドクター・レクターだ。

「どうかね。まだ子羊は泣いているかね？」

スターリングはびっくりするが、曖昧な返事をする。電話はすぐに切られる。ドクター・レクターは狙った獲物を追うように群衆の中に消える。ここでクレジットの字幕が重なって終わる。

二、私の感想

まず、スターリングの捜査協力の引き換えに、ドクター・レクターがスターリングの「個人的な過去」を知りたいというのはなぜだろうか。ここですでに精神分析が始まっているのではないだろうか。分析者ドクター・レクターが患者に対するように尋ねる。

「まず、あなたの最も早期の経験で思い出すことを話してほしい」。

この質問は不思議な交換条件ではなかろうか。

精神分析家もまた同じ。ドクター・レクターは精神分析の経験をスターリングに与えることで、内的な成長を期待しているようである。ひたむきにFBIになろうとしている若い女性には、精神的に何かあるのではないだろうか。その心の問題を解決すると、FBIになるための過酷な学習や訓練が受け入れやすくなるのではないだろうか。このような発想で質問がされたとすれば、なかなかのアイデアではないだろうか。これはまた作業同盟(working alliance)といってもよい。同じ作業をする二人がしっかり精神的な絆をもって事に当たるための精神的な前提を作業同盟と呼んでいる。これで犯人を追う態勢が二人に生まれてくる。

現実の殺人犯とスターリングの心の中の主題(外傷体験を示す羊の悲鳴)。さらにまた、スターリングにとって辛い体験である父親の死。父親は警官だった。そして自分も警官になろうとしている。それは父親の理想化であり、同一化である。エディプスのテーマも存在している。上司クロフォードは父親のように優しくスターリングを指導している。

この映画では、スターリングの心の内面と犯人捜査という厳しい現実とがうまく同時進行的に展開していく。犯人追及はドクター・レクターの示唆を得て、見事に焦点化していく。ドクター・レクターはスターリングの内面から目をそらさない。その焦点は、父親の死後、孤児になり、送られた叔父の農場で屠畜場に送られる子羊を救おうとして救えなかった外傷的な体験である。このような心的外傷が夢に繰り返し現われ、苦しめることを精神科医ドクター・レクターはよく知っている。幼いスターリングが救おうとした子羊は目の前で殺された。その心の深い傷は今も癒えていない。スターリングが涙を流しながら、このエピソードを話すのが何よりの証拠である。このような外傷体験は、警察官だった父への理想化と同一化とともに、スターリングの救済願望を生み出していた。ＦＢＩの訓練生として努力しているのは、まさにその現れでもある。

このときのスターリングとドクター・レクターとの会話の場面がガラスに反射して二人のイメージが重なっている奇妙な場面であった。鏡の作用を利用して対象との混然としたイメージの融合が示されていて興味深かった。ドクター・レクターは彼女にとって父親として、ドクター・レクターにとって娘として転移の力動が示されていたのではないだろうか。また、ゴルゴダの丘を描いたり、脱獄のときの十字架上の処刑を描いたりなど、ドクター・レクター自身も一方で救済者コンプレックスをもっていたことも興味深い。犯罪者ではあっても、かつては彼は医者だったのである。

ところで、スターリングの母親はどこにいるのだろうか。映画では父親より早く死んでいるのでまったく出てこない。これは母親についての否認を意味するのだろうか。同性としての母親のイメージの定着はどうなっているのだろうか。安定した勉強も、冷静な仕事も、父親との同一化の面は示されているが、異性をほのめかすものは映画の中に何もみられない。スターリングにボーイフレンドはいないらしい。

この年で？　アメリカで？

彼女は異性関係をまだもつことができないのだろうか。父親や母親とのエディプス葛藤のテーマのレベルをようやく乗り越えようとしているところなのだろうか。そして最後に、あの「子羊の声」はどうなったのだろうか。最後のドクター・レクターからの電話の質問「まだ、子羊は泣いているかね？」に、彼女は曖昧に返事をしている。

子羊を救おうとして心的外傷を受けてしまったスターリングは、犯人を捕らえることで、世の中の保護者としての救済願望を実現し、父親や母親との同一化を統合して、自分のアイデンティティを獲得することができたのだろうか。この点について、スターリングが最後の場面でドクター・レクターの質問に曖昧であったように、まだ、子羊の声は夢の中で時々聞こえるのかもしれない。内的な確かさを獲得していく道のりはまだ遠いかもしれない。しかし、スターリングはドクター・レクターの助けをかりて、自分のアイデンティティをつくりあげていく道を歩み始めたようだ。

この映画はややグロテスクな面のあるスリラーである。しかし、一方でスターリングの心の成長に焦点を当ててみると、この映画はまさに、精神分析の過程や精神分析の訓練に見られる患者の内的な問題と現実の問題との二つのプロセスをよく示していることになる。現実の問題を解決して成長していくのと平行して、内面的に過去の外傷体験や混乱に直面し、苦しみながら心の中で統合していく過程がうまく描かれているのがよくわかるのである。こんな映画を見ると、アメリカ映画にみられる精神分析の影響の深さや大きさを改めて感じさせられたのであった。こんなスリラー仕立てにして、こんな映画をつくるなんて凄いなあと思った。

第四節　『判決前夜―ビフォア・アンド・アフター』（一九九五）
―家族の善意―

家族の問題は複雑で簡単に答えの出るものではないだろう。ここでは映画の中で家族が描かれているものを材料にして家族について話をしてみたい。最近の映画で家族が扱われて話題になったものに、『クレイマー、クレイマー』『普通の人々』『家族の肖像』『結婚の風景』『ギルバート・グレイプ』『セカンド・ベスト』などがある。それぞれ当時に大きな話題になったものなので、映画の好きな人々は見ていることであろう。

ここではあまり話題にならなかった映画ではあるが、普通の家族を描いて興味深い映画として『判決前夜―ビフォア・アンド・アフター』を取り上げてみたい。監督はバーベト・シュローダー、主演はメリル・ストリープとリーアム・ニーソンというよく知られた俳優が演じている。

映画の物語は次のとおり。

雪の深いアメリカ東部ニューハンプシャー州の小さい静かなハイランドという町。町の住民はお互いに知りあいで、何かあれば一瞬に町中に情報が流れるような古い町の住民関係の生活をしている。この町で専門的な職業をもっている家族として、住民とやや距離のある生活をしているライアン一家。メリル・ストリープ演じる母キャロラインは医師で地域の総合病院の小児科に勤務している。リーアム・ニーソン演じる父ベンは現代風の彫刻家で、鉄を大きく組み合わせて作ったり、木材を組み合わせたりするような大きな作品をつくる人である。体格も大きい。母の勤務する病院に運びこまれた血だらけ少女の死体を見て驚く。少女は一七歳になる息子ジェイコブ（エドワード・ファーロング）のクラスメイトだった。

妹のジュディス（ジュリア・ウエルドン）と父母が揃うが、ジェイコブの車はあるのに、彼はいない。そこへ地元の警察署長が来て、ジェイコブが少女殺しの容疑者だというニュースを伝える。家族は動揺する。実はその日の朝、父は息子と口論していたので、一段と気になってしまう。署長が帰ってから、息子の車のトランクを開けると、中には血のついたジャッキがあった。父はパニック状態で、息子がやったのだと信じて、ジャッキの血を水で洗い、そして隠して証拠を消し去ってしまう。父は息子を自分で守るのだと考える。母はこのことを聞き、証拠を隠滅してしまうと、息子は犯罪に巻き込まれたことだけかもしれないのに、逆に子どもの不利になってしまうのではないかと言う。父母ともに、息子を愛しているが、どのように子どもを守るかについては、考えがまったく違っている。これはこの夫婦の人生への対処法や生き方の違いでもある。

事件から五週間が経って、息子ジェイコブが逮捕される。保釈が認められ、ジェイコブは家に帰る。彼は家族に口を利かない。家族は町の人々から冷たい目で見られ、また母も病院を休職させられてしまう。町のチンピラの若者が家の庭においていた父の作品である木の彫刻に火をつけたりして嫌がらせをする。そんな中、夕食時にジェイコブが口を開き、真実を話す。

ジェイコブは少女マーサと深い仲になっていたが、マーサはジェイコブ以外の男性とも付き合い、妊娠していたのであった。事件は雪の日であった。二人は車の中で言い合になった。車が雪でスリップして埋まって動かなくなって、ジャッキを取り出して動かそうとしたがうまくいかない。ジェイコブのやり方をマーサは罵った。それに憤慨してマーサを殴った。マーサはさらに怒って、大きなスパナのような鉄の棒を取り出し、それで殴ろうとして、ジェイコブがよけたはずみにジャッキの上に勢いよく倒れこんで顔面をうち、命をおとしたのであった。彼は殺したのではないと言う。

裁判になる。父は証拠のないことを理由にして、息子は喧嘩のあと、別れたのだ、事件のあとのことは知らない、事件に関係ないという話の方向で無罪にしようと考える。母は真実を伝えることが大事だという。しかし、息子が真実を言うと今度は父が証拠隠滅罪に問われることになる。難しい状態になってしまったなかで、息子ジェイコブは母の言うように、真実を言うことにする。裁判の結果、少年の過失致死と死体遺棄の罪、それから父親は証拠隠滅の罪を問われることになる。そして少年は少年院へ、そして父は刑務所に入ることになる。お互いの信念と真実を通したことが、このような結果になったのであった。

出所して家族は地域から追われることになる。もう一度、皆が家族に戻ってから、一家はボートで川くだりの旅をする。しかし、思いはそれぞれ複雑なままである。新しい家族関係はどのように築いていくことができるだろうか、という新しい旅の出発というところで物語は終わる。

いろいろと考えさせられる映画であった。以下に感想を交えながら、家族ということに焦点を合わせて考えたことを述べてみたい。

一、予期しない出来事

人生では予期しない出来事や突然の出来事がやってくることも少なくない。そして予期しない出来事で人生や家族の運命がまったく変わるということがある。生活もまったく変化してしまう。そしてまた、懸命に生活を守ろうとしても、そのとおりになるとは限らない。これが人生というものであろう。このような不安定の中で私たちは生きているといってよい。

安定した生活も子どもの成長によって変化する。また、社会の経済的変動で職業に異変が起こることも少なくない。これらは自分の意志や計画を超える出来事であって、自分の努力ではどうしようもない。家族の問題には、このように個人の努力や思惑を超えるところがある。

二、事件の性質

大きいものであれ、ちょっとしたことであれ、何か事件が起こってしまうと、私たちは原因を外に求めようとすることが多い。また、「悪意」や「不調」に原因を探したがる。悪意の場合は理解しやすく、さらに家族を守り、また相手を排除したりすることが可能である。しかし、悪意でなく善意なのに、問題が起こるということもある。極端の場合、「善意」が問題を生むこともある。この場合、私たちはどのように対処したらよいのだろうか。

今回の家族の出来事も善意が問題を複雑にしてしまったのであった。

父親にとっては、子どもは自分の命である。子どもを守るためには何でもするという決意をしている。子どもが犯罪に関係していようと、他のどんなトラブルであろうと、私（父）は子どもを守ってやらねばならない。そのためには証拠隠蔽でも何でもするという態度である。その姿勢は頑固で、子どもを守るという決心は変わらない。これが問題を複雑にしてしまう。

三、それぞれの生き方

子どもを愛することに変わりはないが、母の生き方、また子どもの生き方はそれぞれまったく違っている。自分の言い訳というか理屈がある。それは父と同じような信念といってよい。母の信念は包み隠さずあるがままの現実を認めること、その現実に立って次の方向の選択をしていく。あったことを、なかったことにするなどの証拠隠滅というのは、母親には考えられない。それは不誠実ということになる。たとえ子どもの問題であっても、その真実は曲げられない。真実に従って、子どもを受け入れ、子どもを援助する、守るというのが母の信念である。これも強固なものである。簡単には揺るがない。たとえ、愛する夫の意見でも、違っていても自分の意見は曲げられない。妥協しないこの両方の親の態度は、正面から衝突せざるをえない。

これは純粋であるし、一人の生き方としては見事ということができるだろう。しかし、家族となると、価値観の違いや生活の仕方の違いが正面衝突をすることになる。その中で子どもは迷ってしまう。父に反対しても、母に反対しても、いずれもどちらかを裏切る決断となり、辛い情況になることを避けることができない。人生の難しさは、父も母も、子どもを大事にし、愛していることである。善意の行動である。善意であるので、拒否したり、反対したりすることができない。これでは子どもは内的に引き裂かれてしまう。

四、少年の心

この内的な引き裂かれの中で、子どもは子ども自身の決断をしなければならない。アメリカの子どもや少年は、自分で行動を決意することに責任をもたされることが多い。この子は思春期にある。思春期の子どもに対する親たちの姿勢は難しい。ガールフレンドのマーサは妊娠している。それは自分の子ではないというジェイコブ。この後の会話が興味深い。

父「どうしてそうだと言えるのだ?」
息子「だって、僕はセックスをするときはいつもコンドームを使っていたから」。
父「だとすると、マーサは他の男性ともセックスをして、そして妊娠したのだろうか?」
息子「そうだと思う。マーサは僕に、コンドームを使うなんて気分がそがれる、と言っていたから」。

こんな会話を親と食卓でする。そこにはおませな小学生の妹もいる。実はこの家族の物語は彼女が綴った手記を基にして、ナレーティヴも彼女が語っているのだ。思春期の子どもをもつ親の姿勢の中に、性的な問題の場合、このような会話も重要になるのかなあ、というのが印象に残った。まだ、日本の場合には「恥ずかしい」「汚らわしい」というところがあるかもしれない。当人たちには本当に深刻な問題なのであるが。

また、はっきり描かれてはいないが、マーサの家庭は難しい問題を背負っていることがわかる。反抗的であり、家族にも、友人にも、この世全体に対しても、神様にも反抗したいような態度になっている。情緒不安定で苛立っている。ボーイレンドが何人もいて、性的関係をもっている。性的関係をもっているときは、男性も自分に対して優しい。自分の内的な苛立ちを収めるのは、性的な関係しかないとすると、いろいろの男の子と関係をもつことをやめられないであろう。自分の苛立ちを納めるためには、男の子たちへの要求が厳しくなる。そのようであるから関係が長続きしない。

五、自律性について

次に、大きなテーマは自律的な判断を求められるということであろう。これは年齢にあまり関係がない文化的な事柄かもしれない。幼稚園ぐらいでも「何をしたいの?」ということは普通に聞かれる。子どもは自分の欲求についてはっきり意識していなければならないという圧力はいつも付きまとっている。

「どうするのだ?」「どうしたいのだ?」ということはいつも聞かれる。それにちゃんと答えなければならない。「自分で決められない」ことは、心理的な問題をもつ子どもだというぐらいに、本人の自主性、自発性ということが重視されている。だから、この裁判でも少年ジェイコブの意志が大事なのである。ジェイコブはあるがままのことを言うという決心をする。未成年であると、証言に親の承認が必要である。父は頑固にこのジェイコブから頼まれるサインを拒否する。ここでも父は自分の意志を曲げない。これは大きな葛藤だが、家族のメンバーの一人ひとりがこのように、強い意志で動いているのだ、ということがわかる。この点で私たち日本人は緩やかではないだろうか。「子どもがそういうなら」「子どものために妥協する」といったことは親心として、割とすんなり自分の意志を変更しても問題にはならない。また、そのことがかえって周囲の人の賞賛を得られるかもしれない。この点は母についてもいえる。母の意志も強い。はっきりしている。生き方のぶつかり、価値のぶつかりがあっても当然、それから解決の道をさがせばよいという強さがある。しかし、価値の葛藤が激しくなると、家族が破綻するという危機を同時にはらんでいる。

六、家族というかたち

このような映画を見ると、家族というあり方や形態ということを改めて考えさせられる。この家族のように、はっきりした生き方や価値観をもって、しかもそれが団子のように同じで一致したものでない。竹を何本かまとめて束ねているような家族の場合、その束ね方が難しいだろうと思われる。束ねているのは、家族のメンバーに対する優しさと愛情であろう。それらの要素がなくなれば、バラバラになってしまうだろう。しかし、個性がまとまって束ねられていると、強いしっかりした家族となる。

この点も日本の家族との違いが大きいように思われる。日本では家族のメンバーは情緒的に一体化していることが多いので、団子的な状態ではないだろうか。その典型は一家心中である。最近もそのような事件が起こっている。また、事件が起こるとすれば、メンバーがかばう。父母は大きな犠牲を払っても子どものために努力をする。その際、自分の信念より、子どもがどうなるかということが重要な関心事となるのではないだろうか。

私たちの成長が、赤ん坊から児童、青年、成人、壮年、高齢期と変化していくように家族も変化する。赤ん坊を抱える家族、児童を抱える家族、思春期の子を抱える家族、青年期になって巣立っていく家族、空の巣になった家族、高齢期になった家族など、変化していく。これは個人のライフサイクルがあるように、家族のライフサイクルといってよいものである。私たちの直面する課題、解決するべき課題はこのライフサイクルのどの時期かによって変化するのである。幼児期の子をもつ家族の課題は、思春期・青年期の子をもつ家庭の課題と違う。それにもかかわらず、親の姿勢や構えとして、幼児期の子どもを守るよう、思春期・青年期の子どもを守るという姿勢では、子どもの成長は困難に陥る。また、親自身の葛藤も大きくなる。

この映画を私たちの内面を照らす鏡として見ることができれば、家族の主題や家族のライフサイクルの主題として意味深いのではないだろうか。

七、新しい形としての家族

この映画の家族と日本の家族のあり方とメンバーの内的なあり方や関係はかなり違っているので、大物俳優が演じた映画ではあったが、日本ではあまり人気がなかったかもしれない。しかし、これは遅かれ早かれ、やがて日本にも到来する家族のあり方の方向性を示しているのではないだろうか。離婚の問題、母子家庭、父子家庭、単親家庭の問題などはアメリカの影響ではないかもしれないが増大している。これを押し止めることはできない勢いである。児童虐待やDVなどは一連の現象ではないだろうか。このようななかで、お互いに個性をもち、しかも愛情で結ばれる家族とは何か、夫婦とは何かという問いを発している映画であると見ると、私たちがこれから心の準備を要求される主題であるということができよう。まず、個性的に生きること、同時に家族として強い絆で生活していくことという二段階の心理的なステップがあるように思われるが、歴史的に見ると、日本の家族もこの方向に進んでいることを否定することはできないように思われる。

第五節　『ミセス・ダウト』（一九九三）
――離婚と子ども――

これは家族を描いた映画である。家族や子どもをあつかったものに、少し古いが印象に残っているアカデミー賞受賞の『クレイマー、クレイマー』『普通の人々』、また『フック』『ホーム・アローン』『ホーム・アローン2』『ホーム・アローン3』『ホーム・アローン4』『マイ・ガール』『マイ・ガール2』などがあるが、この映画は出色である。この映画はロビン・ウイリアムズという役者のひとり舞台で、もう抱腹絶倒、ストレス解消にもってこいの楽しい映画である。映画の終わり方にも希望のもてるような印象がある。何だかいい気持ちで映画館を出ることができる。

しかし、内容は意外に深刻なのである。現代アメリカの家族の問題をよくとらえているのだ。深刻な問題をこんなに楽しく、共感をもって描くだけでなく、世界的な魅力的エンタテインメントにしてしまうアメリカ映画（ハリウッド）の底力といったものを感じさせてくれた。これは『レインマン』や『レナードの朝』などにも通じることである。

物語の筋は次のようである。

映画の舞台はサンフランシスコである。まるで、雲の上ですべての出来事が展開しているかのように、丘の上からサンフランシスコの美しい海が見える。ウイリアムズ演じる声優ダニエルがアニメの吹き込みをやっているところから始まる。しょっぱなからウイリアムズの演技のすごさに圧倒される。森繁久弥顔負けの声の使い分けをやってみせるのである。物凄く早いスピードで七色の声を使い分けるのだが、それがとても楽しい。しかし、彼の演技の主張はプロデューサーと意見が合わず辞めてしまう。ダニエルは純粋に自分の意見を通し、頑固で、人の意見を聞いて合わせることができず、無視して失敗する。だからいつも失業状態である。そのうえ、妻子と別居しているらしい。仕事を辞めての帰りに、三人の子どもたちを迎えにいく。子どもたちもお父さんが仕事を辞めたのを、またか、といった表情で聞いている。母親が仕事で留守の間に、息子の誕生祝いのパーティをやることにする。子どもの友達をたくさん集め、移動動物園（日本にはない）を注文して、小さな動物たちを呼び込み、大きな音でラップ・ミュージックをならし、皆でダンスをしている。楽しそうだが、ハチャメチャな雰囲気である。やっている本人たちはご機嫌だが、隣近所は大迷惑。隣のおばさんは怒って子どもの母親に電話、また警官も来る始末。

仕事の最中に、家のことで呼び戻されたサリー・フィールド演じる母親のミランダは、この有り様を見て堪忍袋の緒を切らし、結婚以来のうっぷんが爆発しダニエルに離婚を宣言する。ダニエルはいろいろととりなそうとするが、ミランダはもう許さない。ダニエルは子どもなしでは生きられない子どもべったりの人である。子どもと別れて暮らすことなどとてもできない。

家庭裁判所での裁決はダニエルが住むところを確保し、ちゃんとした職業を得るまで、子どもはミランダと同居すること、週一回の面会を許すというもの。ダニエルはとてもがっかりする。しかし、仕方がない。彼は努力して地方のTV局の運送係として職を得て、アパートも確保する。偶然にミランダが子どもの面倒をみる家政婦を探しているのを知り、子どもに会えるチャンスとばかりにこれに応募する。電話で申し込むのは、声優の得意技で問題なくうまくいく。名前を聞かれて横にあった新聞の見出し『警官が不審火を発見』（ポリス・ダウト・ファイアー）を見てとっさに思いつきで、私はミセス・ダウトファイアーです、と名乗る。これが映画の題名である。日本名は省略してミセス・ダウトとなっている。これでは題名の意味が死ぬ。題名はまさに不審火のように、怪しい人物なのだというところがユーモアなのであるが。

家政婦なので、女装しなければならない。幸いなことにダニエルの兄がメーキャップ師である。それに頼んで女装をする。これが傑作。女性への変身を次々と試みる過程が何とも面白い。グロリア・スワソン、バーブラ・ストライサンドなどの映画の場面を演じて笑いころげる。映画ファンならこのアドリブ劇は大いに楽しめる。

そしてできあがるのが、六〇歳のミセス・ダウト。なんとも大きな女性で異様な感じだが、次第に好感をもつようになるから不思議である。子どもが好きで、目がとても優しい。しかし、なかなか厳しい面もある。子どもたちも素直についてくる。ここら辺りはやや甘い。とてもそんなに簡単じゃないぞ、という声が出てもおかしくないというところ。

少し、余裕のできた母親ミランダに、以前のボーイ・フレンドが金持ちになって近づいてくる。それに意地悪をするミセス・ダウトのダニエル。これらも大変ユーモラスである。

ダニエルの勤めるTV局は子ども向けの教育番組が行き詰まっている。仕事の合間に番組の製作を偶然見ていたダニエルが、ブツブツといっていると、それを聞いていた社長（ロバート・プロスキー演じる、物に動じない素朴な教育TVの社長の味がよく出ている）が彼のアイデアを買うという。その話をレストランでしようと日時を決める。また、ミランダは自分の誕生日を祝ってくれるというボーイ・フレンドと家族の祝いにミセス・ダウトも是非にと誘うが、日時もレストランもかちあってしまう。ダニエルは断り切れず出かけるが、変装を相手に合わせて変えるのが大変。ややどたばた劇になるが、ウイリアムズのエネルギッシュな演技につられて、ハラハラしながらも大笑いをして見てしまった。しかし、変装相手を間違え混乱が起こってしまう。変装を間違えてTV社長のところに行ってしまって後、気づいての言い逃れに、こんな変装で番組をつくってはと提案すると、社長は本気になってしまう。ひょうたんからコマというところ。しかし、家族にもミセス・ダウトの正体がバレてしまう。切ない場面であった。そして裁判所の裁定は、たとえ子どもへの愛情から出たとしても常軌を逸した行動として、子どもの面倒をみる権利は先に持ち越され、一週に一度しか会えなくなるのだった。家では家政婦ミセス・ダウトは死んでしまった。

そのミセス・ダウトがＴＶの子ども番組として生き返る。テレビ番組の優しいミセス・ダウトは子どもたちの人気者になる。番組はどんどん広く放送されるようになる。そして子どもたちは、この優しいダウトおばさんにいろいろな自分たちの悩みを書き送るようになる。ミセス・ダウトは番組の中でそれらに丁寧に答える。子どもたちの悩み相談おばさんとなるのである。

最後に出る子どもの悩みは次のようだった。

「私のお父さんとお母さんが離婚しました。私は独りぼっちになってしまいます。それはいやです。離ればなれになるのは悲しいです。私はどうしたらいいのでしょうか」。

ミセス・ダウトはこれに親切丁寧に答える。それは長いゆっくりした答えだった。その答えが背景に流れるように、描かれる。

ダウトおばさんの答えはおよそ次のようであった。

「お手紙ありがとうね。お父さんとお母さんが離婚するということで大変ね。心が痛みます。それでお父さんとお母さんが離ればなれになっていくのですね。それは悲しいことね。あなたのつらい気持がよくわかります。しかし、考えてみてください。世の中には、いろいろな事情でお父さんやお母さんと別れないといけない子どもがたくさんいます。あなたと同じようにお父さんとお母さんが離婚した子。また、病気でお父さんやお母さんを失ってしまった子。また、戦争や事故でお父さんやお母さんを亡くした子。その他の理由でお父さんやお母さんと一緒に住めない子。けれども、考えてみてください。もし、あなたの胸の中に、お父さんやお母さんが生きていたら、そうすればあなたはけっして一人ではありません。お父さんやお母さんがいつもあなたと一緒にいるのだから。……」。

まったくそのとおりである。まるで、かつて翻訳したことのあるガードナー先生のことばのとおりなのでびっくりした。ガードナー先生の『ひとり親と子どもたち』（北大路書房）、また『パパとママの離婚』（深沢道子訳、教養文庫）のメッセージは、まさにこれであったのだから。映画の中に、心理学がしっかりと生きているのだ。

母親ミランダに許され、子どもの面倒をみるようになったダニエルは、三人の子どもたちを車に乗せて出かけていく。遠くにサンフランシスコの明るい海がみえている。ここでエンド・マークとなる。

さて、このように見ると、この映画はなかなか深刻なテーマを扱っていることになる。離婚、失業、同性愛、女性の社会的進出、男のふがいなさ、家庭の不和と子どもたちの養育、すぐに法律問題になり弁護士に厄介になること、子どもたちの心の生活など。アメリカの中流階級の家庭の問題がすべて出ているということができるだろう。

社会的に能力を発揮して仕事を始めだした結婚した女性。そこでは子どもの養育をどうしたらよいのか。女性としても自分を犠牲にして主婦の生活をすることはできない。それでは子どもの面倒は誰がみるのか。ミセス・ダウトのような人がどのくらいいるだろうか。映画の中での家政婦の応募者をみると、子どもを任せられるような人はほとんど見つからないということなのだ。子どもと仕事のどちらをとるかということになると、子どもが犠牲にされることが多くなっている。子どもは文句が言えない。親たちは自分の都合で別れたり、子どもを取引したりする。当事者としての子どもは親の意向を受けるしかない。子どもは常に被害者である。その心理的な苦しみは大きくなるまでもち越されるか、さまざまの問題行動として示される。映画の中の子どもたちは、少しよい子であり過ぎはしなかっただろうか。

日本ではこれからこのような問題に悩むことになるだろう。その意味ではこの映画は教科書のようである。ミセス・ダウトが言うように、自分の心の中に自分を愛する暖かい両親のイメージ（対象イメージ）があれば、それは頼りになる支えである。現実の社会問題に解決法のひとつの健全な提案ということもできるかもしれない。

ハリウッドのよい伝統を示す映画のひとつであると思った。

第六節　『フランケンシュタイン』（一九九四）
——親なし子——

　メリー・シェリーが二百年近く前、一八一八年に出版した原作（当時、二二歳だったという）を忠実に描いたといわれる映画が、新版の『フランケンシュタイン』である。フランケンシュタインはモンスター映画として、これまでにかなりたくさんのものが作られている。一九三一年のボリス・カーロフ主演のものが大ヒットして、フランケンシュタインのイメージが定着したということである。平らな頭に青白い顔、首にボルトが刺さっていて、ドサドサと不器用に歩き、「うーうー」と音声しか発しない怪物である。この作品の怪物があまりに印象的で、その後はフランケンシュタインというとモンスター映画として扱われてしまったらしい。今回勧める人があったので見た。面白かった。

　これはとても人間味のある、愛の映画である。コッポラが製作、ケネス・ブラナーが監督した。ブラナーは主役のフランケンシュタイン伯爵も演じている。なかなかダイナミックに画像を作り上げる手腕は若いのに見事であった。これを助けたのはＰ・ドイルの音楽だろう。また、ロバート・デ・ニーロがいわゆるモンスターを演じていて話題になった。

　物語は次のとおり。

　時は一七九四年のこと。三百年前のことである。場所はジュネーヴ。主人公はケネス・ブラナー演じるヴィクター・フランケンシュタイン伯爵。ブラナーは才能にあふれた人である。イギリス出身で、この映画もロバート・

デ・ニーロを除いて脇はすべてイギリスの俳優で占められている。これで映画の雰囲気が随分違って感じられる。人間味というか、肌合いの暖かさが出ているのである。

舞台となる貴族の館が凄い。玄関を入ると壁が白い大理石ではりめぐらされた大広間の空間。二階へ通じる大きな大理石の階段が逆V字に両方に広がっている。手摺りのない階段に不安を感じた。ヨタヨタして上がったり、降りたりしていたら落ちるぞ。大丈夫かな。落ちたら下は大理石だから終わりだ。当時のヨーロッパの貴族の生活はこのようなものだったのだろうか。

ヴィクター・フランケンシュタインは貴族である両親の愛に包まれて、幸福な子ども生活を送っている。ところが、最愛の母は弟の出産のとき死んでしまう。悲嘆にくれたヴィクターは、命のはかなさを思い、永遠の命を得るために医学者になることを決意する。ここまでが第一幕。

医学を学ぶために故郷から離れた大学に入る。いずれ科学は生命を創造することができるようになるというヴィクターの信念は、クレンペ教授から激しく糾弾されるが、学界で異端扱いにされていたウォルドマン教授は注目している。というのは、ウォルドマンは生体移植によってひそかに生命を永続させる研究を続け、相当の成果をあげていたのであった。ヴィクターはそのウォルドマン教授の弟子にしてもらう。

町にコレラが流行して、その治療に当たっているウォルドマンは、一方の足のない浮浪者の男に言いがかかりをつけられ、ナイフで刺され殺されてしまう。ヴィクターは師を喪い悲嘆にくれるが、教授の脳髄と死刑にされた男の肉体と、他の男の足をつなぎ合わせ、新しい生命を造ることを決意する。これまでの成果を試すのである。大時代的な道具立てであるが、なかなか見せるシーンである。ブラナーの演技の力であった。羊水の中に浸けられたつなぎ合わせの肉体は、人工的な稲妻のエネルギーによって生き返る。覗き窓から見える指先が動き始めるときにはドキリとしてしまった。

しかし、羊水の大きな入れ物から出て来たその生き物はヴィクターが予想していたものとはまったく違っていた。

彼は格闘して、ようやくその生き物を天井に吊るすと、疲労困憊して眠ってしまう。格闘のシーンが印象的。羊水にまみれてヌメヌメした液体に足をとられての格闘は、近松の『女殺油地獄』の殺しの場面を思い出した。激しい格闘であるが、薄暗いので姿がはっきりせず、私たちはまだ怪物の全貌を見ることができない。見てみたい期待が膨らむ。ブラナーのうまい演出である。ここまでが第二幕。

これからこの移植人間（映画ではクリーチャーと呼ばれている。彼には名前がない。ここでは「彼」と呼んでおく）が活躍する場面となる。彼は縛られた鎖を解き、建物を出る。外はコレラ騒ぎで人々はパニック状態である。人々は彼を見ると、コレラ患者と見間違い、捕えようとする。彼は必死に逃げる。その途中で次第に彼の全貌が見えてくる。彼は身体のあちこちをつなぎ合わせた移植人間である。ことに顔や頭は脳を移植されているので、つぎはぎだらけの物凄い容貌である。一瞬ギョッとする。頭、目、唇、首などまずい外科手術で肉が盛り上がって歪み、口はちゃんと閉じない状態。奇怪で異様な姿である。すばしこく、力が強い。農家の豚小屋に逃げ込み、ここを隠れ家として住みつく。その家族に知られないようにして、家族を援助したりする。また、子どもたちの勉強を聞きながら、字を覚え、話すことを覚える。自分が造られた場所を逃げ出すときに着ていたヴィクターのコートの中にあったノートを読み、自分がフランケンシュタインによって造られた移植人間であることを知る。

あるとき、その農家で留守をしていた老人が暴漢に襲われたのを助ける。老人は目が見えない。助けられたお礼に笛を吹いて聞かせる。目が見えないので彼を怖がらない。彼も安心している。しかし、家族が駆けつけたとき、その容貌を見て彼がやったと誤解し、皆逃げて行ってしまう。折角よい場所を得ていたのに。老人の友達もできようとしていたのに。

「自分はなぜ人から毛嫌いされるのか」。

「こんな自分がなぜ造られたのか」。

それを確かめるためフランケンシュタインに会わねばならない。そこはアルプスの向こうのジュネーヴの町である。

彼はヴィクターを呼び出し、「なぜ造ったのか」「なぜ嫌われるのか」を問い、心静かに暮らすため伴侶を得たいのだと約束させる。もし約束を違えたら仕返しをすると宣言する。しかし、フランケンシュタインの館では、事態は進行し、ヴィクターに時間を与えず、兄妹のようにして育った、愛する女性エリザベス（『ハワーズ・エンド』などに出演している美しい個性的な顔の女性のヘレナ・B・カーターである。ひたむきに愛する女の目の演技が見事）と結婚の式を挙げる方向に進む。怪物が現れたということで、皆は怪物退治に騒然となる。結婚の初夜も多くの屈強な男たちに守られた山小屋の中であった。

そこに彼が現れる。裏切られたこと、自分を殺そうとする周囲の人々の行動に怒り、初夜のベッドに横たわっているエリザベスの心臓をグイと指を突っ込んでくりぬいてしまう。外は嵐と稲妻。これも凄まじい場面。これを発見したヴィクターは最愛の人を失ったことを嘆くが、次の瞬間彼女を移植人間の技術で蘇らせたいと考える。そして成功する。その傷だらけの醜い容貌を、今度はいきなり私たちの前にどアップで見せる。あの美しい女性がこんなにもなるのかと思うくらい徹底的に醜く、ひどい顔に造られている。

このエリザベスに、彼は自分のところに来てくれと招く。移植人間同士として、北極で永遠に生きようという。ヴィクターも自分と生活をともにしようと誘う。彼女は迷う。その逡巡の中で鏡を見て、自分の醜くさに気づき絶望する。火を被って自殺する。全身火に包まれ、長い廊下を苦しみながら走って、最後に二階から飛び降りるようにして死んでしまう。これも凄まじい場面であった。彼は絶望して北極に去る。ヴィクターは彼を追う。ここまでが第三幕。

最終幕は、北極での物語。ヴィクターは北極に来たが、彼をさがすことができず、疲れ凍えて死ぬ寸前のところを北極探検にきた人々に助けられる。その死の床で語るのが、この怪物創造の物語である。ということで、第一幕の話が始まり、物語全体が円環構造をもつことが明らかとなる。ヴィクターは語り終えると死ぬ。そこに彼がやっ

てくる。人々が恐れていると、彼はヴィクターの死体にすがって、
「この人は私の父親だ！」
「なぜ父親は私を造ったのか。そして私は誰なのか」。
と言って嘆くのである。流氷の上で荼毘にふし、それが次第に遠ざかっていく。その火が遠くに霞むなかで、彼の大きな低い泣き声が響いている。ここで十分の余韻を残しながら静かに画面が終わる。とても切ない場面である。

映画が中盤になると、移植人間である彼の異様さをほとんど感じなくなっていた。それどころか、恐れられ、嫌われ、拒否されたひとりぼっちの可哀想な男に見えて、何か深く共感するものがあった。自分を生んだ母であり、父である人を見送る悲しさ。しかもその人は自分を造ったことを後悔し、亡き者にしようと追ってきた。その人が死ぬまで自分は近寄れなかった。本当は「お父さん」と言って抱き合いたかったのに。北極のように寒々とした場面も印象的である。

ところで、ヴィクター・フランケンシュタインは何者だろうか。彼は自分の医術で愛する人を生き返らせ、一緒にいたいと思った。そして移植人間を造った。彼は神なのだろうか。造り上げるまでの情熱と、造り上げたときの期待外れ感と得体の知れないものへの畏怖の感じのズレがある。そして造ったことへの罪悪感。

この映画は私たちに心理療法の中でのかかわりのプロセス、かかわりの結果などについて考えることを迫るものではないだろうか。

私たちの身体部分を積み木のように重ね集めて、絵というか、彫刻というか、そんな作品を随分前に美術館で見たことがある。身体部分の寄せ集めのような、「寄せ集め人間がお前だ」と突きつけられると、本当に私は寄せ集めの移植人間なのだろうかと迷い始めるのである。内臓移植や身体移植など、現実のものになっているので、この映画にも現実味がある。また、心理的には、メラニー・クラインもいうように私たちは部分対象の寄せ集めである

ことも間違いがない。内的対象の統合は心理療法の中心的な課題でもある。

私は自分のことを、すべて丸ごと正真正銘の本物の自分であるといえるのだろうか。私の考え、私の思い、私の嗜好、私の感じ方、私の人へのかかわり方、私の仕事の内容、私の仕事のやり方など、それらはすべて自分のもの、自分が生んだものといえるものだろうか。誰かの真似をしているのだろうか。私の部分を私は誰から受け継いだのだろうか。

よくよく考えて自分の中に自分のものが何パーセントあるのだろうか。それは純粋に自分のものなのだろうか。自分はつぎはぎ人間、移植人間ではないのだろうか。フランケンシュタインの造った怪物ではなかろうか。私を誰が造ったのだろうか。私の父はどこにいるのだろうか。私の母はどこにいるのだろうか。本当に、一体私は誰なのだろうか。

この映画ではいろいろと自己のアイデンティティのテーマを考えさせられてしまった。

第七節　『パーフェクト・ワールド』（一九九三）

――泣き面に蜂の人生――

『許されざる者』でアカデミー賞をもらったクリント・イーストウッドと『ダンス・ウィズ・ウルブズ』でアカデミー賞をとったケビン・コスナーが共演し、イーストウッドが監督するということで話題になった。前人気も大変なものだった。今回はこの映画のことを書いてみたい。

人間の中にはさまざまな人がいる。幸運の星の下に生まれたかのように、何をやってもうまくいき成功し、次々と思うことが実現していく人。また、反対に不運な星の下に生まれたかのように、何をやってもうまくいかず、好意的にやっていても不運なことになってしまう人もいる。

ケビン・コスナー演じるこの映画の主人公ヘインズは不運な星の下に生まれた代表のような人物である。生まれからして、大変だった。ニューオーリンズの繁華街のフレンチ・クォーターの娼婦街の娼婦の子として生まれ育った。父親は犯罪者であり、刑務所に入ったり、出たりしている。そして妻と子を残して失踪してしまった。ヘインズは母親に言い寄った男に腹をたて、母親を守るために、その男を殺してしまった。しかし、そのことはこの町で闇に葬り去られてしまっている。また、母親はヘインズの一二歳の時に梅毒の末期症状のために便所で首を吊って死んでしまった。ある時、父親から絵葉書がくる。それはアラスカからだった。アラスカは絵葉書によると自然の美しい、これまでの自分の生活と違った新しい世界パーフェクト・ワールドである。ヘインズはいつかアラスカに行って父親に会うことを夢見ている。もう変色しているその父からの絵葉書を、いつも肌身から離さなかった。最後にそれが命取りになってしまう。それもまったく不運である。

ヘインズは少年時代に盗みをして捕まり、保護監察処分ですむところを、四年間の少年院送りとなってしまう。それはクリント・イーストウッド演じる州警察所長がまだ地方の警察官だった頃、ひどい家庭環境から引き離すため配慮したのであった。というのは、もしヘインズを保護観察処分にして父親の元に帰したら、やがて筋金入りの犯罪者になると考えたからであった。以前に警察官は更生して牧師になった少年を指導した経験をもっている。ヘインズに対しても現実味のない期待ではない。それは善意だった。しかし、警察官の好意はヘインズには通じなかった。結局は犯罪者になってしまったのだった。そして今は刑務所暮らし。これは不運である。ともかく、ヘインズは心底からの悪（ワル）ではない。

相棒と脱獄して逃亡する。途中で相棒の行き当たりばったりの動きに引きずられて強盗をしてしまう。その家の八歳の少年フィリップ（T・J・ローサーがうまい。そしてとてもかわいい）を人質にしてしまう。これは偶然とはいえ不運である。映画の物語は、この少年との逃避行を描いたものである。だから、これはロード・ムービーである。

ヘインズはアラスカに行きたかったのだ。あの絵葉書の場所へ。そこには昔の父ではなく、アラスカの土地や空気で純化された理想的な父がいる。物語の出だしのところでの脱獄とフィリップ少年を脅すのを許せなくて、ヘインズが相棒を殺してしまう以外には、その後、特に事件らしいものはない。この相棒殺しの物語はわりと早くに出てくる。あまり重点がおかれていない。物語の中心はそれから先の子どもとの自動車での逃避行の旅にある。

夢の場所に向かって車で走るヘインズとフィリップ少年との関係の変化に興味が注がれる。父親のいる夢の場所へ向かうのは、ヘインズにとっては父親の好きだったフォードでなければならない。それで脱獄の時に使ったシボレーをフォードに乗り換える。そこでひと悶着。ガス欠になって別の車に平気で乗り換えたりする。ちょうど通りかかったところにフォードのステーション・ワゴンをおいてピクニックしている家族を見つける。そこで、これに乗せてもらって、検問をやり過ごし、その後この新品のフォードに乗り換える（強盗なのだが、乗り換えるという感じ）。この時のフィリップ少年との問答が面白い。フィリップが、車をとられた父親は家族のためにどうして抵抗しなかったのか、と聞く。するとヘインズ曰く、

「抵抗しないのは家族を持つ責任ある家長として生き延びるために大事なことだ。抵抗したら死んでいただろうから」。

なるほどと私は妙なところに感心してしまった。

そして最後のクライマックスに続く。

脱獄・誘拐犯とは知らず、好意で家に泊めてくれて食事をさせてくれた黒人の家。その家には、六歳の孫と守りをしている祖父母がいる。祖父母ともに大変親切である。しかし、祖父は孫の躾に少々手荒い。おとなしくしている孫を、邪魔になるということだけでバシッと叩いて追いやったりする。孫は明るい元気な子。そんなに祖父を恐れている様子はない。デングリガエリが好きで、ヘインズにせがむ。ヘインズも楽しく応じている。古いレコードを聞いて、祖母とダンスをしたり、安らいだ雰囲気が漂う。ダンスが終わって祖父を見ると、トイレの椅子に座ってラジオを聞いている。ニュースはヘインズが子どもを誘拐して逃げていると伝えている。ヘインズはラジオをきる。二人は目を合わせる。祖父はヘインズが犯人であることを悟る。そこから、ヘインズの行動は不可解な荒々しさを示す。

まず、祖父に対して孫に好きと言え、と命令する。孫を抱かせる。ピストルを向けて縛り上げる。孫が泣き、祖母が許しを乞うと、うるさいと言わんばかりに口にテープを張り付ける。これらの行動は祖父の乱暴な孫への扱いに対して、そして犯人であることを知られたことに対して怒ってやったのだと見える。あまりの扱いのひどさに、見かねたフィリップ少年がヘインズのピストルでヘインズを撃ってしまう。ヘインズは腹を撃たれて倒れる。フィリップは驚き、ピストルを井戸に投げ捨てて、泣きながら逃げて行く。

しかし、この物語はもう少し複雑であるようだ。祖父がヘインズは誘拐犯人であるということを知った時、ヘインズは、犯人を庇って食事、睡眠を与え、保護してくれた祖父母の罪を考えたのではなかろうか。ヘインズが祖父母と孫を縛り上げ、襲われたのだという形にしておけば、警察はこの祖父母を疑いはしない。だからヘインズの行動は一見手荒いようであるが、傷つけることはしていない。しかも、最後にとりあげたナイフを置き、それで縄がほどけるようにという意味をこめているように思える。また、丁寧にお世話になってありがとうと礼を言って出ていく。どうしてこんなことをしなければならないのだろうか。つまり、これはヘインズの好意的なお芝居だったのだろう。しかし、その芝居が真に迫っていて、皆は脅え、フィリップ少年はピストルでヘインズを撃ってしまった。これも不運だった。彼はついてない。

ヘインズはどす黒い血の流れる腹を押さえながら、立ち上がり、よろよろと出て行く。

原っぱの中の木に隠れているフィリップに追い付き、話を始める。そこに追っ手の警察隊が現れ、絶体絶命となる。ヘインズももう逃げる気はない。フィリップ少年を無事に返したいのだ。一緒にいたら共倒れになる。さあ、行け。少年は気になってヘインズを残していくことができない。これは警察には意外だった。誘拐されているのに、少年は恐れていないどころか、離れたくない素振りを示している。ここらあたりは見ている私たちにグッとくるところである。

そして最後に少年と別れるところで、形見に例の絵葉書を渡そうと、尻のポケットに手をやると、遠くから見ている警察官たちにはピストルを抜く仕草に見えてしまう。その瞬間に警官のライフルが発射され、ヘインズは胸を打ち抜かれて倒れる。これも誤解による不運である。

最後の最後まで、ついていない不運な男ヘインズ。フィリップ少年は母親と警察のヘリコプターで去って行く。旋回しながら次第に高くなって、ヘリの下にヘインズの死体が横たわっている。それも小さくなり、やがてただテキサスの森と平原の景色になる。それは美しい。まるでヘインズが憧れたアラスカの絵葉書の景色のようである。

するとヘインズはすでにパーフェクト・ワールドにいたのだろうか。そして結局は、パーフェクト・ワールドなどどこにもないのか。延々と映される森と平原を見て、私はそんなことを思っていた。というわけで、この映画の仕掛け自体に十分楽しめるものを感じた。

ここで、四つの感想を述べてみたい。

一つは文化的なもの。ヘインズと少年フィリップとの関係の微妙さが見られる。

相棒を殺した後、ヘインズは少年に車に乗るか、店に残るかを聞く。「残る」と言えば、ヘインズはさっさと一人で行っていただろう。少年は初めに頭を横に振るが、次にウンと縦に振って車にのる。一緒に行くことを「自分で」決めたのだ。その後も雑貨店の場面、フォードを乗り逃げする場面など、少年は何度も同じことを聞かれる。「自分で決めろ」と。「来るか、来ないか、自分で決めろ」というのは、ごく自然なアメリカの親子関係であるし、人間関係の基本である。しかし、日本で見ている私たちには、これは酷なような気がする。このようなことは日本の日常にほとんどないのだから。アメリカは子どもも楽ではないなあという感想をもった。

二つ目は、ヘインズの犯罪に人間的なものが濃厚に示されていること。

父親を慕っているのは絵葉書に示され、またフォード自動車への執着に示されている。母親を助けるためにヘインズは殺人を犯している。また、フィリップ少年をいじめる相棒は許せなかった。ヘインズはフィリップ少年に対して常に優しかった。なぜだろうか。それは少年フィリップこそ少年ヘインズだったからだと思う。自分が小さい時にやってほしかったように少年の夢をかなえてやろう。綿菓子、ジェットコースター、ハロウィンの「トリッカトリー」（Trick or treat）の掛け声。父と子が重なりあうように過ごす車の中の時間、黒人の家でのベッドのひととき。ヘインズはフィリップ少年を通して、父との暖かい関係を実際に味わったのではないだろうか。フィリップ少年がヘインズの手を、最初はおずおずと握り、次第に二人がしっかりと手を握っていくのが、心の軌跡としてよく示されている。しかも、この姿をいつも後ろ姿から撮っているのがうまい。これで私たちのイメージが膨らむのである。としたら、フィリップ少年との逃避行はとても充実した時間だったのではないだろうか。最後に新しい自分であるフィリップ少年が反逆し、古い自分は消えなければならない。父の絵葉書は新しい生命としての子どもであるフィリップに託されるのである。

その三、子どもの心のトラウマの問題。それにしても、このフィリップは殺人を二度見て、しかも最後は愛するヘインズの残酷な死の様子を見て去らねばならなかった。これは何と大変なことだろう。この光景は心的外傷として残らないだろうか。ＰＴＳＤ（心的外傷後ストレス障害）はどのようになるだろうか。ここからもうひとつの「フィリップ少年の物語」ができそうだと考えさせられてしまった。

その四、心理プロファイラーの仕事。地域の警察官のクリント・イーストウッドがヘインズを追うことになる。この警察に州から女性の犯罪心理学者が派遣される。この人は犯罪のデータを現場で分析して、逃走している犯人を追う手助けをする心理プロファイラーである。若い女性だからということで、たたき上げの経験豊かな警察官は小ばかにしている。ところが犯罪心理学者の女性のアドヴァイスが正確なのである。そしてヘインズを追い詰めるのである。映画の中に、このように心理学が肯定的に描かれていると、心理学をやっているものとしては嬉しくなる。まだまだ、日本では距離があって実感は遠いのだが。

映画は始まりから終わりまでほとんどアメリカのど田舎の風景の中だけで終わっている。時代はケネディ大統領が暗殺された少し前であることが、さりげなく語られている。そしてバックを流れるカントリー・ミュージック。懐かしいような、それでいて怖い世界。幸運なケネディの不幸な死のように世界を驚かす事件ではないが、その少し前に、同じ地域で不運なひとりの男が不運に死んでいった。誰も憶えてもいない事件。幸運のもたらす死と不運がもたらす死。死によってすべては同等になる。田舎のパーフェクト・ワールドに潜む私たちの狂気。なんとなく考えさせられてしまった。

第八節　『居酒屋ゆうれい』（一九九四）
――喪の仕事　ア・ラ・ジャポネ――

この映画の監督は渡邊孝好である。九〇年代から『ボクが病気になった理由』（一九九〇、オムニバス）『エンジェル　僕の歌は君の歌』（一九九二）などいくつかの作品を演出している。これからの若い監督である。

物語は、萩原健一が演じる居酒屋「かづさ屋」の主人壮太郎と死んだ女房と再婚した女房との嫉妬にからむ三つ巴の関係である。

萩原建一は中年の人のよい朴訥な男の暖かい味を出した演技でとても好感がもてた。壮太郎の女房しず子は病気で、かづさ屋の二階で療養している。壮太郎はしず子を愛している。結婚して一二年、子どもはいない。優しく看病しているが、しず子は重病。回復は難しいらしい。しず子を演じるのが室井滋である。嫉妬する女房の姿をうまく演じていた。死期を悟ったしず子は死ぬ前、壮太郎に次のように言い遺す。

「自分を愛しているのなら、別の女と結婚しないと約束してほしい。もし壮太郎が結婚すれば化けて出るからね」と言い遺す。

壮太郎は「他の女とは結婚しない」と約束する。

その約束の印としてしず子は小指を強く咬むゲンマンを要求する。壮太郎はそれに応じる。この時にできた小指の傷と包帯はあとで重要なサインとなる。壮太郎の約束に安心したのか、しず子は次の朝に死んでしまう。

ここまでが枕。ここから題字が映し出される。

あれ！　と思った。これは落語ではないのか。しかもそのネタは「三年目」と「りんきの火の玉」が組み合わされたものらしい。というのは、ある夜、壮太郎の見るTVには圓楽が「りんきの火の玉」をやっていたからだ。声は出ていなかったが、しぐさから多分そうだろうと思った。画面を見てすぐに、「ああ、りんきの火の玉」だと思ったのは、かつて見たことのある桂文楽の見事なしぐさを思い出したからである。だとすれば、壮太郎がやがて再婚した里子と死んだ女房しず子のゆうれいとの湿っぽさのないカラリとした三つ巴のどたばた劇がよくわかるのである。

さて、女房に死なれた壮太郎は侘しい生活をしているが、兄の紹介で若い色気のあるピチピチした女性に出会うと、女房との約束を忘れて結婚してしまう。新しい女房の里子がきて、かづさ屋は大繁盛となる。山口智子は下町のさばけた色気のある女性の役をなかなか好演している。ところが、ある夜、居酒屋を閉めて寝ようとすると、死んだしず子が突然化けて出てくる。

「あんたは約束を破って、新しい女と結婚した。これは許せない。このままでは成仏できない」。

初めてゆうれいが出たときには、二人とも腰をぬかしたり、ドタバタの大騒動である。

壮太郎「オレはお前も確かに愛していたけれど、今のこいつも愛しているんだ!」

と懸命の抗弁。そのとおりかもしれないなあ、と私も思う。

しかし、しず子は許さない。たびたび化けて出てくるので、夫婦はどうしていいかわからず、お寺に相談にいく。すると寺の和尚は「応挙の幽霊」の掛け軸を示し(また、落語だ!)、これに吸い取ってしまえと教える。夫婦は掛け軸を床におく。ところが、しず子はかえって道ができたように化けて出やすくなり頻繁に出てくることになる。掛け軸の幽霊が消えたり、現れたりするのも面白い。

しず子の出現は過激に、そして頻繁になり、ある晩、ついに里子の体にしず子が乗り移ってしまう。どちらがどちらかわからずに壮太郎は里子とセックスをしているような、またしず子とセックスをしているような、変な感じになってしまう。こんなことがたびた起こるようになる。

現実では、里子のかつての男が刑務所から出所して来て里子を誘う。豊川悦司はドスのきいた情の冷たい男の役を好演している。彼女は一日暇をとってこの男に会い行く。何とか別れたい悲壮な決心なのだが、男は里子ともう一度よりを戻そうと考えている。そしてホテルに誘う。里子は抗えない。しかたなしに悲しげについて行く。しかし、このとき里子にはしず子が乗り移っていた。その証拠が小指の包帯だ。それを知るよしもない男。そして男はしず子の霊力によってホテルのベッドで殺されてしまう。

家で待っている壮太郎。もう次の日の朝だ。そこに里子が帰ってくる。里子の後ろに今までいたしず子の亡霊がパチンと破裂してなくなってしまう。今や、里子は里子となったのだ。そしてしず子は成仏したらしい。

「お帰り」と壮太郎。

「ただいま」と里子もニッコリ。

二人は抱き合って、家に入っていく。メデタシ、メデタシ。

というところで幕がおりる。

久しぶりにホノボノとした日本映画を見たと思った。うん、これには何か思い当たることがあるなあと思った。それが以下の感想である。

まず、この舞台の居酒屋がいい。後ろが料理場で、コの字形になったカウンターがあり、十人ほどで満席になる広さである。こんなところで、おでんで一杯やれば一日の疲れもとれるだろうなあ、と思われるような居酒屋。この設定がすでに映画として成功しているのではないだろうか。ささやかな日常の世界から、人間の本質的な何かをとらえる場の設定がある。これはチェーホフの世界だと思った。チェーホフほどの深さはないとしても。

このカウンターの内側の中心に主人公の壮太郎が座っている。客の注文を大声で繰り返し、一途に生真面目にやっている。この生真面目さは、ことに客が帰りに勘定を済ませたときに示される。壮太郎は直立の姿勢を崩さず、いつも「ありがとう御座いました」とキッチリ礼をする。これはさわやかで気持ちがいい。今時、このような店があるだろうか。かづさ屋に行って熱燗でおでんを食べてみたいなあと思った。

このカウンターに集まるのは近くの人々である。魅力的なおじさんや青年である。酒屋の配達青年。壮太郎の店と専属契約をしている魚屋のおやじさん。ケチな博奕にうつつを抜かすマンションの管理人。蒸発をして死に場所を見つけようとさ迷っている男など。皆それぞれに自分の仕事があり、問題もある。だから、憩いのひとときを過ごすために、かづさ屋にやってくるのだ。無茶な酒は飲まない。食べ物も多くはない。この居酒屋の暖かい雰囲気と人々とのかかわりがとても大事なのだ。毎晩人々は集まってくる。外から飛び込みでやってくる初めての人にも、店にいる馴染みの人々は優しい。皆が暖かいかかわりなしには生きてゆけないことをちゃんと知っているように見える。

さて、問題はしず子と壮太郎・里子とのドタバタのゆうれいごっこである。これは落語の「三年目」と「りんきの火の玉」と見てよいだろうか。たしかに、その主題がこの映画を楽しいのものにしているように見える。それなのに、私にはたいへん深刻な映画だと感じられたのである。

というのは、ここには対象喪失のテーマが語られているからである。壮太郎は愛する女房しず子を失った。そして新しい女房里子を迎えた。壮太郎は死んだ女房しず子との喪のプロセスを経て、やがて再婚した里子との関係を徐々に形成していく。この喪のプロセスのためには一定の時間が必要である。ことに壮太郎にとって、しず子は愛する女房であった。簡単に忘れ去ることはできないだろう。

私たちは「関係の動物」である。一人では生きていけない。どこかで誰かと親密な関係をもっていないことには、生きていけないのである。「どこかで」ということは、心の「どこかで」ということである。だから、現実に自分の近くに人がいなくてもよい。心の中に大切な人がいれば。

しかし、心の中に大切な人がいなかったらたいへんだ。私たちは心の空白には耐えられないだろう。重要で大事な人である信頼する人を心のどこかにもっている人は、幸せな人ということができる。ところがときどき、心の中の出来事と現実の対人関係の出来事とがまざり合って混乱をひき起こすのである。

信頼する身近な人を現実に亡くしたとき、私たちはどうなるだろうか。しかも、突然だったら。そのような出来事は大昔でも、現代でもいつも起こっている。突然の喪失に耐えるのは難しい。喪失を受けいれることはたいへんなことである。そのためには時間が要る。その時間も徐々に経過するものでなければならない。

これが喪のプロセスである。現実の喪失を心の中に復活させ、定着していく心の仕事である。これを映像にすると、幽霊ということになる。別に、恨みがあるからではないのだ。夢の中で私たちは死者といつも一緒に話をしているのではないだろうか。いつもこの世に生きている人として。

古い対象関係と新しい対象関係とが入り交じり、次第に古い対象関係、つまり壮太郎にとってしず子が消えていき、新しい里子が自分の個性を示し始めるまでにかなりの時間がかかり、曲折があるのである。この曲折こそ、ゆうれいとの出会いであり、ゆうれいとの出来事や会話であると思われる。そして里子自身も自分の古いしがらみを乗り越え、壮太郎と夫婦としての新しい親密な関係を得ていくのである。セックスの場面で、しづ子か、里子かわからなくなって、二人が交互に出て混乱するのも、このことをよく示している。

映画の終り近く、ホテルで男に会って朝帰りをする里子が、店の前に立って壮太郎と出会う場面で、里子の後ろについている亡霊のしず子が、パチンと音を立てて里子から離れるところがある。それは一瞬の出来事である。こんな瞬間が本当にあると思う。

このとき里子は里子自身になり、壮太郎は壮太郎自身になって二人は新しく出会うのである。壮太郎は「お帰り」と言い、里子は「ただいま」とこたえる。そして二人は抱き合って家に入る。

ここで初めて壮太郎と里子は、しず子との喪のプロセスを終えて、二人の新しい現実的な関係を結ぶことができたのである。心の問題がひとつの方向を見いだすまでには、大変なエネルギーが必要であり、現実生活の中でさまざまの動揺の時期があるのだなあ、というのが実感であった。

だから私は、「そうだよね、本当によかったね」と壮太郎に言ってやりたい気分だった。

第九節　『トリコロール　青の愛』（一九九三）
——喪の仕事　ア・ラ・フランセ——

前回に『居酒屋ゆうれい』を取り上げ、「喪のプロセス」について述べた。そして最近見た映画が同じ主題を取り上げ、しかもグッと重く扱っていた。もともと軽くなるはずのない主題なのであるから、それなりのかたちとして「喪」を見ていくことはとても重要なことかもしれない。

その映画というのは、『トリコロール　青の愛』である。キェシロフスキ監督の三部作である。キェシロフスキは最近日本に紹介されたものでは、『殺人に関する短いフィルム』（一九八七）、『愛に関する短いフィルム』（一九八八）、『ふたりのベロニカ』（一九九一）などを監督している。ここで取り上げる『トリコロール　青の愛』が第一部、第二部が『トリコロール　白の愛』（一九九四）、そして第三部が『トリコロール　赤の愛』（一九九四）である。それぞれ独立している。しかし、どこかに関連を暗示しているのがわかる。フランス国旗の「青、白、赤」にちなんで、三つの愛を描いたと言われている。原題名はトロア・クルー（Trois Couleurs：三色あるいは三色旗）である。

三つの映画に共通して、空き瓶を回収箱に入れようとする静かな老婆の動きがゆっくりと描写される。また、それぞれの主演者たちが他の映画のどこかにちらりと出演していることも映画のつながりを示しているのであろう。そして関連といえば、場所はフランスやチェコと違っているが、同じ時代と同じ世代のもつ愛と別れ、あるいは愛の形を描いているということであろうか。

『青の愛』（Bleu）の主人公はジュリエッタ・ビノッシュの演じるジュリーである。もうすでに『ダメージ』で話題にした女優である。そう聞いただけで、どうしても見ねばなるまいと思ってしまう。

ショックを受けた。これは重い。『居酒屋ゆうれい』が一種の「躁的な防衛」として、戯れていたのと対照的に、喪の厳しさに正面から取り組んでおり、打ちのめされてしまった。映画の画面にグイととらえられて動けなくなってしまったのである。初めから身動きができないとは、なんと凄いことか。

ジュリエッタ・ビノッシュとの出会いは、あの『存在の耐えられない軽さ』であった。あの時の水がまた出ている。あの時、彼女は田舎のナイーヴな娘として、病院内の喫茶店に勤務し、時間をみてプールで泳いでいた。その肢体の美しいこと！　水に濡れた短い髪を拭きながら店に帰ってくると、そこにあのニヤケタ外科医がいたっけ。そして何年目であろうか。また、あの美しい堂々とした肢体をプールで見ることになろうとは。彼女は水にふさわしい。水でものが言える人だ。その水が凄いのである。色彩が深い暗い青で、それがキラキラと光に照らされてゆったりと動くすがたは、まさに彼女の心の状態を見事に表現していたと思う。水によって癒される人。

そしてもうひとつの青。それはシャンデリアのような青いガラスの玉をレース状にしてぶらさげた飾り。彼女が手で触れると、ジャラジャラと音がして、大写しになった青いガラスの房がキラキラと輝くのである。どんな宝石よりも美しいもの。これは彼女にとってとても大事なものらしい。引っ越すときに、彼女はそれだけを大事に自分の手に抱いて行く。

物語は次のとおり。

ビノッシュ演じるジュリーの夫は有名な作曲家。娘が一人。夫が招待された音楽祭に出席のため、家族全員が自動車で出発する。しかし、途中で車の事故で、夫も娘も死ぬ。彼女も重症を負う。病院で一命を取りとめて意識を取り戻した時に、夫と娘の死を聞かされ、生きる望みをなくしてしまう。自殺しようとするが、しかし死にきれない。死ねないなら、すべて自分の過去を捨てて別の人間として生きるしかないと考える。夫の協力者オリヴィエに屋敷の処分を任せ、夫の残した楽譜や作曲中の楽譜もすべて破棄してしまう。

パリに出たジュリーは夫の名前も捨てた無名の人間としてアパート暮らしを始める。ガランとした部屋にあの青のガラス玉のレースの飾りを下げると、それは前と同じように美しく輝く。ジュリーの過去をつなぐものは、この青いガラスのレースの飾りだけだ。ときどき、プールにでかけ、鬱屈する気分を和らげる。そのプールの光景が何とも見事である。深い青の水が、飛沫としてあがると、宝石のように美しく輝く。それが深い彼女の悲しみと途方に暮れた寄る辺なさを一段と引き立てるのである。この映画は絵の具で描いた物語なのだ、と思う。

彼女は誰とも関わりたくない。同じアパートの住民がストリップ・ガールのリュシールを追い出しにかかるが、ジュリーは「関係ない」と言って署名をしないので、リュシールは助かる。その結果、感謝したリュシールが遊びに来るというかたちになり、友達になってしまう。

いつも行くカフェの前の道路で芸人がフルートを吹いている。その曲が夫が作曲した懐かしいメロディーであることに驚く。なぜ知っているのか尋ねるが、はっきりしたことはわからない。

あるとき、リュシールから夜、泣きながらの電話がかかり、自分の働いているストリップ小屋に来てほしいと頼む。ジュリーは出かける。いかがわしい一角にあるストリップ小屋の中に入ると、リュシールが泣いている。「自分が踊っていると一番前で自分の父親が見に来ていたのにショックを受けてしまった。そして父親も黙って出て行った」と語る。それは辛い、厳しい体験だったようだ。このことを泣いて語ると、リュシールは少し元気になり、「誰か信頼する人に聞いてもらいたかった。ありがとう」と言う。ジュリーはただほほ笑むのみ。リュシールが踊りに出て行くと、今まで後ろにあったテレビが見える。そこには偶然にも、著名な音楽家であった夫の追悼の番組が写っていた。そして皮肉にも、夫が別の女性と親しくしている写真も示されている。ジュリーの心の中には大きな疑惑が生まれる。おかしい。夫には別の女性がいたのか。

ジュリーがテレビでもうひとつ気になったのは、中断した作曲のこと。協力者のオリヴィエは自分が遺志を継いで作曲を完成したいと言っている。そんなことは許されない。ジュリーは二つの疑問をはっきりしようと思う。

夫の別の女性はすぐに見つかる。弁護士見習いで、夫とよく会っていたらしい。この女性は愛のしるしとして、自分のとまったく同じ金のネックレスをつけているではないか。しかも、身ごもっているという。これだけを確かめると、ジュリーは生まれるこどもに夫の名前を継いでほしいと頼み、処分しようとした家を彼女に渡すことにする。

また、作曲について協力者のオリヴィエに抗議すると、オリヴィエは「連絡を待っていたのだ。あなたが作曲を完成しなさい」と促す。オリヴィエは本当にジュリーを愛しているのである。また、ジュリーは噂のとおり、夫のゴースト・ライターだったのだ。映画ではここで初めてジュリーが本物の作曲家であることがわかる。彼女は作曲を完成しようと思う。それが夫への記念になるかも知れない。ジュリーはいつのまにか、また過去の夫との生活に引き戻されてしまうのである。

長い集中した時間の後、ジュリーは作曲を完成する。これでいよいよ夫との関係は終わった。記念として作曲も完成し、死んだ夫も満足であろう。これで別の新しい生活が始められるかもしれない。そして完成したことをオリヴィエに知らせる。「取りに来て！」と連絡すると、オリヴィエは「作曲おめでとう。しかし、取りには行かない。それは自分の名前で発表すべきだ」という。ジュリーは一瞬、その意味がわからなかった。そして「自分の名前で発表するように」というオリヴィエの促しが、ジュリー自身を正面から人間として、ジュリーの才能も含めて支え、愛していこうとしているオリヴィエの厚意だと気づく。そう気づいたとき、ジュリーは自分からまた電話をする。

「今、ひとり？　わたしが行くわ」。

オリヴィエの家で出会った二人。ガラスを通して二人の愛の交わりの場面が示される。ガラスの窓に圧しつけられた彼女の顔。その目からは涙が流れている。万感の思いを込めてジュリーがオリヴィエを受けいれているのが、息づまるような雰囲気を通して伝わってきて切なかった。

そこで幕。

愛とは、それぞれが自分の真実のアイデンティティを生んでいくものであるといっているようだ。これまでのゴースト・ライターとして夫の影でしかなかったジュリーは、作曲が完成したとき夫のアイデンティティではなく、自分のアイデンティティをはっきりとつかむことのできる機会が与えられることになったのである。それはオリヴィエがジュリーを人間としてあるがままに受けいれようとする愛に支えられることによって、実現することになったのである。深い信頼関係が新しいものを生むということを示している。キェシロフスキ監督はそのように言いたかったのだろうか。

映画にはさらに二つのエピソードがあった。

辛くてどうにもならないとき、ジュリーは養老院に入っている母親に会いにいく。何か慰めを得るために。しかし、母親はもうジュリーと妹のこととの区別がつかなくなっている。一番大事なとき、母親からの慰めも得ることはできない。何によっても慰められないこともある人生。頼るべき人が頼れなくなっていく老いという問題。この老いの主題は、空きビンを回収箱に入れようとする老婆を描いたりして静かに暗示されている。

次のエピソードも辛い。ジュリーが物置の扉を開けると、ネズミが子を生んでいる。その動く様を見てジュリーは恐怖を感じる。それを退治したいと思って、猫を借りて来て物置に放す。しかし、そんなことを衝動的にしてしまったことが辛く、プールに飛び込むジュリー。そこに友達になったストリッパーのリュシールが心配してプールにやって来てジュリーと話す。そしてリュシールが後の世話を引き受ける。助けたり、助けられたりの友情がある。

事故で襲ってきた死によって苦しめられたジュリーが、自分から猫を放してネズミを殺してしまうとは！　猫を放った後で、夫とこどもの無残な事故死のことを思い出さなかっただろうか。もっとも避けたいことを、衝動的とはいえ自分がやってしまっていること。プールに逃げても片付かないだろう。彼女もそれを知っているかもしれない。

どうしようもない心の引き裂かれ。すべてを忘れようとして生活しているところに、突然悲惨な過去に直面する出来事が起こってくるのだ。この二律背反性をもった人生の出来事が見事に描かれていることに、映画を見終わった後、ため息とともに目を閉じて自分の内面を見つめることになったのであった。

喪っていくものと得ていくもの。喪のプロセスも私たちの上に、このように否応なく押しかけてくる。それは人為を超えたものであるのかもしれない。

第三章

心理臨床のテーマとして

第一節　映画に見られる子役の位置
第二節　ウディ・アレン映画の面白さ
第三節　滝沢修の芸論と演じること
第四節　心の作用と映画――前田の『芸論からみた心理面接』を中心に

第一節　映画に見られる子役の位置

一、映画には子役が重要な役として活動している

いろいろの映画の中で、『パーフェクト・ワールド』『ホーム・アローン』『ホーム・アローン2』『ホーム・アローン3』『ホーム・アローン4』『刑事ジョン・ブック　目撃者』『マイライフ・アズ・ア・ドッグ』『マイ・ガール』『マイ・ガール2』『ピアノ・レッスン』などの中で子どもが主役として描かれていたりしている。この子役たちは、心理臨床的に見るとどのように描かれているのだろうか。

二、映画の中に子どもはどのように描かれているか

当時、たいへん人気だった『刑事ジョン・ブック　目撃者』を見て、興味深い映画ではあったが、少し違和感があった。子どもが主役か、重要な脇役として登場していても、映画の動きという点から子どもを見ていて、映画の物語や出来事が子ども自身にどのような影響を与えるかということでは見ていなかった。しかし、映画が何らかの人間の真実を描くとすれば、大人の物語は描かれていても、脇役としての子どもの心はどうなるのだろうということに思いいたると、心配になるものが多かった。それでこの点を少し整理しておきたいと思ったのである。

例えば、『パーフェクト・ワールド』の子どもの場合。脱獄囚に誘拐された子ども。脱獄囚は次第に父親代わりのようになるが、やがて警察に射殺される。子どもは救われるが、ハッピーエンドだろうか、という疑問だった。この子がやがてＰＴＳＤになる可能性は高いのではないだろうか。アカデミー賞までもらった『クレイマー、クレイマー』はどうだろうか。親の都合や意地の張り合いで子どもが取り合いになる。

このように見ていくと、随分たくさんの映画に子どもが描かれ、観察者として悲惨な場面、殺人の場面を見たり、追われたり、殺されそうになったりしている。このことは少し注意しておく必要があるのではないだろうか、と思うようになった。

三、映画の二つのタイプ

子どもを主題にした映画や子どもが重要な役回りを果たす映画を最近のものに限って見てもかなりある。この中でも、子どもの内的世界を描いたものと、事件ものや活劇ものに子どもが利用されているものに分けることができるかもしれない。

以下に、まず事件もの、そして子どもの内面を描いたものに分けていくつかの映画を見てみたい。

(一) 事件もの：子どもが事件に巻き込まれてしまう映画

『パーフェクト・ワールド』（一九九三）

すでに、第二章七節で取り上げたので、ここでは簡略に述べたい。

脱獄に巻き込まれた子ども。脱獄するが脱獄囚の二人は仲がよいわけではない。移動する車を盗むために民家に押し入る。そこは母子家庭の家で、子どもと母親が夕食の用意をしている。一人の脱獄囚は母親を強姦しようとするのを、もう一人が止める。二人の脱獄囚がもたもたしている間に、押し入りが近隣にばれてしまい、子どもを誘拐して車で逃げる。子どもは人質となってしまう。そして脱獄囚が逃走するのに付き合わされる。

子どもは八歳。逃げていく道中、子どもは次第にこの脱獄囚に興味をもち、父親のように惹かれていく。欲しかったが母親に買ってもらえなかったハロウインの衣装を盗んだりして、旅が子どもにとって次第に楽しくなっていく。ある黒人の家族のところに押し入り、食事を要求する。黒人たちは親切に食事を与える。楽しい一夜を過ごす。次の日、黒人の父が自分の孫をひどく折檻するのを見て怒り、この父を縛ってしまう。道連れの子どもは脱獄囚の激しい暴力に、怒りと恐怖を感じて、拳銃で彼を撃ってしまう。脱獄囚は重症を負う。

少年は逃げる。脱獄囚は追いついて木の上にいる少年と話をする。脱獄囚は、父の住むアラスカがパーフェクト・ワールドであり、できればそこに行きたいのだと、父親からの古い絵はがきを大事に持っている。それを少年に見せようと尻のポケットに手を入れようとする。遠くから取り巻いて監視していた警察の狙撃班の者にしたら、少年に銃を向けようとするように見える。そして撃たれて倒れる。少年は呆然とする。

少年は救われた。これで物語は終わる。少年は母とヘリコプターで地元に送られる。眼下に射殺された脱獄囚が横たわっている。これで映画は終わるが、ハッピー・エンドだろうか。

これは事件もの映画としてはよくできていると思われる。しかし、少年の心を思うと切ないというか、見ていて辛くなる。少年は母子家庭で、モルモン教の非暴力の信仰世界で育てられた。それが人質や殺人といった激しい殺戮の暴力を体験してしまう。自分も巻き込まれて、拳銃で友達になった脱獄囚を撃って重症を負わせてしまう。

子どもの心の観点からすると、映画はハッピー・エンドということはできない。この子は生涯にわたって、このトラウマの経験が繰り返され、彼を苦しめることだろう。

『刑事ジョン・ブック　目撃者』（一九八五）

麻薬取り締まりの警官が、闇取引で殺されるのを目撃する。目撃者として事件の重要な情報提供の証人となるために、犯人グループから追われることになる。犯人はこの子を殺そうとする。グッドガイの刑事が、一人でこの子を守る。

子どもが隠れた非暴力主義のアーミッシュの村で、皮肉なことに激しい暴力劇が展開する。少年は助かって映画は終わる。

映画はアーミッシュ村の生活など、清貧に信仰生活を送る人々の姿が美しく描かれていて興味深い。しかし、暴力劇に巻き込まれた少年の心の成長はどうなるのだろうか。このトラウマを乗り切って大人になるのは、大変なことではないだろうか。

『ピアノ・レッスン』（一九九三）**――子どもの行動が大人の生活を破壊する引き金**

写真見合いでニュージーランドに来た母子。母アダの耳は聞こえるが、口がきけない。理由はわからないが前の結婚と別れに関係しているかもしれない。ニュージーランドのジャングルに農場を開こうとする男性が結婚を求めていた。そこにピアノと一緒にやってくる。母にとってはピアノが唯一の慰めである。浜辺について、船から荷物を下ろす。ピアノがぽつんと置かれている場面が印象的であった。夫になる男性は優しさのない人である。女性はベッドをともにすることを拒否して、娘フローラと寝ている。

同じようにこのジャングルに土地をもち、もっと土俗的な生活をしている男がいる。表情などは怖いが素朴なやさしい男である。この男が夫の借金のカタにピアノを受け取る。男はこの女性を好きになっている。ピアノを介して何とか女性に近づきたい。練習という名目でアダに来てもらって教えてもらう。男はいっそう女性を好きになる。それまた女性も次第に男を好きになる。そしてあるとき、二人が抱き合っているのを偶然に子どもが見てしまう。それをまた、何気なしに義父に言ってしまう。義父である夫は裏切りだといって、アダの指を鉈で切断してしまう。ここは恐ろしいシーンである。
母は指を切られ、ピアノは弾けなくなる。結婚は破局を迎えてしまう。男と母子はニュージーランドの島を離れる。そして新しい生活を始める。切られた指には義指がつけられていた。二人と子どもの将来は明るいようだ、というところで映画は終わる。

私が気になったのは、子どもフローラのことだった。フローラの告げ口で母の不倫が見つかり、処罰として指を切られてしまった。そして離婚。これらはすべてフローラの告げ口のせいである。それをフローラはどのように思っているのだろうか。どのように体験したのだろうか。自分の告げ口が大きな悲劇を招いたという意識はないだろうか。母の指は戻らない。その傷は、おそらくその外傷になる体験の象徴として残ることになる。映画では、最後はハッピーエンドのように描かれ、そこにはフローラの姿は見えないが気になるところである。

『天と地』（一九九三）
ヴェトナム戦争でＰＴＳＤになった父親。ヴェトナムの女性と結婚。父親は戦争の悪夢から解き放されることなく、家族の目の前で自殺してしまう。ヴェトナムというテーマは重い。しかしここで自殺を見せられてしまう妻や子どもたちは、これからさらに大変ではないだろうか。一生かかってこの事件の重荷を背おわねばならない。映画では、このような問題を扱ってはいない。映画は私たちに、そのことも問いとして投げかけているのかもしれない。

(二)　子どもの発達過程で起こる心のテーマ

大人がさまざまな心理的問題に遭遇するように、子どももその発達の過程でさまざまな心の問題に遭遇する。しかし、これらについてはあまり注目されてこなかった。喪失のテーマも、『まぼろし』や『トリコロール　青の愛』

のように大人の喪失の問題であり、喪の仕事を描いたものである。しかし、いうまでもなく、喪失やさまざまな出来事は子どもも遭遇する。そして子どもはその心理的な困難を乗り切ろうとする。映画もこの点に注目して作られたものが少なくない。以下に、そのいくつかを見てみたい。

『マイライフ・アズ・ア・ドッグ』（一九八五）――喪失と孤独

母子家庭の少年。母親は結核。いつもベッドに寝ているような静かな生活をしなければならない。その中で、主人公のこの少年はいたずらでいつも母親を困らせる。やがて母親は病で死んでしまう。少年は田舎の親戚に預けられる。親戚の叔父や叔母は優しい人達で、少年はここで田舎のよい人間関係を経験していくことになる。

学童期から思春期に移行していく前思春期の姿がとても美しい。女の子もボクシングに関心をもち、一緒にボクシングをしたりするところは愛らしい。また性的な芽生えの直前である。乳房が少し膨らんできて体の変化が見られるが、それを邪魔そうに布で巻いて抑えて練習したりする。子役の年齢というか時期というか、この時をはずしたら撮ることのできない微妙なライフサイクルの一瞬が記録されているのも見事である。自然なやさしさがよく表現されている。美しい物語として展開する。

しかし、母親を喪い、父はもともと存在せず、家庭はバラバラにされている少年の根っこにある孤独な魂を慰めることはできない。少年は叔父さんと庭に小屋を作り、そこに一人で生活したりする。このような生活が彼の気持ちに一番ぴったりするのである。そして少年はつぶやく。

「それでもスプートニクの犬ほどさびしくはない」。

これが原題になっている。スプートニクとは、史上初のロシア（当時はソ連）の有人宇宙船の名前である。この宇宙船には生き物として犬が乗せられていた。

少年の心の芯の方にあるさびしさはなかなか簡単には片付かないし、おそらく今後も一生ついてまわるだろう。

このような生活を強いられる少年は、運命とはいえ、何か切ない。私たち周囲の人間がやってやれることはそれほど多くないということも真実であろう。

『マイ・ガール』『マイ・ガール2』—喪失と喪の作業

二つの映画がひとつの物語になっているというのも興味深い。それぞれひとつの映画はその意味では中途半端に見える。二つ合わせることによって、対象喪失と喪の仕事が理解できるようになっている。

『マイ・ガール』（一九九一）—死と別れ

この映画は次々に死や喪失が語られる。主人公トーマスは母子家庭で育っているやさしい男の子。そのガール・フレンド（「マイ・ガール」が映画のタイトルになっている）のヴェーダがまた、母親をなくして苦労している女の子である。しかも、ヴェーダの家は葬儀屋さんで、別れを仕事にしているようなところである。

ヴェーダは母の死について、自分が母を殺したと思い込んでいる。その罪悪感のために自分は殺されるのだ、また、死なねばならないとひたすら思い込んでいる。そして心身症に苦しんでいる。兄妹のような幼なじみは、きょうだいとして支え合っている。

あるとき、少年トーマスは蜂に刺されて苦しむ。そして最後はショック死をしてしまう。ヴェーダはそれに驚き、どうしてよいかわからず駆け込むのが、理想化した男性のピーター・マイヤー先生のところであった。しかし、先生には恋人があったのだった。先生から裏切られ、見捨てられたヴェーダ。

父は母がいなくなってから、自分と二人で生活してきた。自分に愛情を注いでくれていた。その父に恋人シェリーができてしまう。父はこの恋人と結婚するという。父をシェリーに盗られてしまうことになる。父が結婚するとき、腹立ちは絶頂に達し、ヴェーダはゴーカートで思い切り飛ばしたりする。

母の身代わりに子どもを育てた祖母は高齢で痴呆が出ていて、誰かわからなくなる。そしてやがて死んでしまう。さらなる喪失。彼女には得られるものより、喪うものが圧倒的に多い。彼女はそれに耐えていかねばならない。彼女の頼りは、死んだ幼馴染のトーマスである。彼女は心の中で彼に呼びかける。それがクラスの宿題で発表する最後の詩である。

最後の詩
「死は私たちを引き離さない。彼はいつも心の中にいる」。

なるほどという感じがする。とてもよい終わり方である。
心理臨床でいう「恒常的な内的対象関係を大事にして生きていく」と言っているようである。「仲良しの子の死は、私たちを引きはなさない。心の中に生きているから」と言う。これはすごい。
とはいうものの、やはり寂しい。そしてこの心の空洞、死んだ子に対するヴェーダの喪の仕事はどうなるのだろうか。それはこの映画では、「心の中に生きている」ということで終わっている。喪の仕事を進めるには、次の続編が生まれて描かれねばならなかったと思われる。

『マイ・ガール2』（一九九四）—新しい対象と古い対象からの別れ
この映画では、主人公は『マイ・ガール』のヴェーダになる。しかも、少し成長している。小学五年生。春休みの宿題に、彼女は自分の母の生前の姿を調べたいと思う。そして母の故郷を訪ねる。これはすばらしいテーマの選択だった。思春期に移行している子どもが、自分の愛情対象を確かめ、見直すという心の仕事をするということは、これから健康に生きていくうえで避けることのできない仕事ではないだろうか。映画を見ていて、その展開が興味深く待たれる。

母の写真と紙袋に書いた日時一九五八年一二月八日がある。謎めいている。それを確かめると、母の真実が何か見えてくるのではないかという直感がはたらく。

昔の母の知人という人を訪ねるが、しかし、その人は真実を言ってくれない。理想化していて、いつも心の支えだった詩人のピーター・マイヤー先生に失望してしまう。というのは、自分の母の恋人ではなかったのだった。自分の母親の昔の恋人は、トラックの運転手だった。その人が母親の8ミリフィルムを持っている。それを見せてもらう。その時、一二月八日の秘密がわかる。それは母の妊娠と現在の父親との結婚であった。その時に母は身ごもっていたらしいことがわかる。それでは自分はいったい誰の子どもなのだろうか。

このようなレポートをまとめるなかで、心をよせる少年に出会う。トーマスの生まれ変わりのようにやさしく、理解のある少年。ヴェーダは次第にこの少年を好きになる。ある時、この少年と抱き合った瞬間に、トーマスからもらってずっと大事にしてはめていた指輪が池に落ちてしまう。少し作為的だが、象徴的プロセスは理解できる。彼女はトーマスに代わる新しい恋人、愛情対象を得たのである。

レポートを書くために行った母の故郷で、彼女は大きな内的な仕事、つまり喪の仕事をしたのだった。だから家に帰ると、父に対しても、父を奪った新しい母に対しても違和感はなかった。心は満たされていた。新しい母は妹を身ごもっている。新しい妹の誕生があり、彼女はそこで自分の母の歌を歌う。

「私は母のもっとも大事な創造です」。

この言葉は内的な愛情対象がしっかりできていることを意味している。彼女はもうさびしくない。彼女は自分のレポートを書く、ひと夏の間に心の大きな仕事、喪の仕事をしたのだった。

『マイ・ガール』の物語は、次々と続く喪失の話で不安を抱かせられるが、『マイ・ガール2』の物語は古い愛情対象を発見し、確かめる物語になり、周囲の人と和解し、また愛情対象を定着させる物語としてひとつにまとまっていく。多くの少年少女、そして子どもたちが経験している喪失経験やその意味、そして愛情対象の回復をやさしく見守りながら物語っている映画として見ることができる。

(三) まとめ

「物語」の面白さは、人間の悲惨さ、苦しさ、ひどい仕打ちなどにあるのだろうか。無邪気な子ども、イノセントな子ども、鏡としての子どもとして物語は描かれる。しかし、子ども自身は悲惨な心の生活を送ることになるだろう。

現実的な問題が解決すれば、ハッピー・エンドのように描かれている。しかし、心の生活はそうではない。物語に終わりがあり、これがハッピーな形になっているのが定番かもしれない。願わくば、将来の心がどのようになるかということも見通して映画が作られているともっと、映画への期待が大きくなるのではないだろうか。

映画の中では、子どもの心の生活は無視されていることが多い。大人の生活に意味を与えるものとしてのみ描かれている。子どもの側から、子どもの体験することの意味を考えながら、描かれている映画はそれほど多くはない。ここではこのような映画として『マイ・ガール』『マイ・ガール2』『マイライフ・アズ・ア・ドッグ』を取り上げた。

(四) 補遺としての若干の示唆

子どもの心に対する手当を考えているものがある。心のケアの問題はこれからであろうが、心理臨床家としては関心が大きい。映画の中で気がついたものとして、被害者のための支援といったことが示されていることが見られた。それを記録しておきたい。

『スリー・リバーズ』（一九九三）

映画の主題は、恨みにつながった殺人事件である。河に投げ込まれた死体を発見したのが地域の子どもであった。河川警備の警官が死体を発見した子ともたちに対して、カウンセリングを受けるように無料の切符を配るシーンがあった。映画の筋とはまったく関係がないのだが、これが印象に残った。

『告発の行方』（一九八八）

映画はサラ（ジョディ・フォスター）が性的に襲われて強姦され、関係の男たちが有罪になるかどうかということを問う裁判劇である。サラはあばずれの女性で、バーで男たちを誘惑したりする。それらがきっかけでサラは強姦されてしまう。劇は有罪になるまで、女性検事（ケリー・マクギリス）が奮闘して、最後には有罪にする。

物語のはじめの方で、サラが被害を訴えて警察に収容されるところがある。ここで検査を受けることになる。このとき、強姦防止センター、レイプ・プレヴェンション・センターの女性の専門係員が、被害者サラの心のケアの準備をしようとしていることが示されていた。このような事件の後始末の時に、被害者支援センターが関与してくるのがルーティンになっていることが映画のレベルでも示され、当たり前になっているということがわかった。このような支援組織が重要だと思う。

第二節　ウディ・アレン映画の面白さ

一、アレンの映画は中毒になりやすい

独特の語り、独特の顔、ユーモア、溢れることば、軽いタッチ、ナルチシズム、ニューヨークという都会の生活、精神生活のシンボルというべき精神分析、セックス、離婚、絵画、演劇、音楽ことにジャズ、物語のテンポが速い。そしてエッセイ風で肩が凝らない、センスがヨーロッパ風、一般にアメリカ映画の筋肉的なものでなく知的、チェーホフ的な家庭劇であるという点で、それほど深刻ではないがフェリーニやベルイマンに似ている、などなど。映画は一般向きというより、都会に住む知的な階層の人々に向かって発せられたはっきりした視点を示している。一般的ではないのに、この点が逆に知的な階層の人々にとってはたまらない魅力となっているということができるだろう。

二、映画が観客を選ぶ

映画が観客にこびないという姿勢がある。ハイデッガー、ベルイマン、リルケ、マクルーハン、クリムト、ジョコンダ（モナ・リサ）といったことばが頻繁に出てくる。つまり、映画を見る人は当然のこと、これらのことばを

日常的に使っていて、それが常識の世界のものだということを前提にしている。映画の物語はそのような知識を前提にしている。これらのことばを知らない人ははじめから相手にしていないところがある。はじめから、映画が観客を選んでいるのである。これも映画としては特徴的なことであろう。社会階層がかなりはっきり階層化されている社会の映画であるということができる。アメリカ、欧州はそのような社会であるので、アレンの映画が人気を得ているのだということができるだろう。

日本の観客層から見てみると、あまり欧米的にはなっていないのではないだろうか。社会階層に関してはやや中途半端で、欧米のように階層の境界があまりはっきりしてない。一般的にはアレンの映画を見る人は特定の人に限られていて、一般的ということはできないだろう。日本の場合、知的な社会階層の人々に多いというより、映画おたく的な人に好まれているということができるかもしれない。欧米とやや違い、独特な映画観客の階層であるということができるだろう。

三、個人的な感想として

一九六〇年代、私はニューヨークに三年間住んでいた。そのころのTVの人気番組のエド・サリヴァン・ショウというバラエティ番組にウディ・アレンはスタンダップ・コメディアンとしてよく出ていた。ひとりでやる漫談である。背が低く、度の強い分厚いレンズのめがねをかけていた。猫背で、表情はむしろ陰気で、上ずった声で話す。ユダヤ人のジョークやユダヤ人をからかうジョークで受けていた。自分がユダヤ人であるので、自分をからかっているという感じの自虐的な話になる。この自虐的な姿勢で他人や社会を批判し、揶揄するスタイルはユダヤ的ユーモアの伝統でもある。映画と同じように早口で、やや自己を揶揄するようにやけくそ気味に喋りまくる。その人が映画を作ったので、はじめは意外の感があった。しかし、映画は質の高いものであった。この点でビートたけし

(北野武)と似ている。漫才師から映画監督になり、世界的な監督として質の高い映画を作っているのだから。

四、ウディ・アレンのフィルモグラフィー

アレンはたくさんの作品を次々に出していった。現在も作り続けている。心理学に詳しく、自分自身が精神分析を長い間受けているので、精神分析については体験も豊富といえる。作品にも心理的世界や精神分析の用語が頻繁に出てくる。

作品の中で、心理臨床に関係が深い作品について、その一部を示したい。

『泥棒野郎』(一九六九)

第一作で記念すべきもの。映画は当時はやっていたハリー・ベラフォンテが歌っていたカリブ海地方の歌「テイク・ザ・マニー・アンド・ラン」をウディ・アレン流にアレンジして、映像化したものである。

スラム育ちの身体は貧弱で、内気なうえ、喧嘩も弱いという男が、もの心ついたころから、近所の悪童連の手足になって働いていた。問題がばれると尻拭いをさせられたりする。まったくついていない人生を送る。銀行強盗など大仕事をしようとしてしくじったり、さんざんな人生である。それまで五三犯、合計すると八百年の刑を受けたことになる。

しかし、最後にその犯罪の経歴を生かして犯罪学の講演をするということになり、優雅な生活が得られるという物語である。ウディ・アレンらしいユーモアと軽妙な演技と語りが見事に示されたものであった。

『アニー・ホール』（一九七七）

アニーという女性との出会いと別れを主題にした映画である。この映画の面白さは精神分析を中心としたユーモアやギャグ、またニューヨークの若い人々の知的な会話や都会の生活が生き生きと描かれているところである。主人公アレンは二回の離婚経験者、ユダヤ人。アニーはイリノイ州出身の生粋のプロテスタント（というとアメリカ人にはピンとくる）。二人の関係は深まるが、アニーはマリファナがないとセックスができない。最後はアレンを離れて、ポール・サイモンを慕ってロサンジェルスに行ってしまう（というところも観客にはピンとくる）。映画の場面ははじめから終わりまで、アレンとアニーとの会話に覆いつくされて、ことばが溢れているという感じの映画で、ウディ・アレンの個性が見事に出たものであった。一九七七年度のアカデミー監督賞、脚本賞を獲得した。

『インテリア』（一九七八）

母と娘の心理的な葛藤を描いたもの。ベルイマンの影響が大きいといわれている。たしかに、ウディ・アレン独特のおしゃべりがなく、明るい笑いがない。室内的な描写が中心で深刻そのものである。アメリカでベルイマンの影響をそのまま映画にしたのはそれほど多くないが、その中の一つといってよいだろう。

『マンハッタン』（一九七九）

ニューヨーク市の中心の島がマンハッタン島である。ニューヨークに対するウディ・アレンの思い入れの深さが見事に表現されている。男女の愛の物語であるが、重ねてウディ・アレンはニューヨークを愛する彼自身を描いているということもできる。マンハッタン橋のある河岸の公園のベンチに座って二人で橋を眺めている最後のシーンは、名場面の一つとして深く印象に残る。

『スターダスト・メモリー』（一九八〇）

後につくられた『ラジオ・デイズ』（一九八七）と同じ主題であり、自分の生い立ちや少年時代を回顧して描かれている。また、スターダストはジャズのスタンダードナンバーでもある。ウディ・アレンはジャズのクラリネット奏者としても知られている。

『カメレオンマン』（一九八三）

心理学で「アズ・イフ・パーソナリティ」といわれる人物を描いたものである。日本では「カメレオン人間」といっていたので、カメレオンマンという題名はわかりやすかっただろう。しかし、その意味がわかるどうかは問題である。原題にある「ゼーリック」（Zelig）あるいは「ゼーリッヒ」というのはドイツ人の名前である。この普通のドイツ人がその時代の流れにぴったりと自分を合わせて変化し、染め替えていく姿を描いたのは、第二次大戦時代のドイツのヒットラーを支持したドイツの国民に対する痛烈な皮肉を描いたものであった。ウディ・アレンはユダヤ人である。そのように見ると、深刻というか、内的な怒りを笑いのめすウディ・アレンの時代精神への批判の力の凄さに圧倒される。

『カイロの紫のバラ』（一九八五）

一人の冴えない映画好きの主婦がいる。だらしない夫は暴力的で家庭的には何も面白いことはない。彼女の唯一の楽しみは映画である。場末の映画館に新しい映画がかかると、なからず何回も見に行く。「カイロの紫のバラ」という映画が上映され、彼女は見に行く。その映画のハンサムな主人公を見ているといつもうっとりとする。そしてすべての悲しさや辛さを忘れてしまうのである。あるとき、見ているとその映画の主人公が映画のスクリーンから出てきて、いつも見に来ている彼女にお礼を言う。そして彼女にデイトを申し込む。彼女は喜び、その気になる。

いろいろとどたばたの経緯があるが、行き違いがあって主人公は映画の中に戻ってしまう。彼女のばら色の夢は消えてしまう。映画館で会おうと、行ってみると、その映画はすでに終り、新しい映画に替わっている。彼女はがっかりするが、また、新しい映画に没入していくのである。映画好きの心情を見事にとらえた映画であった。主人公がスクリーンから出てくるという映画的なモチーフを大胆に描いて、その後の演出の仕方に大きな影響を与えた。

『ハンナとその姉妹』（一九八六）

アメリカの感謝祭は家族の集まりの日である。感謝祭の集まりから次の感謝祭の集まりまでの一年の間に家族に起こった出来事が描かれた物語である。ハンナとその二姉妹とその夫という家族の人間模様を描いた。都会的な家族に何が起こっているかという主題であった。三つの家族が愛情関係で複雑にからみ合うが、一年の間に、やがてまた元の鞘に収まっていくという男女関係の心の襞（ひだ）がうまく描かれている。一九八六年のアカデミー助演男優賞、助演女優賞、脚本賞を得た。

『セプテンバー』（一九八七）

この映画は『インテリア』と同じ主題をあつかい、またベルイマン調の映画である。娘は父の残した山荘を売って、ニューヨークに出たいと思っている。感謝祭の休日に友人、恋人、母と義父が来ている。母は傍若無人のエネルギッシュな人で、マフィアと結婚した経験がある。そのとき殺人を犯して、それを一六歳の娘が見てしまっている。そのために娘は人間を信じられなくなっている。娘の恋人は友人と性的関係ができてしまう。死にたくはない。生きたいけれども、どうしたらよいのか。ニューヨークに何かを期待しているが。ベルイマンの『秋のソナタ』やフランス映画の『五月のミル』を連想させる映画である。

『私の中のもうひとりの私』（一九八八）

日本の題名は若干意訳されている。心の中の自分という意味で「もうひとりの私」ということができよう。中年になった哲学教授の女性が夫の浮気を契機にして次第に本当の自分に目覚めていくというプロセスを描いた心理学的な映画である。休暇を利用して本を書こうと借りたアパートの部屋の隣から、精神分析のセッションの会話がもれて聞こえてくる。それを聞いているうちに、次第に自分の過去に直面し、また自分をごまかし続けてきた人間関係に気づくようになっていく。自分のことがわかっていない中年の哲学教授が、ごく平凡な若い妊婦の女性に憐みをかけられるという事態が起こってしまう皮肉がしっかり利いている。この映画については、後にもう一度取り上げてみたい。

『ウディ・アレンの重罪と軽罪』（一九八九）

社会的に成功した医者。しかし、二年前に不倫がある。その女性が結婚を迫る。それは医者のすべてを破壊する。それはしたくない。そのためにマフィアとなっている弟に頼んで殺してしまう。ＴＶ製作者のアレンは結婚生活が破局的になっている。自分の制作した番組に出ている売れっ子のコメディアンが、妻と結婚してしまう。また、パーティで医者に出会うと、医者はアレンに自分の殺人を映画の物語として告白する。しかし、医者は罪を償うより、妻と仲良く生活することをとる。貧乏くじを引くのはアレンだけということになってしまう。深刻な主題をアレンらしく、斜に構えて見事に展開している。

彼の作品は二〇〇七年までに四四本あり、また他の作品に出演している。主なものとして『アリス』（一九九〇年）、『ウディ・アレンの影と霧』（一九九二年）、『ブロードウェイと銃弾』（一九九五年）、『誘惑のアフロディーテ』（一九九六年）、『ギター弾きの恋』（一九九九年）などである。

五、いくつかの特徴

はじめに述べたように、ウディ・アレンの映画は随筆的で、都会的、深刻なテーマも軽く流れるようにユーモラスに展開してしまう。ほとんどの作品が監督、脚本、編集、音楽を一人で手がけている。独特の語りと精神分析の用語をちりばめ、深刻な映画作家であるベルイマンやフェリーニなどを語りの中に連発し、知的な社交を楽しむ人々をよろこばせる。

テーマは「離婚」「セックス」「男女関係」「親子関係」「姉妹関係」、心理学のテーマである「アイデンティティ」「アズ・イフ・パーソナリティ」「社会的な失敗者」など、深刻なものが多い。ニューヨークへの特別のこだわりも、ニューヨークを好きな人にとってはたまらない魅力となっている。また、スクリーンから主人公が出てきたり、古い写真や記録映画に人物をもぐりこませたりなど、技法的な展開も見ていて知的なスマートさを感じさせる。

六、映画『私の中のもうひとりの私』（一九八九）について

この映画は中年期のアイデンティティという観点から見ると、心理学的に大変興味深い映画である。ジーナ・ローランスという女優はわりと筋肉質で行動的な役に似合っているタイプであるが、この映画では、五〇歳で成熟した中年期の哲学教授という知的な役柄を演じて興味深かった。このローランスが主役とすると、脇役はミア・ファーローというアレン映画の常連である。平凡な女性で妊娠しており、女の生き方を求めて精神分析を受けている女性を演じている。この対比が興味深い。

哲学教授は「個人的にも、キャリア的にも、私は自分に合格点をつける」と言い切る自信のある生活をしている。

夫は外科医で経済的にも何一つ不安はない。彼女は男性に対してどこかに誘惑的なところがある。学生時代に自分の先生である哲学教授を誘惑するようにして結婚した。しかし、結婚しても夫は競争相手に過ぎず、自分も夫のようになることを夢見て、結局、夫婦生活は破綻。自分の方は頑張って、ついに哲学教授にまでなってしまう。また、外科医の夫との出会いも不倫から始まるが、夫を妻から奪うようにして結婚する。自己愛的な行動力で自分の世界を築いてきた人である。しかし、このようにして築かれた平穏な生活は表面的なものだったということが次第に明らかになる。

教授はサバティカルを利用して本を書こうと考え、町のアパートを借りる。その隣は精神分析家の診療所であった。あるとき、隣の精神分析のセッション中の声が漏れていることに気づく。聞くともなしに聞いていると、次第に引き込まれていく。そして自分の過去の生活を振り返るようになっていく。隣のクライエントは妊娠した女性で、自分の生き方をどのようにしていけばよいかに悩んでいるのだった。その話を聞きながら、自分の子ども時代、そして父母との関係、弟との関係、学生時代、前の夫との関係などを振り返り、自分の生き方が周囲の人の幸福を奪うようにしてつかんできたことに気づいていく。

散歩の途中、ある画廊兼骨董の店に入ると、絵の前で妊娠した女性が泣いている。クリムトの「希望」という絵で、妊娠した女性のお腹が大きく描かれたものである。それがきっかけで話が始まり、仲良くなる。レストランで一緒に食事をすると、意外にも自分のことについて衝動的にいろいろと話をしてしまった。そのとき、トイレ行くところで、偶然に夫の不倫の場面を見てしまう。それは結婚記念の日でもあった。夫から裏切られたことにひどく傷つくが、それはお互いに偽りの夫婦関係であったことに気づくのである。

最後の場面で、女性が精神分析のセッション中、今日中年の女性に出会い、食事を一緒にすると、その女性がいろいろと自分の人生を話し始めたこと、それを聞いて、自分が中年になったらその女性のように空っぽの人生を送らないように気をつけようと思ったということなどを話している。教授はその話を聞いて、それが自分のことだと気がつく。そして自分も本当の自分（もうひとりの自分）に出会うため、離婚して再出発をしようと決意する。

不思議な映画であった。他人の精神分析のセッションを盗み聞きしながら、自分の精神分析を行っているのである。疲れて夢を見ると、それが過去の学生時代のひどい人間関係だったり、また男女関係だったりする。それもまた過去を振り返るのに重要なきっかけになって、自分の過去への洞察が深まるのである。それと平行して、洞察を促すようなさまざまな出来事が実際にも起こる。これも精神分析の臨床からすると、ごく普通に展開することのようで共感がもてる。これはアレン自身の長年の精神分析経験がものをいっているのではないだろうか。

臨床心理学の資料としてみても、有用なものと思われる。映画の原題である Another woman という意味は、二重の意味があるだろう。ひとつは若い妊娠した女性との対比で、「もう一人の女性」ということになる。これは教授の側からも、若い妊婦の女性からも、もう一人の女性ということができる。さらに、もっと心理学的なものは、精神分析の対象ともなっている内的な「もうひとりの自分」としての「もうひとりの女性」である。あるがままの本当の自分に気づき、やがて本当の自分として生きてゆきたいという決意をするもう一人の自分としての女性である。これまでは隠されていたが、さまざまなきっかけを与えられて、本当の自分つまり自分のアイデンティティを見いだしていこうという決意をするということになるのである。

このように見ると、この映画ははっきりと精神分析の主題を背景にして描かれているということがわかる。これがまた、ニューヨークの知的な階級の人々のサロン的な話題として人気を博するのだということがわかる。精神分析はひとつの文化である。この文化がこのような映画を生んでいるのである。精神分析がひとつの治療的な技法として存在するのみでなく、芸術の領域全般に大きな影響を及ぼしているということを知るのも興味深いことである。心理学的な手法である精神分析が文化のレベルまで高まるというか、深まっているということは、今後の日本を考えるとき、いろいろの想像をかきたててくれる。

ウディ・アレン　フィルモグラフィー

何かいいことないか子猫チャン　What's New, Pussycat?（1965）
どうしたの、タイガー・リリー?　What's Up, Tiger Lily?（1966）
007／カジノ・ロワイヤル　Casino Royale（1967）
水は危険・ハイジャック珍道中　Don't Drink the Water（1969）＊原作のみ
泥棒野郎　Take the Money and Run（1969）
ウディ・アレンのバナナ　Bananas（1971）
ボギー!俺も男だ　Play It Again, Sam（1972）
ウディ・アレンの誰でも知りたがっているくせにちょっと聞きにくいSEXのすべてについて教えましょう　Everything You Always Wanted to Know About Sex *But Were Afraid to Ask（1972）
スリーパー　Sleeper（1973）
ウディ・アレンの愛と死　Love and Death（1975）
ウディ・アレンのザ・フロント　The Front（1976）＊出演のみ
アニー・ホール　Annie Hall（1977）
インテリア　Interiors（1978）
マンハッタン　Manhattan（1979）
スターダスト・メモリー　Stardust Memories（1980）
サマー・ナイト　A Midsummer Night's Sex Comedy（1982）
カメレオンマン　Zelig（1983）
ブロードウェイのダニー・ローズ　Broadway Danny Rose（1984）

カイロの紫のバラ　The Purple Rose of Cairo（1985）
ハンナとその姉妹　Hannah and Her Sisters（1986）
ラジオ・デイズ　Radio Days（1987）
セプテンバー　September（1987）
ゴダールのリア王　King Lear（1987）＊出演のみ
私の中のもうひとりの私　Another Woman（1989）
ニューヨーク・ストーリー　第3話　エディプス・コンプレックス　Oedipus Wrecks（in New York Stories）（1989）
ウディ・アレンの重罪と軽罪　Crimes and Misdemeanors（1989）
アリス　Alice（1990）
結婚記念日　Scenes from a Mall（1991）＊出演のみ
ウディ・アレンの影と霧　Shadows and Fog（1992）
夫たち、妻たち　Husbands and Wives（1992）
マンハッタン殺人ミステリー　Manhattan Murder Mystery（1993）
トラブルボックス／恋とスパイと大作戦　Don't Drink The Water（1994、TVドラマ）
ブロードウェイと銃弾　Bullets Over Broadway（1995）
誘惑のアフロディーテ　Mighty Aphrodite（1996）
世界中がアイ・ラヴ・ユー　Everyone Says I Love You（1997）
地球は女で回ってる　Deconstructing Harry（1997）
The Impostors（1998）＊出演のみ、日本では劇場未公開
セレブリティ　Celebrity（1998）
アンツ　Antz（1998）＊出演のみ
ワイルド・マン・ブルース　Wild Man Blues（1998）＊ウディ・アレンのドキュメンタリー
ギター弾きの恋　Sweet and Lowdown（1999）

ＣＩＡの男　Company Man（2000）＊出演のみ
おいしい生活　Small Time Crooks（2000）
ヴァージン・ハンド　Picking Up the Pieces（2000）＊出演のみ
スコルピオンの恋まじない　The Curse of the Jade Scorpion（2001）
Stanley Kubrick: A Life in Pictures Stanley Kubrick: A Life in Pictures（2001）＊出演のみ
さよなら、さよならハリウッド　Hollywood Ending（2002）
僕のニューヨークライフ　Anything Else（2003）
メリンダとメリンダ　Melinda and Melinda（2004）
マッチポイント　Match Point（2005）
タロットカード殺人事件　Scoop（2006）
Cassandra's Dream（2007）

（出典：ウディ・アレン：フリー百科事典「ウィキペディア」より）

第三節　滝沢修の芸論と演じること

はっきりした日にちを忘れたが、ＮＨＫのテレビで各界芸能人の芸談をやっている中で、滝沢修の話を聞いた。週に一回、芸能界（Performing Art）の名のある人に自分の芸を語ってもらうという趣旨で行われているもので、原稿なしに自由に話しているものである。

これまで機会があれば、話を聞いていた。たまたま、滝沢氏の話を聞き、大変興味をひかれた。また、これを録音していたので、再度聞いた。そして、いっそう興味を覚えた。心理療法の技法の訓練の過程について自分で感じていることと、あまりに似ていたからである。

そこで、今回はこの芸談をテキストにして、次に芸談からの私の連想としての心理療法の技法についての感想を述べてみたい。すでに、このような試みは前田『「芸」に学ぶ心理面接法―初心者のための心覚え』（一九九九）によって、辻邦生を材料にしてなされている。私のはそれに倣ったものである。

一、テキストの提示

テレビの芸談は、滝沢の当たり芸『炎の人』について話しをするところから始まる。

―役づくりは大変なものらしいですね。

「大熱を出した時、ゴッホはこんな中でやっていたのかと思って、スケッチに出ました。きっとゴッホはこうやって病と戦ってやっていたんだなと思ってね」。

—ヨーロッパで全部作品をご覧になったとのこと。

「ほとんど1年おきに美術館に行きました。素晴らしい。見れば見るほど、私が恥ずかしい。ゴッホのいた修道院に行って、これがゴッホの入ったトイレかと思った。これは修道院というより、収容所のようでした。だから、自分の演出の時には、収容所のようにしました」。

—そんな風に、資料を読んだり、絵を見て回ったり、そのことが役をつくることにつながっているでしょうか。

「つながっている。直接どうということはないが、随分違います。

あの人（ゴッホ）は、見たものをそのまま描くのはつまらないものだという。自然と向き会った時の、その感動がとても大事だ。その感動を本当に表すためには、ただ自然を忠実に模写しただけでは駄目なんだ、といって『大事なもの』を強調する。樹木を見ても、大地から生命力を吸い上げているのが見える。これをおれは描くんだ。ですから、ゴッホの樹は燃えてるでしょう。ああなっちゃう。そういうゴッホの目が見たものを描く。そうするとどうしても些末な自然描写では飽きたりない。だからいらないものは捨ててしまう。大事なものだけ、強調して描く。

それが僕の演技方法に通じるところがあります。僕も舞台の上でやる時、やらないでいい、些末だということを捨て、これが大事ということを強調します。それがぼくの考えている演技です。僕は省略と強調とは全般に共通することじゃないかと思っています」。

—演技の場合、そこを強調すればいいというものではないでしょう。

「ではない。何を強調すべきかというのを、まず見る。それが大事。目というのは、その人の思想といってもよい。もちろん感性でもある。それがその人が何を見るかということです。だから、これを強調する。その選択が実は一番難しい」。

―強調にまでもっていく自分の気持ちのもっていきかたですね。

「役者でも初めは、自然の模倣がうまくできるとうれしいんですよ。例えば、酒を飲む。うまくお酒を飲んでいるようにやれるようになると、うれしいんですね。初めはできませんからね、そんなこと。すると、すべてそういうふうになってくる。だけど、お酒をそれらしく飲む、そんなところにドラマはない。というふうにわかってきます。それはもう、いらないんだ。それはもうどんどん飲んだって構わないんだ。『このドラマの核心はここにあるんだ』を強調しなきゃいけないとわかってくる」。

―些末主義というのは、ある時期通らないといけないということでしょうか。

「通りますね。どうしても通ります。それから、修業としてはやっぱり、最初はそういう修業をしないと駄目ですね。本当にものを、人間でもいいが、あれを如実に表現することの技術を身につけないと駄目ですね」。

―いきなり本質というわけにはいかないですね。

「いきなり、本質というわけにはいかないですね。例えば、『夜明け前』の半蔵は僕とは違う別個の人格なんですよね。ですから、僕じゃない、別個の人格を表現するその難しさね。

まず、第一に、自分とこの人との距離をしっかりつかまないといけない。これは自分と違うんだ。この人は違うんだ。それを本当につかむためには、自分自身の生い立ちを本当に知らないと駄目ですね。環境やいろんな身につけたものを本当に知っていなきゃ駄目だ。それとこの人とはどう違うんだろうか。本当に自分を知らなければ、自分以外の人間を知ることはできない。舞台に立つまでの過程で、自分と役との距離を見つめることから、自分がその役になり代わっていく。そこに大変な苦しみがある」。

―例えば？

「ナチュラルにやってんでない人にね、坂東妻三郎がいる。『王将』をやった時、坂田三吉を演じた。僕は関根名人を演じた。しかし、誰も将棋を知らない。カメラが後ろに回って将棋を写す。その時、坂妻が駒をぴゅっと突きつける。坂妻はちゃんと、その時のレンズの焦点距離がいくつかを知っている。この短焦点のレンズで写しているのだから、レンズの歪み、遠近感が誇張される。それを利用してやれば、ぐっと迫るということを知っているからそうする。それはちっとも自然なことではない。それなんですよ」。

—それだけ見れば自然ではないけれども……。

「それが映画では自然で、気迫が出る。それを表現することが大事だという判断に基づいた演技ですね。それが、ぼくの考えている演技というものです」。

—演技をする、役をつくる時、手掛かりになるのは……。

「あのね、結局人間を表現するわけですね。だから、人間を本当によく見て知っていないとできないんですね。ですからね、役者は脚本を読みますね。文字で読んだものが、脚本の中から立ち上がって、生きて動いてこなきゃ駄目ですね。それが本を読んで、イメージを浮かべ、そのイメージが生き生きと成熟して、動いていくまでが大変なんですが、そのためには、こちらが人間じゃないと駄目。本当にそういうものをよく見て。たまたま、『おっ』と言って受けとめたんじゃだめです。意識的に、その人間を本当に観察しなきゃ、本当にわかりませんでしょう。そういう人間を不断に観察しながら、文章書く人は、それを書く。役者は体で覚えないといけない。だから、僕はよく、悪いけどね、まねしますよ。その人の表情をね。表情とか、手とかね。悪いけどもやってみるんです。そういうことで覚えていく」。

—まず、自分を知るということ。

「ですから、自分をまな板にして、自分をうんと知ることが、まず第一なんです。それが俳優の日常的な訓練ですね。それをやって、大体自分の心と表に現れることとの関連が段々にわかってくると、人を見た時にそれがわかってくる。あのう、大正から、昭和の初期、ぼくたちがやっていた芝居は主に、そのような人間の感情を表現するようにしていましたね。

例えば、細々とした心理の陰影を微妙に描くということを身上にしていましたね。ところが、木下順二さんの『子午線のまつり』でも、単に登場人物の感情を表現しているだけじゃない。あの叙事詩の根底にある、作者の思想というものが厳としてありますね。源平のあの運命をどう観じるかという、その作者の思想がありますね。感情の世界だけでものを言っていたら、あのような芝居は表現できない。

ですから、木下さんの書いたセリフを読みますとね、ただ単に、ナチュラルな日常語ではありませんよ。長いセンテンスでこんなこと、一息で、言えないような長いセンテンス。そうかと思うと、日本語にはあんまりない、欧文の言い回しがある。わかりやすくいうと翻訳調みたいな。あの方のは翻訳調とはいえませんが。そういうふうなセリフをナチュラルに、ナチュラルにやっても全然駄目です。ですから、やっぱり、そういう文体、思想を根底にしっかりとおさえている。

そういうところから、生まれてきたセリフは、その文体をどうしたら生きるかという、別個の表現によらねばならない。ですから、テレビのお座敷ドラマのような調子では、あのセリフは言えない。表現できない。この点で、それが、われわれがやる芝居そのものの変化と、一緒になって歩いてきていますね」。

二、解釈的な技法的連想

―カウンセラーになる訓練というのは大変なものらしいですね。

「自分の調子が崩れることはよくありますね。いろいろとしんどくなったり、辛くなったり。こんな時、ああクライエントもこんなに苦しんでいるのか、こんなに辛いのかと考えたり、こんなにして、自分の苦しみを耐え、戦っているのかと考えたり。こんな時に、クライエントの苦しみを実感できる時があります」。

―フロイトの症例研究の症例を全部お読みになったとか。

「全部読んだといってもたいして多い分量ではありません。五大症例といわれているものと、そのほかにいくつかの断片があるのと、『ヒステリーの研究』の中の症例、「ダ・ヴィンチ論文」、「モーセ論文」が二つ、「ドストエフスキー論文」、「グラディーヴァ論文」といったものでしょうか。全部素晴らしい。読めば、読むほど、味がある。こんなものを書いたのがフロイトかと思う。それはすごいものですね。

ウイーンの町を歩いても、ここがフロイトの住んだ町か、こんな石の家に住んでいたのか。こんな石畳の道路を通っていたのか。休暇のために、この石の町を離れて、山に行っていたのか、と考えてしまいます」。

―そんなふうに、資料を読んだり、町を見て回ったり、そのことがカウンセラーとしてのカウンセリングにつながっているのでしょうか。

「つながっていると思います。直接ということはないが、随分違います。

あの人（フロイト）は、表面的な行動をとらえても、つまらないものだという。外の行動でなく、心の現実が大事だ。心と向き合った時の、その感動がとても大事だという。その感動を本当に表すためには、ただ、行動を忠実に模写、とらえただけでは駄目なんだといって、『大事なもの』、それは心の現実ということですが、それを強調する。

一人の若い女性（例えば、ドーラ）を見ても、複雑な心の状態や人間関係が見える。それを記述する。だから、症例がたいへん複雑になり長くなる。それを読んでいると、フロイトの熱気が伝わってくる。生々しい心の現実が伝わる。そこがすごい。これがフロイトの見たものである。すると、ただ外側の行動の描写では飽き足りない。だから、どんどん複雑に入り組んでしまいます。

このことが、私たちのカウンセリングの技法の学習につながっていきます。私もカウンセリング・ルームに入ると、末梢的なことよりも、これが大事という中心的なことを強調して聞いている。中心と周辺。省略と強調ということがたいへん大事です」。

―カウンセリングの場合、勝手に何かを強調すればよいというのではないのでしょうね。

「ではないですね。何を強調すべきか、何を省略すべきか、というものをまず見る。それが大事。見る目というのは、そのカウンセラーの思想といってよい。もちろん感性でもある。そのことがその人が何を見るかということです。だから、この省略と強調とを大事にするのです。その選択が実は一番難しい」。

―省略と強調にもっていく、そのいき方ということですね。

「カウンセラーでも、初めは相手の気持ちがぴったりととらえることができるのはうれしいことです。例えば、ひどく腹が立っている。その情動をぴったりと、とらえるようになるとうれしいんですね。初めはできませんからね、そんなこと。一見やさしいようですけれど。すると、すべてそういうふうになってくる。

ただ、ついていくだけ。だけど、相手の気持ちをぴったりととらえる、そんなところにドラマはない。カウンセリングはない、というふうにわかってきます。それはもういらないんだ、と。もう、どんどんカウンセラーの考えや感じをどんどん言ったって構わないんだ。『このクライエントの核心はここだ』を強調しなきゃならないとわかってくる」。

―些末主義というのは、ある時期、通らないといけないということでしょうか？

「通りますね。どうしても通らないといけない。それから、修業として、やはり最初は、そういう修業をしないと駄目ですね。本当に、人間を如実にとらえる、表現することの技術を身につけないと駄目ですね」。

―いきなり、本質をというわけにはいきませんか？

「いきなり、本質をというわけにはいきませんね。クライエントは、私とは違う別個の人格なんです。当たり前だけど。その自分じゃない、別個の人格をとらえ、表現することの難しさね。

まず第一に、自分とこのクライエントとの距離をしっかりつかまないといけない。この人は自分と違うんだ。それを本当につかむためには、自分自身の生い立ちをしっかりと知らないと駄目ですね。環境やいろんな身につけたものを本当に知ってないと駄目です。それとこのクライエントとはどう違うのだろうか。本当に自分を知らないと、自分以外の人間を知ることはできない。カウンセラーになるまでの過程で、自分とクライエントとの距離を見つめることから、自分がその人になりかわっていく。そこにたいへんな苦しみがある」。

―もう少し、そこのところを詳しく……。

「カウンセリングや心理療法、精神分析を身につける勉強をする時、教育分析とか、個人分析ということがどうして重要視されているのでしょうか。今は、このことが義務といった形で、少し形式化されてしまっているところがあって、問題なのですが……。

その本質はクライエントと自分との心理的距離を的確、正確につかみ、そして一定に保てるようになるための訓練といってもよいのではないでしょうか。クライエントというのは、かかわりから見ると、対人関係の距離がうまくとれないで、外の人が自分に侵入してくる恐怖に脅えたり、反対に、他の人との間に距離をとり過ぎたり、間に高い障壁を築き過ぎたりして、日常の生活が破綻して苦しんでいる人ではないでしょうか。だから、カウンセラーが自分とクライエントとの心理的距離をいつも、可能な限り正確にとらえていることは、心理面接の中でもっとも大切なことになるのです」。

―カウンセラーの動きは、あまり自然でないこともあるのでしょうか？

「カウンセリングはちっとも自然なことではありません。自然でないから、クライエントとの関係において、『安全』が保障されるといってよい。支える力、直面する力が出るのです。つまり、カウンセラーのことばは、それを表現することが大事だという判断に基づいたものですね。良く言うと、『自然に』、悪く言うと、むやみやたらに、勝手に言いたいことを言っているのではありません。それが私の考える技法ということです」。

―カウンセラーとして面接をする時、手掛かりになるのは……。

「結局、クライエントという人間に直面するということですね。だから、人間を本当に知っていないと難しいいんですね。その点で、人生経験の豊かな人は有利だといえますね。カウンセラーの仕事が大人の仕事といわれるのは、このようなことを意味しているのかもしれません。

面接をする場合、資料を読みますね。また、クライエントさんの病歴や成育歴、心理検査の資料などを読みますね。文字で読んだり、聞いたりした材料が、カウンセラーの心の中で、立ち上がって生きて動いてこないと駄目ですね。他の人の症例の記録や事例記録を読んでも同じことです。それらを読んで、イメージを浮かべ、そのイメージが生き生きと成熟して、動いていくまでが大変なのですが、そのためには自分もそれらをしっかりと追体験できる人間じゃないと駄目です。

本当にそういうものをよく見て、たまたま、『うん、おもしろい。珍しい』『ええっ！』と言って受け止めたのでは駄目です。その人間を意識的に観察しなきゃ、本当にはわかりませんでしょう。そういうように人間を不断に観察しながら、しかも、それを文章に書く人は書いていく。役者はからだで覚えないといけない。カウンセラーもからだで覚えないといけない。だから、よく人を見て、その内面についてイメージに描いてみることがありますね。それが練習になることはありますね」。

——まず、自分を知るということ……。

「ですから、自分をまな板にして、自分をうんと知ることが、まず第一なんですね。それがカウンセラーの日常的な訓練です。それをやって、大体自分の心と思いとイメージとが、ことばとして外に表れることとの関連が段々にわかってくると、面接の中でクライエントを見た時に、それがわかってくる。

日本でも、カウンセリングが初めて本格的にやり始められた頃、それは私がちょうど大学院の学生のころでした。私たちがやっていたのは、ロジャースの考えと称して、クライエントの感情をうまくとらえる、繰り返すということを懸命にやっていました。それをカウンセリングと思っていました。そこでは、細かい感情の陰影をしっかりととらえるということでした。このことは、前に言いましたように、もっとも基本です。今も、そう思っています。

しかし、それだけではない。例えばフロイトの「あるヒステリー患者の分析の断片」（ドーラの症例）などを読むと、そこには単に、ドーラという人物の感情を表現しているだけじゃない、良くても、悪くても、あの症例研究の根底にある、著者の思想というものが厳としてありますね。一人の若い女性の運命といったもの、家族の運命といったもの、時代といったものをどう感じとるかという、その記述者の思想というものがあります。感情の世界だけで、ものを言ったり、ものを見ていたりしたら、あのような症例は書けないし、表現できない。だから、あの症例を見ていると、ただ感情だけではない、大きな世界というか、心の構造というか、それが背後にある。だから、その点をつかみたいと感情をなぞるようにして、理解しようとしても無理でしょう。その思想に対決しないとわからない。このような優れた論文に接し、しっかりと対決する時、私たちの思想というのもつくりあげられていくのではないでしょうか。強い思想、異質な思想に接していけばいくほど、自分の思想も硬質なものになるように思います。もちろん、呑みこまれてしまったら、終わりですが……。

というところで、私も終りにしましょう」。

参考文献

フロイト　一九〇九　「あるヒステリー患者の分析の断片」『フロイト著作集　第5巻』人文書院、二七六―三六八。
前田重治　一九九九　『「芸」に学ぶ心理面接法―初心者のための心覚え』誠信書房

第四節　心の作用と映画
——前田の『芸論からみた心理面接』を中心に——

一、比喩・象徴的な表現としての映画

前田は『芸論からみた心理面接』（二〇〇三）の、第一章「芸は面接の機能と通じている」において、芸論を引用しながら、興味深い考察をしている。この中で映画の機能についても論じている。

「映像に対する取り入れ、カタルシス、退行、などと並んで投影同一視を論じている。観客は映画を見ていると同時に、その物語の中の人物に同一化して演じてもいる。『鑑賞は創作である』ということはこのことを指しているのである」。

前田のことばを引用して述べると、「映画は夢と同じように、抽象的なものを見える形で表現している。……」しかもそれらが、バラージュ（『視覚的人間』一九八三）のいうように「すべて比喩であり、象徴的な表現である」ということになる。つまり、映画の中の事物や人物がその固有のリアリティのみでなく、さらにそれより広い意味、つまり比喩、象徴の空間ないし余裕をもっているので、その空間に感情を投入して見ているということになる。これは夢の内容と同じように、事物であろうと、風景であろうと、人物であろうと、すべてに共通している特徴である。

私もこの点で感じることがあった。映画とアニメーションとの間で投影レベルに深浅があるのではないかという

ことについてである。アニメーションはすでに映像が形成されて、物語が語られる。そのため映像を新たに解釈したり、自分の都合で同一化したり、投影してみる余地が極めて少ないのではないかと思われる。アニメーションを見ていて、私はいつも窮屈な感じをもっていたが、その理由はこの点に関係があるのかもしれない。アニメーションや漫画を見ている人々は、イメージの世界で展開している物語に触れている機会が多いのは事実である。しかし、イメージが象徴的に展開する心的な活動として参加しているのだろうか。象徴的世界が入り込む余地が少ない分だけ、むしろイメージ生活は貧困化していくのではないだろうか。その点で、映画の映像は人物や景色が実写されることによって曖昧さを残し、逆に比喩や象徴による投影や解釈の余地が比較的大きく幅が広いのである。象徴的機能、比喩的機能には主題やイメージが固定されず、解釈が個人レベルで展開する可能性をもっている。映画の主題や芸術性の深浅の主題は、この同一化可能性や投影可能性の方向と深さによって決まるものではないだろうか。この解釈可能性の方向性と深さが芸術性の高さの基準を示しているものではないだろうか。

二、夢の同一化

夢の主人公との同一化ないし、こちらの現実と夢の現実が一体になることを、W・アレンは『カイロの紫のバラ』（一九八五）の物語で興味深く描いている。物語は次のようである。

現実は厳しく、失業中の夫からは暴力的に扱われている主婦（ミア・ファーロー主演）は、レストランのウエイトレスとして生活を支えている。彼女の唯一の楽しみは一人で映画を見に行くことである。映画を見ている間は辛い現実を忘れることができる。だから毎日見に行く。現在、映画館にかかっている「カイロの紫のバラ」は五回も見た。そしてまた見に行くと、映画の主人公がスクリーンから直接に彼女に話しかけてくる。

「また、今日も見にきてくれましたね」。

そして、主人公がスクリーンから出てくる。

「あなたとデイトしましょう」と言う。

彼女はびっくりするやら、嬉しいやら。

一方、映画のスクリーンの中では主人公がいなくなり、物語が進められず混乱が起こる。撮影所でも問題になり、騒ぎが起こる。映画の主人公を演じた俳優もやってきて、また彼女とデイトをしたいと言う。彼女は夢中になる。デイトの約束をして、もう家も捨てる覚悟で、夫を振り切っていく。約束の場所に行くが、待っても相手は来ない。悲しい思いで帰り、映画館に行くと、違った映画がかかっている。その物語は終わっているのである。彼女はがっかりするが、「まあいいや」とまた、新しい映画を見ることにする。映画に次第に夢中になり、彼女はこれまでのことを忘れ、心があたたまってくるのである。

監督のW・アレンは映画の中の人物との同一化やバーチャルな現実が、社会の中の現実と少しも変わらないものであることを示している。そして現実には満たされないことが多くても、映画によって慰められ、勇気づけられるのだと言っているようである。映画のもつ力はそのようなものであろう。私たちは映画という物語に従いながら、投影と同一化によって、自分の物語を創作し、発展させるのではないだろうか。その点に発見と創造が存在している。それは映画を見る人にとって創造と発見の喜びとなり、映画を単に受身的に見ているのと違った心の働きとなる。映画の興味や関心の持続ということの中には、この創造と発見の要素があるように思われる。


「そんな世界があるのか」。

「そんなことがあるのか。知らなかった」。

「本当に同感するな。主人公がかわいそう」。

「私の方がまだましかなあ」。

「主人公に本当に腹が立つなあ」。

「主人公はがんばっている。私の努力はまだたりないなあ」。

「無理もないなあ。私も同じことをするだろうなあ」。

「そんなことはひど過ぎる」。

「私も甘えたいなあ」。

「私はどんな育ちをしたのだろう」。

「親たちはやさしかったなあ」。

「親は許せないが、まだましだったのかなあ」。

「親も結構一生懸命だったのだなあ」。

「自分の友達もそうだったのだろうか」。


人生の出来事、親との関係、幼い時の体験、周囲の人々との関係など、映画という物語を通して私たちは、振り返りの機会を与えられるのではないだろうか。そして、しみじみしたり、腹を立てたり、よろこんだり、さまざまな人生を体験するのである。これらは心の現実として力をもっており、日常の不満、不安、怒り、悲しみ、寂しさなどに、深い共感と同一化を経て、安らぎと慰めを与えられるのである。また「そんなこともあるのか」といった人生に対する洞察も与えられるのである。映画の世界を私たちの生活の一部として認め、また内的な経験世界として見ると、欠くことのできない共有の経験的世界として存在していることを知ることができ、私たちの心の世界は豊かになり、広がっていくことだろう。

アレンの映画『カイロの紫のバラ』は第三章の第二節で取り上げているので参照していただけると幸いである。

参考図書

前田重治　二〇〇三　『芸論からみた心理面接』誠信書房
アレン・W　一九八五　『カイロの紫のバラ』米国、ワーナー映画
Balazs, B. 1924 *Der sichtbare Mensch: ein Film-Dramaturgie.* Vienna Deutsch Ostereicher Verlag.（佐々木基一・高村宏訳　一九八六　『視覚的人間—映画のドラマツルギー』岩波書店）（前田からの引用）

第四章

『男はつらいよ』寅さん映画

第一節　「寅さん」映画と癒し――道化論から
第二節　役者と役柄の微妙な関係――渥美清と寅さん

第一節　「寅さん」映画と癒し
――道化論から――

ここでは映画の世界において驚異的なシリーズ（全四八作）となった松竹映画『男はつらいよ』（山田洋次監督作品）を通して、その人気について考え、同時に日本人の心に訴えるものは何かを考えてみたい。また、同時に、この映画の主人公である車寅次郎の行動パターンや対人関係の特徴を分析することによって、心理臨床的な意義を探ってみたい。

一、寅さんが死んで終わった

映画の主人公である車寅次郎を演じた渥美清（田所康雄）氏は一九九六年八月四日に死去した。享年六八歳であった。映画『男はつらいよ』は四八作を数えた。その第一作は一九六九（昭和四四）年に封切られ、一九九六（平成八）年まで二七年間続いた。これは映画史上で最長の連続シリーズ映画となった。同じ主人公をつとめた俳優の渥美清氏は、第一作当時、四一歳であり、主人公に相応しく放浪の旅や道中での女性関係も生き生きとして演じられていた。しかし、二七年後の四八作ではほとんど同じ主題で展開される旅や女性関係が演じられると、痛々しくほとんど見るに耐えない状態であった。最後はひとえに、これまでの人気に支えられて映画が作られていたと感じられた。不謹慎かもしれないが、渥美清氏の死によってこの映画が終ったことは、映画としては幸運であったと思われる。後に述べるように、舞台となるべき葛飾柴又の帝釈天門前町のとらやのおいちゃん、たこ社長、そして帝釈天の御前様は逝去、また妹さくら、おばちゃんは歳をとりすぎた。兄妹として「お兄ちゃん」「妹よ」と呼び合う年齢を越えてしまっていたのではないだろうか。また子役の満男は成人に達してしまっている。

いずれにしろ、映画として終りを迎えねばならなかっただろう。そのままの主題で、そのままの主人公で映画を持続することは不可能であり、持続していたら興行的には無残なかたちとならざるをえなかったのではないだろうか。

二、映画の筋ないしパターン

映画はいつも次のような有名なセリフで始まる。

私、生まれも育ちも葛飾柴又です。
帝釈天で産湯を使い、姓は車、名は寅次郎、
人呼んでフーテンの寅と発します。

この後に、「妹よ」の歌が入る。

どうせおいらはやくざな兄貴、分かっちゃいるんだ妹よ
いつかお前の喜ぶような偉い兄貴になりたくて
奮闘努力の甲斐もなく、今日も涙の、今日も涙の陽が落ちる、
陽が落ちる……

このせりふと歌によって始まる映画は、それだけでひとつの雰囲気や人物や場所を観客に想像を喚起させる力を発揮する。映画には次のように、ほぼ決まった筋ないしパターンがある。

パターンとしての筋

主人公の寅さんが旅で苦境にあるヒロインと出会い、それを助ける。その援助の過程でその女性に好意をもち、また女性も寅さんに好意をもつ。寅次郎の行為は大袈裟というか、周囲の人々にはほとんど無頓着である。無鉄砲と思われるように周囲の事情にお構いなしで女性につくす。そして「何かあれば、東京のとらやに寄りな」と当たり前のように言う。そこは自分の生まれ故郷であると同時に、自分のおじ、おばがいて、妹のさくらがいる葛飾柴又の帝釈天の門前町にある「とらや」という団子屋である。家族は寅次郎を肉親として無条件に受けいれ、また寅次郎の関係者であれば誰でもいつでも歓迎してもらえるところである。

寅次郎が突然に帰ってきて、家族とひと悶着を起こし、家出をしようとするところへ旅で出会ったヒロインが訪ねて来る。寅次郎の気持ちは豹変し、ヒロインを歓迎し世話をする。それによって次第にヒロインは心の痛手や傷心から立ち直る。そして自立したり、別れた恋人と仲直りしたり、新しい世界を求めて出発したりする。寅次郎は自分の恋心を破られ、落胆して自分も旅に出る。旅先では落胆を引きずることもなく、賑やかなお祭りで啖呵売をやっており、恋に破れた寅次郎に悲しみの痕跡はない。寅次郎は実家のとらやに、金釘文字で書いたはがきのあいさつ文、「恥ずかしきことの数々……」を送る。そのはがきをとらやの人々が読みながら、寅次郎を想像し、その元気な姿に安心したところで映画は終わる。

各映画によっていくらかのバリエーションはあるが、大体においてこのパターンは四八作の中で大きく変化することはなかった。とらやの親族や近隣の人々は変わらない。変わるのは、ヒロインおよび寅次郎がヒロインに出会う場所である。大抵は地方の美しい小さな町や村である。これは映画の主題というより、ＴＶの連続ドラマの物語である。たまたまそれが映画になってしまったと考えられる。与えられるメッセージは同じである。

主役であり、主人公である寅次郎は、傷心のヒロインを支え、ヒロインの立ち直りを見守る役であり、その点ではむしろ脇役と考えられないこともない。舞台裏を支える寅次郎の愛情を中心に描いている点で、『日の名残り』とか、『ライムライト』のように、いわば「舞台裏の愛情物語」ということができるかもしれない。違いがあるとすれば、寅さん映画のメロドラマ性と日常性である。すぐ隣で展開している日常のドラマとさほど違わない。この点で『日の名残り』や『ライムライト』の深い人生の掘り下げとの違いが大きい。人生のドラマと日常生活のドラマとの違いということができるだろうか。人生のドラマは世界の多くの人に共感を与えるが、日常のドラマはひとつの文化の中で風俗として同じ生活をしている人の同意や共感の上に成り立っているのである。とはいえ、日本映画として、寅さん映画の人気は圧倒的である。多くの寅さんオタクが存在し、映画の主人公である寅次郎をサポートし、日常生活が主人公によってサポートされている状態であった。次に、四つの面から考えてみたい。

第一は、寅さんの魅力：好かれている理由について

第二は、寅さんから見た日本人論：日本人の好みについて

第三は、「道化」論からみた寅さん

第四は、寅さんとカウンセラー

三、寅さんの魅力

(一) 主題音楽

本シリーズを人気映画としたものの要素のひとつに、音楽の果たす役割が大きいと考えられる。この映画の主題

歌は日本の演歌の伝統にしっかりとのっとり、映画独特の雰囲気を作り上げている。観客は意識するしないにかかわらず、その魅力的なメロディーによって映画の世界に浸りこむようになっていくのではないだろうか。

この映画音楽を作曲したのは山本直純氏である。天才的な作曲家である。映画の人気や渥美清、山田洋二監督の人気に比べて、それほど大きく取り上げられていない。その理由は何なのだろうか。おそらく音楽が寅さん映画の主題にあまりにぴったりしていて、完全に映画の一部になってしまっているからなのではないだろうか。映画の字幕があがって、すぐに出てくるこの音楽で、私たちは『男はつらいよ』の世界に入り込んでしまう。この音楽の力は目に見えないが圧倒的である。映画と音楽が不即不離なものも『第三の男』『禁じられた遊び』『太陽がいっぱい』『風と共に去りぬ』『ゴッド・ファーザー』などたくさんある。外国映画の場合、音楽は独立して演奏されても、音楽としての自立したよさを示してる。『男はつらいよ』の場合、独立して聞いてもよいが、映画と渾然一体となって、一緒に見ながら聞く時に、その素晴らしさが発揮されると思われる。

(二)『男はつらいよ』の人気

寅さんの人気をまとめた人がいる。吉村英雄という映画評論家である。彼は「寅さん映画」のオタクに属する人物である。『男はつらいよ』に関する意見や感想を発表するうちに、次第に評論家としての能力を発揮していった。寅次郎に育てられた評論家であると言ってよいかもしれない。彼は俳優渥美清が死去してから、『寅さんは生きている』(一九九六)をまとめている。その中で『男はつらいよ』の人気を一〇項目にまとめている。まずそれを次に紹介してみたい。

1. 落ちこぼれの名誉回復：助けることに懸命

寅さんは不幸になった人を慰め、助け、幸福になるために懸命に頑張る。ストレスで動けなくなったエリート社員を癒したり、失恋で悲しんだり、愛する人を亡くしたり、子どもが病気で気が転倒している人を助けたりする。寅さんの努力を通して、「人間とはいいものだよ」というメッセージが伝わる。

2．日本人が失った温かさ：実感をもって人生を楽しく生きること

寅さんはあくせくしていない。また、寅さんの周辺には下町の人情のよさ温かさがある。映画にないものは、都会、高層ビル、新幹線、ホテル、パソコン、冷暖房器、モダンな美女など。映画に出てくるものは旅館、木賃宿、相部屋、乗合バス、渡し舟、島への連絡船、ローカルな汽車と駅、宮祭り、香具師など。これには都会と田舎の対比があり、日本の田舎の人情の篤さ温かさが描かれる。都会生活者は憧れ、田舎の生活者は自信を取り戻す。

3．中央に対する地方の復権

右と重複するが、映画では地方の都市が常に舞台になっている。北海道から沖縄まで、日本中に広がっている。お宮お祭りやお寺など中心にした懐かしい賑やかさ、とらやの家族を中心にした暖かい人間の交流がある。これらは都会の生活にないものである。葛飾柴又も東京の田舎に位置づけされるような場所である。

4．放浪と定着の相互憧憬

寅さんはフーテンであり、旅をする人、放浪の自由人としてのイメージを示している。寅さんは旅への憧れを満たしてくれる。私たちの日常は仕事の場所に縛られ、生活の場所に縛られている。

5．病める映像の排除

映画には汚いもの、見苦しいもの、暴力や犯罪などの映像はない。賑やかさはあるが、全体に清潔感に満たされ、安心感や涼風感がある。

6．家族の優しいつながり

寅さんは独り者であり、家族はない。しかし、寅さんの親族のさくらの家族、おじさん、おばさんの家族がある。それらの家族の一人ひとりはすべてやさしい人たちである。人間的やさしさをもつ温かい下町の人々である。憎らしい人、すねた人、暴力的な人、犯罪者などは出てこない。

7．渥美清の寅さんとしての演技

人間性の善としての側面を描くことに終始している。現実的というより芝居の演技であり、オーバーな行動をすることによって、親しみのある非現実的物語であることを保証している。

8．新しい喜劇映画

これまでのようなどたばたの喜劇というより、人情喜劇とでもいうようなもの（語りのユーモアなど）を示している。ここでも渥美清という俳優の語りや演技の魅力が光っている。

9．家族の発見

とらやの家族の人情を描く。家族における幸福と不幸の意味を考えさせることになっている。とらやには、寅次郎の妹のさくらがいる。さくらの夫博がいる。その子の光男がいる。そして団子を売る「とらや」主人のおじさん、おばさんがいる。いつも行き来している隣の小さな印刷会社のたこ社長がいる。すべて善意の人々でやさしく、親切で温かい。寅さんはこの人々を絶対的に信頼している。「ああいいな」「こんな家庭があったらなあ」と思わずにはいられない。

10．不幸な時代の希望

現代の寒々とした心の時代に、心が温まり、つながることを希望として示した。これは多くの人にとって癒しであろう。

（三）人気の秘密について

右のまとめは、『男はつらいよ』の人気をかなり正確にとらえているように思われる。ここではそれらを参考にして、私なりにまとめ直し、以下に八つの点から映画の人気と主人公寅次郎の人気について考察を加えてみたい。

1．援助者として：助けることに懸命な寅さん

寅さんが出会った心になんらかの問題をもち、苦しんでいるヒロインに対して、その援助や問題の解決のために彼は文字どおり、寝食を忘れて援助の努力をする。しかも、その途中で寅さんはヒロインに好意を抱くようになると、一歩進んで恋心となり、恋の病いにかかった状態のように夢中になる。そうなると寅さんには周囲の事情などは目に入らなくなる。ヒロイン以外の周辺の人々は、その寅さんの振る舞いに振り回され、大変な迷惑を被ることがある。しかし、寅さんは周囲が迷惑がっていることがわからない。周囲は迷惑でも、「あの馬鹿が」と言いながら、寅さんの援助に駆けずり回る。ヒロインも寅さんの好意を受けとめると同時に、親しく甘えるような関係になっていく。それは恋愛関係のようにも見える。それを愛情物語として見ると純粋な美しい関係である。プラトニックな関係であり、性的なドロドロしたものやひねくれた人間関係などへは発展しない。恋愛関係の中にある陰の要素は、映画の中では描かれない。

観客は他人につくす寅さんの熱心な援助的かかわりをうれしく思う。もし、自分がヒロインの境遇なら、寅さんのような人が現れないかと期待する。またヒロインとの純粋な関係にひかれる。利害を伴わない寅さんのヒロインとの援助的関係は、現実にはなかなか得られない貴重なものに見えるのである。そのような寅さんに慰められるのである。

2．家族の温かさ：下町の人情、人生を楽しく生きる

寅さんは献身的で、無私にヒロインに対してひたすらつくす。この状況を支えているのは、寅さんのおじ（おいちゃん）、おば（おばちゃん）と妹さくらとその家族（博および子どもの光男）である。この人たちは寅さんに迷惑をかけられ、一時的には怒って興奮したり、喧嘩したりする。そして寅さんに対して嘆くように、「馬鹿だ、馬鹿だ」と言いながらも、まったく無条件に受け入れている。

寅さんもまた、それを信じて（彼には自分の頼みごとを聞いてくれるのは、当然というか、当たり前のように映っている）、彼が助けようとしている人に、「とらやに行きな」と言う。家族は寅さんが紹介した人なら無条件で受け入れる。それは下町の人情というか、人を信じ、信頼して生活している人々の姿である。私たちが昔経験し、現在はもはや失ってしまった、人を疑わない、やさしい人情がこの映画の人間関係を通して与えられるのである。

下町の人情は隣の小さな印刷工場のたこ社長にも、工員にも、参道の商店街の人々にも、帝釈天の御前様や源公にも見られる。すべてが温かい善人たちである。まったく陰のない善人たちである。陰の部分は完全に消去され、スプリットした美しい世界となっている。私たちはこれによって深く慰められ、安心感が与えられる。

3．地方の復権：地方の都市が舞台

映画には地方の小さなお宮や寺のお祭りが毎回登場する。寅さんは風まかせであるが、好んで行くところであり、

香具師としての寅さんの啖呵売を行う場所でもある。都会の非人間的な世界より、地方の鄙びた町の人間的な世界がいつも描かれている。海があり、島への連絡船があり、お宮の森があり、田んぼがあり、乗合バスがあり、ひなびた温泉宿があり、渓流にかかっている橋があり、自転車や庶民的な小さな車のバンなどが登場する。

都会の生活に疲れた私たちは、このような自然や地方の美しさを見て、一種の理想郷を思う。行ってみたいという旅への憧れをかき立てられるのである。このようなところで気ままに商売をし、楽しんでいる寅さんをうらやましく思うのである。これは都会に住む人の憧れであろう。それでは寅さんが旅をしている土地の人々の憧れは何であろうか。土地には土地のそれなりのしがらみがあるだろう。しかし、そのようなことは描かれない。

4．放浪への憧れ：旅人と定着家族

寅さんは旅人であり、「流れ者」である。一個所に定着して生活している人々と異なっている。彼は自分を「渡世人」と呼んでいる。職業に就き、社会人となり、そして家族を築くことは、土地に定着することである。現代の私たちの生活は、ほとんど定着して土地に縛られている寅さんの実家「とらや」の日常生活と同じである。

多くの人が土地に縛られているのに対して、旅をする寅さんは風が吹くように心の趣くまま、足の向くままに生活している稀有な存在である。『男はつらいよ―寅次郎恋歌』の中で、池内淳子さんが演じる未亡人が、寅さんをうらやましく思い、その生活に憧れているのも、この漂流の生活への思いであった。日常生活の中で土地や家族に縛られている私たちは、風のように自由な寅さんの生活を、憧れの気持で見ているのである。もちろん、寅さんには、反対に定着の生活への願望があるのだが、それを実行するのは彼には難しい課題である。この対比的な問題のさらりとした描き方と漂流への憧れの強調は映画の深みをいっそう増すことになっている。

風来坊のフーテンである寅さんの生活は、現在、大学生をはじめ、若者のフリーターの生活として実行されてきていると見ることもできる。そのように見ると、現実が映画の願望充足の空想性を超えてしまいつつある。という

か、すでに超えてしまっている。この点からすると、寅さん映画の存亡にかかわる社会的な現実の事態が発生しているといえないこともない。

5．暴力、セックス、破壊、穢れたものなどがない世界

寅さん映画には、暴力や破壊、またどろどろとしたセックスのような人間の陰の部分や心のもつれといった複雑な人間関係は描かれていない。四八作のシリーズを通して、第二作『続・男はつらいよ』を例外として、家庭内の甘えた内輪もめや口論はあっても、面倒な暴力、破壊、セックスなど汚れたものは描かれていない。この第二作でも、主人公の寅さんの問題としてではなく、寅さんの母親の問題として描かれている。

暴力、破壊、セックス、汚れは私たちの日常の現実に満ちている。私たちはそれから逃れたいのに、なぜ描く必要があるのかというのが監督の思いかもしれない。そのような要素をもたない映画は、安心感のある理想的な憩いの場としてとらえることができるだろうが、また一方でやや浅薄にならざるをえないだろう。

6．人間の性善と希望：人間の信頼、信じて行うと人は信頼で応える

寅さんの援助的行動は例外なく好意的に受け取られ、次に新しい人間関係が発展するきっかけとなる。寅さんの行動は疑われないし、問題が複雑になることもない。信じて行えば、人は信頼で応えるのだという信念によって物語が展開する。寅さんは救済者であり、援助者である。寅さん一人では救済を実現することはできないだろうが、寅さんを支え、実行を助ける実家のとらやの人々がいる。この点で寅さんは大変恵まれた人であると見ることができる。

7．寅さんの語りの魅力：お芝居の世界、ファンタジー

寅さんの世界は、私たちが「このようにあって欲しい」と願うことを素直に実現させている。ファンタジーの世界であり、願望充足の世界である。現実にはありえないことであるが、お芝居なのだからよいではないかという約束があるように思われる。だから、芝居気たっぷりに演じられる。劇中劇のように語られる場面は、この見事な表現である。この約束の範囲で私たちの願望は充たされる。この雰囲気は独特であり、楽しく、陶酔の心地よさの体験を味わうことができる。この映画が多くの人に安心して見られ、喜ばれ、また現実を一時的に忘れることができるのも、このようなファンタジーに遊べるからであろう。

8．落語の話芸：同じ繰り返しの楽しさ

ここで検討する点は、これまでと少し観点が違っている。これは芸の世界の一般的な意義ないし、機能につながっているかもしれない。

山田洋次監督は落語に関心と深い理解を有している。また、小さん師匠をはじめ、多くの落語家に話を聞いている。落語の特徴は、同じ話の内容が繰り返し語られながら、聞く人にとって毎回面白く感じられることである。話の筋はすべてわかっているのに、なぜそれが面白いのだろうか。その理由には、少なくとも二つあるだろう。

第一に、「語り」つまり、話芸の面白さがある。

話芸には徹底した訓練がなされる。ことばを使って、具体的なイメージを聞く人の心によみがえるようにする。また、話の主人公が聞いている人の前にいるように具体的なイメージを喚起する。それによって私たちは物語の世界にいつの間にか入り込んでしまうことになる。主人公になったり、話しかけられる相手になったりする。語りの訓練は、語りで物語を具象化する訓練ではないだろうか。

しかし、繰り返されることに飽きはこないだろうか。「当たり芸」というのは、繰り返しの話の中でも、繰り返しの回数の多いものである。それが退屈でなく、面白い。なぜだろうか。次に見るような話芸のもつ「心への作用」

があるからであろう。これを「イナイイナイバー現象」と呼んでみたい。

そこで第二に、「イナイイナイバー現象」を取り上げたい。これは反復されて語られる主題を、聞き手が支配するという心の働きである。その典型的な遊びをとって「イナイイナイバー現象」と名づけている。

「イナイイナイバー」は母親がある特定の発達時期にある幼児と遊ぶごく普通の遊びである。「イナイイナイ」と言って、母親が手で自分の顔を隠し、その後「バー」と言って顔を出すと、母親の顔を確認した幼児は声をあげてよろこぶという遊びである。この遊びに参加している幼児の表情は真剣であり、「バー」の後に母親の顔を見る表情も真剣である。母親を確認できた時の真剣な歓喜の表情も独特である。この単純なゲームがなぜ、幼児にとってのよろこびなのだろうか。それは対象の喪失と発見のよろこびであると考えられる。

心の発達の中でも、対象関係の形成期にあって、不安定な対象が自分の期待どおりに出現するかどうかは、幼児にとって真剣で深刻な課題である。期待する対象が予想どおりに出現するのは、対象の恒常性を作り上げるうえで重要な確認になる。「イナイイナイバー」は「期待と実現」ないし、「予測と実現」が関連をもっていることを確認することになる。それは想像する主体の期待や予測が実現するという対象支配の確認でもある。対象の実現によって期待する対象の確認ができると、内的な安心感と充足と満足を体験することになるのである。

この「イナイイナイバー現象」は、繰り返される話の内容に当てはまるように思われる。次に何が出るかは、聴衆は十分に知っている。「ほら、次にこうなるよ」と。したがって、期待どおりに演じられていることは、「バー」といって顔が出現した安心感を私たちに与えるのではないだろうか。それは主体として内的に対象を支配する心的な能力が培われていることを意味している。主題の反復と筋書きの反復は観客に安堵感と「よくやっている」という支配の満足感を与えることになるのである。これは自分が主体的に世界を支配しているという万能的な心地よさや安心感の体験でもある。落語家の「語り」が、この状況を創りえた時、私たちは満足する。そうでない時、私たちはしらける。寅さんと寅さん映画はこの反復芸で、私たちを満足させたのではないだろうか。

四、アフォリズム：人間知、日本人論としての寅さん語録

映画の中で、寅さんは名言、箴言を数多く発して、観客を喜ばせ、納得させ、うならせる。この中には、人間論を平易に表現している深いことばがあり、また日本人としての文化論も展開されていると見ることもできる。以下にそのいくつかを、『寅さんの人生語録』（寅さん倶楽部編）から拾ってみたい。それは寅さんの独特の語りで話されると納得がいくのである。カッコ内に書かれたものは、映画の中で、その発言をした人物である。数字はシリーズの番号と映画の題名である。

（一）女性への関心・恋ごころについて

寅「ほら、いい女がいるとするだろう。男がその女を見て、ああ、この女大事にしたいなあ――そう思うだろう、それが愛じゃねえのか」（三六、「柴又より愛をこめて」）。

寅「男が女に惚れるのに歳なんてあるかい」（三八、「知床旅情」）。

源公「でも兄貴、愛があれば何とかなるやないか」。

寅「それは若者の考えることだ。俺ぐらいの分別ができると、そうは簡単にいかない……」（三二、「口笛を吹く寅次郎」）。

リリー「いいじゃない。何百遍も惚れて何百遍も振られてみたいわ」（一一、「寅次郎忘れな草」）。

寅「男の人に真面目に好きだと言われて不愉快に思う女がいると思う？」（三六、「柴又より愛をこめて」）。

寅「女に振られた時には、じっと耐えてひと言も口を利かずに黙って後ろ姿を見せて去るのが、それが男というもんじゃないか」（二一、「寅次郎わが道をゆく」）。

寅「理想なんてないの。好きになった人が理想の人なの」（三〇、「花も嵐も寅次郎」）。

寅「でも、女の幸せは男次第じゃねえのか」（一五、「寅次郎相合い傘」）。

寅「何も言わない。眼で言うね、お前のこと愛しているよ。すると向こうも眼で答える。悪いけどあなた好きじゃないの。そこでこっちも眼で答える。わかりました、それじゃいつまでもお幸せに。そして背中を向けて、黙って去る。――それが日本の男のやり方よ」（二四、「寅次郎春の夢」）。

寅「おいこら、お前、なにを聞いているんだ？ 恋をしたことがありますか？ 俺の人生から恋を取っちまったら何が残るんだ？ 三度三度飯を食って屁をたれるしかない、つまり造糞器だよ。なあ、おいちゃん」（三〇、「花も嵐も寅次郎」）。

雲水「誠に失礼とは存じますが、あなた、お顔に女難の相が出てまいります。御用心なさるように」。

寅「分かっております。物心ついてこの方、その事で苦しみぬいております」（二二、「噂の寅次郎」）。

(二) 性的なことがら

寅「死んだ親父はね、私をぶん殴る時ァいつも言っていたね。お前はへベレケの時つくった子どもだから生まれつきバカだってよう。俺ァ口惜しかったなァ、酔っ払ってつくったんだもんな俺のこと。……真面目にやってもらいたかったよ、俺は本当に……」（一、「男はつらいよ」）。

寅「惚れたって駄目なことはハナっからわかっているくせに、どうしてトッコトンまでいっちゃうのかね、あいつは……」（四、「新・男はつらいよ」）。

隆子「私、粗末にしてしまったのねえ、大事な人生なのに」（三九、「寅次郎物語」）。

(三) インテリへの批判

寅「さしずめ、てめえはインテリだな」（三、「フーテンの寅」）。

寅「すぐ説教しやがる。大学教授の悪いくせだよ」（一六、「葛飾立志篇」）。

寅「いくら物知りの先生だってさ、江戸川の鰻の面と浜名湖の鰻の面と見分けがつく訳がねえもんな」（二、「続・男はつらいよ」）。

博「ちょっと待ってください。物を持っているから偉いという考えは違うじゃないですか」（一一、「寅次郎忘れな草」）。

寅「横柄な爺ィだねぇ、年寄りはもうちょっと可愛げがないといけないよ。いつも家へ帰ってそんなふうなのか。それじゃ嫁さんの方に同情しちゃうよ、俺」（一七、「寅次郎夕焼け小焼け」）。

寅「インテリというのは自分で考えすぎますからね。そのうち俺は何を考えていただろうって、わかんなくなってくるんです」（三、「フーテンの寅」）。

博「本当に変わっている人は、自分では変わっているのに気がつかないもんですよ」（三〇、「花も嵐も寅次郎」）。

（四）心の状態について

寅「いや頭のほうじゃわかっているけどね、……気持ちの方がおちついてきちゃくれないんだよ。だから、これは俺のせいじゃねえよ」。

さくら「だって、その気持ちだってお兄ちゃんのものでしょう」。

寅「いや、そこが違うんだよ。早え話がだ、俺はもう二度とこの柴又へ戻っちゃ来ねえと思ってもだ、気持ちのほうはそうは考えちゃくれねえんだよ。アッと思うとまた俺はここへ戻って来ちゃうんだよ。本当に困った話だよ」（六、「純情篇」）。

寅「冗談言うなよ、俺がお前と同じ気持ちになってたまるか。馬鹿にすんなこの野郎。お前頭が悪いな。俺とお前は別の人間だぞ。早え話が、俺が芋食えば手前の尻からプッと屁が出るか?」(一、「男はつらいよ」)。

おいちゃん「たったひとつのことばが人間を死に追いやることだってあるからなあ」(二七、「浪花の恋の寅次郎」)。

寅「その優しい気持ちがかえって傷を深くするんだ。旅に出て冷たい風にあたってくらあ」(三六、「柴又より愛をこめて」)。

(五) 人生について

寅「梅の花が咲いております。どこからともなく聞こえてくる谷川のせせらぎの音も、何か春近きを思わせるこのごろでございます。旅から旅へのしがない渡世の私共が、粋がってオーバーも着ずに歩いておりますが、本当のところ、あの春を待ちわびて鳴く小鳥のように、暖かい陽ざしのさす季節に、恋焦がれているのでございます」(四、「新・男はつらいよ」)。

寅「人間この世に生まれてくる時もたった一人、そして死んでいく時も一人でございます。何と寂しいことではございませんか」(三二、「口笛を吹く寅次郎」)。

寅「博、お前もムキになって社長になりたがることはねえぞ。これがいい見本だよ、せいぜいタコどまり。な、働きゃ働くほどこうやって、苦労背負い込んでいるんだからな」(六、「純情篇」)。

寅「死ぬなんてことばを簡単に口にださない方がいいよ」(三九、「寅次郎物語」)。

寅「お互いに過去は触れない方がいいんじゃねえか。いろいろあるんだから、な」(二五、「寅次郎ハイビスカスの花」)。

寅「みんあこういうふうに、若かりし頃の夢とはほど遠い現実生活を営んでいるわけだ」(二一、「寅次郎わが道をゆく」)。

寅「人間て、お金だけじゃないのよ。お金が味方してくれるのは若い時だけ」（七、「奮闘篇」）。

光男「人間は何のために生きているのかな」。

寅「何て言うかな、ほら、あー生まれてきてよかったなって思うことが何遍かあるだろう。そのために人間て生きてんじゃねえのか」（三九、「寅次郎物語」）。

志乃「私、この頃よくこう思うの。人生に後悔はつきものじゃないかしらって、――ああすればよかったなあという後悔と、もうひとつは、どうしてあんなことしてしまったんだろうという後悔……」（一七、「寅次郎夕焼け小焼け」）。

寅「俺には、むずかしいことはわかんないけれどもね。あんた、幸せになってくれればいいと思っているよ」（一六、「葛飾立志篇」）。

かがり「私が会いたいと思っていた寅さんは、もっと優しくて楽しくて、風に吹かれるタンポポの種のように自由で気ままで――でも、あれは旅先の寅さんなのね。今は家に居るのやもんね」（二九、「寅次郎あじさいの恋」）。

博の父「例えば、日暮れ時、農家のアゼ道を一人で歩いていると考えてごらん。庭先にりんどうの花がこぼれるばかりに咲いている農家の茶の間。灯かりがあかあかとついて、父親と母親がいて、子どもたちがいて、賑やかに夕飯を食べている。これが……これが本当の人間の生活というものじゃないかね、君」（八、「寅次郎恋歌」）。

博の父「人間は絶対に一人じゃ生きていけない……、さからっちゃいかん……。人間は運命にさからっちゃいかん。そこに早く気がつかんと、不幸な一生を送ることになる」（八、「寅次郎恋歌」）。

寅「そりゃ、好きな女と添い遂げられれば、こんな幸せはないけどさ。しかし、そうはいかないのが世の中なんだよ。みんな我慢して暮らしているんだから、男だって、女だって」（二〇、「寅次郎頑張れ！」）。

寅「よお！ 何だ、お前……まだ生きてんのか……いやだねえ」（六、純情篇）。

おいちゃん「まあ、当たり前の顔して一緒に住んでいるけど、夫婦にはそれぞれいろんな話があるからねえ」（三〇、「花も嵐も寅次郎」）。

おいちゃん「なんでも隠れてやるってことは面白いもんですよ」（一八、「寅次郎純情詩集」）。

かがり「苦労が身について臆病になってしもうたんだね。何事につけ」（二九、「寅次郎あじさいの恋」）。

御前様「心配事は一つくらいあった方が長生きすると言います」（三七、「幸福の青い鳥」）。

寅「人生についてよく考えろ。くだらないことをしている間に、あっという間に骸骨になってしまうんだぞ、人間は」（二二、「噂の寅次郎」）。


寅さんのことばはあるときは厳しく、あるときはやさしい。また、あるときは侮蔑的に見えるときもあり、あるときには高踏的に見えるときもある。また、別の小説や物語の引き写しであることもある。しかし、それらのことばが、映画の中で大きなしぐさと一緒に語られると、ことばが生き返る。寅さんから聞かされる箴言また名言として、私たちの心をうつものになってくるのである。これも芸の力ということができるだろう。寅さんが語っていることは、平易なことばであるが、内容が平易ではない。それは深い人生哲学を語っていると見ることができる。これまで述べてきたことは寅さん映画の肯定的な側面や人気の秘密といったことであった。日本において人気があることはそれ自体、日本人の心性をも示しているということもできるだろう。

五、「道化論」からみた寅さん：カウンセリングへの示唆

次に、心理臨床的に有用な資料として「道化」としての寅さんと、カウンセラーという観点から検討してみたい。

道化にはかねてから関心があった。実際に見たのは、子どもの頃みたサーカスやニューヨークにいた頃、子どもをつれて見に行ったサーカスであった。なかでも道化の動きと笑いは楽しかった。また、映画マルセル・カルネの『天井桟敷の人々』（一九四四）、チャップリンの『ライムライト』（一九五二）などは印象深く、忘れることのできないものである。また、ルオーの一連の『クラウン』の絵は、重厚な中に深い悲哀とやさしさをたたえた絵たちであった。寅さんの底抜けの明るさの中に、この深い悲しみというものを感じるなかで、道化と共通するものも大きいと思っていた。

日本の歌舞伎では「道化方」「道外方」と呼ばれて滑稽役を担当する役割とされている。ウエブスター辞書によると、次のような記述がなされている。「fool, clown, jester, zany, rustic, boor, buffoon, trickster, natural fool, idiot, folly, fou, fol（French), artificial fool, 謝肉祭（カーニヴァル）、宮廷道化、喜劇役者、サーカスの道化」などである。道化が多義的な意味をもっていることがわかる。

よく知られているように、道化について論じているのは、文化人類学者の山口昌男氏である。博覧強記の山口氏の道化論はたいへん示唆に富むものである。まず、山口氏の意見を次にまとめてみる。

（一）山口昌夫の『道化論』

山口昌夫氏は文化人類学的な視点から、道化論に早くから取り組んでおられる。広範な研究であり、これをまとめるのは至難である。ここでは寅さんの行動の意味の理解を深める点とカウンセリングと関係のあると考えられる点に限って問題にしてみたい。その視点から山口氏の道化論の要点をまとめると、以下のようになるだろう。箇条書き的にまとめてみる。

（1）道化は、われわれ自身の恐怖と不安の手近な標的である。したがって、私たちの恐怖や不安を道化に投影する。投影された道化はスケープゴートとしてみなされる。これが自我の防衛のための操作として作り上げた道化の姿である。

（2）道化は、人間が本当は不合理な土くれであることを示す媒体である。道化の存在は存在する価値もない人間の姿を示すことである。そのことが不合理な人間の存在自体を明らかにする。

（3）道化は、われわれが物理的な法則と社会的礼節の檻の中に永遠に閉じ込められるのを、人間らしくかたくなに拒否することを明らかにする。動物としての人間の物理的な超えることのできない限界や、対人関係的な社会的礼節といったしがらみなどを超える。常識を無視したり、物理的な限界に平気で挑戦したりすることが許されている。

（4）道化は無意識の世界の使者である。無意識は常識を超えている。内的に求めていながら、社会的な通念やモラルで禁止されている世界を超えてしまっても平気である。これが私たちに無意識の存在を知らせてくれる。

（5）道化は、混沌の淵の断崖にわれわれを導いて本源的な生の感情を蘇らせる。常識の世界を超え、また秩序を超えると、混沌の世界が展開することになる。道化はその世界を積極的に創出していく。これによって本源的で、隠された内的な世界を明らかに照らしたことになる。

（6）道化は意識の境界にたつ。彼は意識が一つの領域から、他の無意識の領域に切り替えることを助ける媒介的存在である。意識は判断の世界である。日常の常識的な世界はこの判断からずれない世界である。道化の仕事は、この常識的世界を超越し、常に意識と無意識の両方の世界の境目を渉り歩いている。

（7）道化を通して人は、棄てられ、忘れられ、無価値とされてきたものに意味を見いだすことを学ぶ。常識的な価値、社会的価値と人間の本源的な価値は必ずしも一致しない。常識的世界で、無視され、捨てられた世界が、無意識的には重要であることに光を当てて明らかにするのは道化の仕事である。

（8）道化は人を効用性、時間の支配する世界の奴隷状態からの離脱を助ける。私たちの生活は効用性や常識の世界から離れることが困難である。また、時間の枠を離れて、私たちは生活することが困難である。これらの制約を超えて生きることによって、人間存在の本質は何かを明らかに示すことになる。

(9) 道化は純粋遊戯の精神の化神である。道化は人間的な制約の枠を超えて存在している。その行動は、利害や価値意識の制約を超え、あるものすべてのあるがままの表現となる。それは社会価値や効用にとらわれない、幼児の遊びのような純粋遊戯とでも名づける他ないような世界となる。

(10) 道化は生の多様性へ人を開眼させる。本来、生は多様な様態として存在している。社会的制約や物理的な制約を超越すると、多様な存在そのものが見えてくる。道化はその存在の多様性を私たちに示すのである。

(11) 道化は否定的要素を再統合することを助け、最大の否定である死に立ち向かって、これを手なずけるすべを人に示す。人間存在における否定的要素と肯定的要素のすべて受け入れると、あらゆるものが相対的な存在として見えてくる。これによってこれまで拒否され、無視された否定的要素も等価値として、再統合の機会が与えられることになる。

(12) 死に直面して、日常生活の厳格に見える価値、矛盾を拒否する思考が無力なことを自覚させる。笑い、遊戯、肉体を通じて、生の世界の根本的矛盾を克服する道を示す。死に直面して生きることは、根源的価値以外のこの世的なものを無価値化してしまう。

(13) 道化は理性を相対化し、武装解除し、より超越的な理性に至る道を示す。理性そのものが相対化されると、理性に頼っている私たちの日常も相対化される。それによって逆に、生そのものの本質を見ることができるようになる。「道化は絶えず負かされ、欺かれ、馬鹿にされ、踏みにじられる…。彼は限りなく痛めつけられるが、決して敗北しない」とコックスは述べている。

(14) 秩序の内側、文化の中心に住むべき人間でなく、周辺部、あるいは境界の外に住むか、周辺を放浪しなければならない人々に属する。境界性こそが彼が本来帯びている刻印である。秩序の内部で生きることは、通俗を避けることができない。それを超えることははみ出しの生活、境界に生きることである。

（二）道化としての寅さんとカウンセラーの機能

山口氏の道化理解は、心理臨床でのカウンセリングにおけるカウンセラーの理解に有力な手がかりを与えてくると思われる。以下に道化としての寅さんという発想から、喜劇役者、フールの役として、カウンセリングとの関連を見ていきたい。寅さんの映画に対して、道化的な意義を見いだそうとしたのは、映画評論家の佐藤忠男氏であった。佐藤（一九九五）は、寅さんの人気の秘密のひとつとして「スカブラ的役割」をあげている。スカブラとは、「スカットして」「ブラブラしている人物」を指している言葉であるという。佐藤は上野英信『地の底の笑い話』（一九九五、岩波新書）を参考にしたという。この著書はかつて栄えた九州の炭鉱で存在した人物に焦点を当てたものである。現代の道化に注目している点で興味深い。以下は寅さんと道化の働きの類似性が、またカウンセラーとの類似性とつながっていること、この三者のもつ特徴に焦点を当ててみたい。

1. 賢者に対して、馬鹿、阿呆を表現する。

道化とは、賢者に対比されるとことん馬鹿にされ、阿呆扱いされる存在である。賢者の知恵と比較して、くだらないものを代表し、またくだらない存在として軽蔑の対象にされるところに特徴がある。皆から「馬鹿だ」「馬鹿だ」と言ってからかわれる対象とされる。

寅さんは自分は「学問のない馬鹿だから」「渡世人」と考えている。また、彼のおいちゃんは寅次郎に対して、「馬鹿だ、馬鹿だ」と言っている。まったく、常識を逸脱した人物が寅さんである。カウンセラーも日常の社会的な出来事にあまり関心を示さない。精力を集中するところは、個人の内的な世界、心の世界である。心の内部に入り込み、善悪の判断を超えて、その姿を凝視しているといってよい。それは社会的活動として無価値な世界であると言ってよいかもしれない。

2. 悪党の反対語として、間抜け、かもにしやすい人物を表現する。

道化は悪だくみとか、知恵というより、間抜け、かもにしやすい人物を表現する。道化には怖さがなく、親しみはあるが、それは軽蔑される存在でもある。皆が安心して馬鹿にしたり、かもにしたりすることができる存在である。

寅さんは周囲の誰ともすぐに近づきになるような単純というか、親しみやすいところがある。悪だくみはまったくない。間抜けで単純で、幼い行動を示すことが多い。寅さんと同じように、カウンセラーはクライエントの言うことを、ひたすらその通りに信じて生きているということができる。カウンセラーには相手の発言に対する猜疑心や疑いはない。ひたすら騙され続ける存在といってもよい。

3. 権力・体制的な強者に対して、精神的な弱者を表現をする。常に弱者としての存在であり、権力や体制の外に存在している。

寅さんは権力に関係ない。体制の外で生活している。渡世人としての立場は、体制を否定し、常識的な普通人の行動を否定しているように見える。そのような普通人の生活ができない存在である。それは精神的な弱者であり、周囲から「寅さんのような人になってはいけない見本」として見られる存在である。体制に組み込まれている人はたとえ底辺にあっても「労働者諸君」である。その人々をからかいながら、社会に適応できないまったくの弱者であり、余計者であることを示している。その典型的な対比が、常識的なお人よしの労働者の末端として働いている「妹さくらと博一家」である。

カウンセラーも権力や体制に関係がない。日常的な価値観や行動から逸脱していると見えるかもしれない。お人よしの善人ということができるかもしれない。

4．常識人、普通人、日常人に対して、「狂人」「狂気」を表現する。

道化は常識的なことに関心がない。常識的な規範に基づいた行動ができないので、周囲の人々からは狂人と見られることが多い。また、その行動は狂気を表現するものとして周囲の普通人からみなされている。はみ出しの非常識な行動や価値判断は一種の狂気を示している。カウンセラーはクライエントの側に立ち、徹底的に付き合う。その内容が常識的か、非常識なことかを判断しない。その点で世の中の常識からすると、非常識ないし、狂気という世界に属しているのかもしれない。

このように見ると、寅さんの存在は道化として十分の資格をもった人物とみなすことができる。と同時に、カウンセラーとしての本質も具現している存在であるということができよう。

また、古代のヘルメス神話が道化の性質を有していることは、山口氏の指摘するとおりである。山口氏（一九七五）は次のようにヘルメスの役割を「異なるもの・対立するものの統一」としてまとめている。

・小にして大、幼稚と成熟の相反するものをまとめる。
・旅行者、メッセンジャー、先達として異なる世界とこの世をつなぐ。
・交換行為によって異質間のコミュニケーションを成り立たせる。

また、動くことと新たなものの創出として次の特徴をまとめている。

・詐術（トリック）によって秩序を乱す。

・至る所に姿を現す素早さ、常に動く。
・新しい組み合わせによって未知のものを生み出す。
・新しい局面を拓く。失敗を怖れない。笑いに転化する。

これらの特徴は、すべて寅さんの特徴を記述しているものと考えることができる。また、カウンセラーの特徴でもある。いたるところに姿を現し、人々をトリックにかける。啖呵売はまさに寅さんの仕事である。季節によって、日本中いたるところ北海道から沖縄までが寅さんの行動範囲である。寅さんは失敗を恐れないし、常に彼の行動は笑いに転化されるといってよい。

(三) トリックスターの機能

道化に関連して考察されねばならないのは、臨床心理学においても注目されているトリックスターの主題であろう。これには次のような特徴が考えられる。

(1)「道徳を無視し、詐術やいたずらを駆使して、秩序を乱すことを主要な役割として与えられている神話的形式」。動物としてはコヨーテ、カラス、蜘蛛、ウサギなどで表現される。人としては、道化、愚者などの姿で示される。これも山口氏(一九七五)からの引用である。

(2)トリックスターの特徴としては次のようなものがある。

・手のつけられないいたずら者。
・タブーを破る人(破壊を喜ぶ人)。
・主神の権威に対して反抗的。

・好奇心の固まり。新しい発見と試し。
・定まった住まいなく、十字路、境界、入り口の守護神（猿田彦）。
・他界・霊と人間の仲介者。
・徒党を組まず、単独で行動する。
・日常性においては強力な存在ではない。
・神、王などの支配者や伝統的行動規範や秩序を破壊する。
・ずば抜けた知力がある。
・どんな世界にも身軽にすばやく飛んでいく。
・二元的（光・陰、善・悪、天上・地下など）世界と交信できる媒介者・両義的存在。
・秩序破壊とは逆の統合・創造の神的な力も発揮する文化の英雄。

(四) カーニヴァル的な生

ここでは山口氏が指摘した、道化におけるカーニヴァル的な生き方についてまとめておきたい。それは次のような特徴としてとらえることができる。カーニヴァルは神への信仰の証として、断食して深い祈りをする前に、無礼講として社会的禁止を一時中止して爆発的に衝動の表現をする解放である。

・常軌を逸した生であり、なんらかの程度において「裏返しの生」「あべこべの世界」である。
・日常的な抑制はすべて取り除かれる。エクセントリックで場違いなものとなる。

これまで見てきた道化の性質や特性はカーニヴァルとして見ることができる。寅さんの生活は日常的に、この世界を表現しようとしているのではないだろうか。

六、寅さんとカウンセラー：カウンセラーの道化的性格

これまで見てきたように、カウンセラーの役割を道化という観点から検討すると極めて示唆的な性格を明らかにすることができる。以下に、カウンセリングにおける道化的性格としてのカウンセラーを見てみたい。これを道化の世界から見て、まとめたものである。

（1）この世の常識を問題にしない。何でも相手にする。節操のない愚者に見える。
（2）権威を問題にしない。
（3）光の世界より、失敗、苦しみなど、闇の世界を好む。陰の人。
（4）光の世界と闇の世界をつなぐ人。
（5）カウンセラーは旅人。次々と渡り歩く（渡世人）。通過者、プロセスの人。人間関係が固定しない。ひとりの人に固定しない。
（6）徒党を組むのが下手。いつもひとりの孤独の人。
（7）普段は目立たない。
（8）タブーにこだわらない。
（9）未知のものを怖れない。新しいものの発見を喜ぶ。秩序を破壊する。
（10）新しい考えへの組み換えをする。
（11）成熟と未熟が混在している。

まとめ

「語り」という形式の卓越性と道化の内容は、笑いの中に、人の心の苦痛や悩みを癒す力を発揮していることがわかる。長い年月にわたり、日本人のこころに共感と同情を得続けたのは、このような特徴を有していたからであろう。そして道化はまさに、カウンセラーの基本的な機能であると考えることができると思われる。

参考図書

山田洋次　一九八五　『男はつらいよ傑作集　山田洋次作品集（全八巻）』　立風書房
山田洋次・田中孝彦　一九九〇　『寅さんの人間学』岩波書店（ブックレットNo.162）
吉村英雄　一九八一　『「男はつらいよ」の世界』シネフロント社（新書）
吉村英雄　一九九二　『男はつらいよ　魅力大全』講談社
吉村英雄　一九九六　『寅さんは生きている』かもがわ出版
馬本誠也（監修）一九九三　『寅さん学のススメ』飛鳥新社
佐藤忠男　一九八八　『みんなの寅さん』朝日新聞社
「男はつらいよ」愛好会編　一九九六　『寅さんさようなら』出帆新社
池田荘太郎　一九九〇　『「男はつらいよ」うちあけ話』主婦と生活社
寅さん倶楽部編　一九八九　『寅さんの人生語録』ＰＨＰ研究所
報知新聞社特別取材班編　一九八七　『男はつらいよ―寅さん映画の仕事師たち』一光社
上野英信　一九九五　『地の底の笑い』岩波書店（新書）
山口昌夫　一九七五　『道化的世界』筑摩書房

キネマ旬報編　一九九五『男はつらいよ　CD-Rom』キネマ旬報社

表 引用した「男はつらいよ」映画の作品番号その他の資料

（＊すべての作品の音楽担当は山本直純氏である。本リストは，G. I. A. & Meichiku のホームページを参照した。）

作品番号	タイトル	製作年	監督	脚本	撮影	美術	マドンナ
1	男はつらいよ	1969	山田洋次	山田洋次 森崎 東	高羽哲夫	梅田千代夫	光本幸子
2	続・男はつらいよ	1969	山田洋次	山田洋次 小林俊一 宮崎 晃	高羽哲夫	佐藤公信	佐藤オリエ
4	新・男はつらいよ	1970	小林俊一	山田洋次 宮崎 晃	高羽哲夫	宇野耕司	栗原小巻
6	男はつらいよ 純情篇	1971	山田洋次	山田洋次 宮崎 晃	高羽哲夫	佐藤公信	若尾文子
7	男はつらいよ 奮闘篇	1971	山田洋次	山田洋次 朝間義隆	高羽哲夫	佐藤公信	榊原るみ
8	男はつらいよ 寅次郎恋歌	1971	山田洋次	山田洋次	高羽哲夫	佐藤公信	池内淳子
15	男はつらいよ 寅次郎相合い傘	1975	山田洋次	山田洋次 朝間義隆	高羽哲夫	佐藤公信	浅丘ルリ子
16	男はつらいよ 葛飾立志篇	1975	山田洋次	山田洋次 朝間義隆	高羽哲夫	高田三男	樫山文枝
17	男はつらいよ 寅次郎夕焼け小焼け	1976	山田洋次	山田洋次 朝間義隆	高羽哲夫	出川三男	太地喜和子
18	男はつらいよ 寅次郎純情詩集	1976	山田洋次	山田洋次 朝間義隆	高羽哲夫	出川三男	檀 ふみ
20	男はつらいよ 寅次郎頑張れ！	1977	山田洋次	山田洋次 朝間義隆	高羽哲夫	出川三男	藤村志保
21	男はつらいよ 寅次郎わが道をゆく	1978	山田洋次	山田洋次 朝間義隆	高羽哲夫	出川三男	木の実ナナ
22	男はつらいよ 噂の寅次郎	1978	山田洋次	山田洋次 朝間義隆	高羽哲夫	出川三男	大原麗子
24	男はつらいよ 寅次郎春の夢	1979	山田洋次	山田洋次 朝間義隆	高羽哲夫	出川三男	香川京子
25	男はつらいよ 寅次郎ハイビスカスの花	1980	山田洋次	山田洋次 朝間義隆	高羽哲夫	出川三男	浅丘ルリ子

作品番号	タイトル	製作年	監督	脚本	撮影	美術	マドンナ
27	男はつらいよ　浪花の恋の寅次郎	191	山田洋次	山田洋次 朝間義隆	高羽哲夫	出川三男	松坂慶子
29	男はつらいよ　寅次郎あじさいの恋	1982	山田洋次	山田洋次 朝間義隆	高羽哲夫	出川三男	いしだあゆみ
30	男はつらいよ　花も嵐も寅次郎	1982	山田洋次	山田洋次 朝間義隆	高羽哲夫	出川三男	田中裕子
32	男はつらいよ　口笛を吹く寅次郎	1983	山田洋次	山田洋次 朝間義隆	高羽哲夫	出川三男	竹下景子
36	男はつらいよ　柴又より愛をこめて	1985	山田洋次	山田洋次 朝間義隆	高羽哲夫	出川三男	栗原小巻
37	男はつらいよ　幸せの青い鳥	1986	山田洋次	山田洋次 朝間義隆	高羽哲夫	出川三男	志穂美悦子
38	男はつらいよ　知床旅情	1987	山田洋次	山田洋次 朝間義隆	高羽哲夫	出川三男	竹下景子
39	男はつらいよ　寅次郎物語	1987	山田洋次	山田洋次 朝間義隆	高羽哲夫	出川三男	秋吉久美子

第二節　役者と役柄の微妙な関係
――渥美清と寅さん――

一、役の固定

寅さん映画の主人公を演じたのは、渥美清であった。寅さんの名前は車寅次郎である。四八作の大シリーズになった。映画としてのシリーズとしては世界に例がないかもしれない。この映画については第一節で論じた。今回は中身にふれないで、今回は役者と役柄についての感想を述べてみたい。

この寅さん映画「男はつらいよ」を渥美清さん以外の俳優が演じることはできないであろう。できたとしても、誰も見に行かないのではないだろうか。それほど渥美清は寅さんにぴったりで、寅さんは渥美清、渥美清は寅さんとなっていた。「男はつらいよ」シリーズの途中で、同じ山田洋二監督の映画『キネマの天地』（一九八六）が作られ、その中に渥美清も役を得て、八百屋の主人を演じていた。この映画を見たとたんに、私は「あっ、寅さんが出ている」と思ったのである。そして終わりまで、渥美清の役の「八百屋の主人」を「フーテンの寅さん」として見てしまった。そのように見たのは私だけではなかったのではないだろうか。あまりに、寅さん役にぴったりであり、それを代表しているのが渥美清なので、他の「役」を見ていても、寅さんに見えてしまうのである。

映画は架空のヴァーチャルな世界の出来事であるが、その役柄があまりに見事に演じられ、その役から役者が離れなくなると、役者は他の役を演じられなくなるのではないかという印象をもったのである。渥美清さんが死んだときのファンの送別会は「寅さんさようなら」であった。渥美清さんは寅さんとして死んだのである。それ以外のイメージは存在しないかのように固定したものとなった。渥美さんは寅さんと同一化してしまって、他の役が演じられなくなってしまった。他の役を演じられない俳優はもう役者ではなくなる。役者や俳優が恐れているのは、この役の固定ではないだろうか。それはただ「当たり役」というのでもない。完全にその役と役者が心中してしまったかたちである。能面をつけた役者の能面が外れなくなった状態である。オスカー・ワイルドの「ドリアングレイの肖像」のように、つけた面が外れなくなるという状態である。

二、役の多様性

役を固定してしまうのは、映画俳優として常に回避しようとしているといってよい。NHKのBS番組であるが、ジェームス・リプトン（Lipton, J.）がニューヨークのニュースクールの映画学科（俳優クラス、脚本クラス、演出クラスの大学院）のプログラムのひとつとして、現在活躍している俳優、演出家などに学生の前でインタヴューする番組がある。この中には、有名な人々が登場する。この中で、シリーズ的になって繰り返し主人公として出演して有名になった俳優には、質問される問いがある。それは「シリーズとして映画に出演して、役柄が固定することをどう思いますか」ということである。

多くの俳優がこの問題で苦労していることがわかる。ショーン・コネリーは『００７シリーズ』の映画で大当たりをして、００７のジェームズ・ボンド役を続けた。しかし、彼はこの役が固定することを恐れて、第七作以降、ボンド役を降りた。当分の間、ボンドのコネリーというイメージは変わらない。一〇年近くのブランクの後、もう一作、『ネバーセイ・ネバーアゲイン』に出演するが、その後『薔薇の名前』での中年の僧、そして『アンタッチャブル』で、渋い老警部役を演じて方向転換を果たした。その後は渋い役を重ねてよい俳優として存在感を示している。

また、キアヌ・リーブスは『スピード』で大当たりを取った。『スピード2』がつくられた時、その主演を断った。これも役の固定を恐れたのであった。ジョディ・フォスターは『羊たちの沈黙』でアカデミー主演賞までとって、有名になった。この映画もシリーズとして撮影されることになったが、主演を提案されても固辞した。これも役の固定を恐れてのことであった。これは他の女優（ジュリアン・ムーア）を主演として上映された。フォスターは新しい役を次々に演じて、自己の役の幅を広げている。また、ロバート・デ・ニーロは、自分の演じる役をどのように固定しないかということに触れ、慎重に役を選ぶことを説明して、役の固定への恐れを強調していた。

この点で役の固定を乗り切れなかったのは、ヒッチコック監督の当たり映画『サイコ』に主演したアンソニー・パーキンスであろう。パーキンスはサイコの役を演じて、大変好評だった。その後、彼に提案された『サイコ2』に出演し、『サイコ3』は自ら監督・主演をした。このため、このサイコのブームがなくなると、パーキンスの演じることのできる役は存在しなくなり、映画の世界から消えていかざるをえなくなった。役の固定が俳優を殺したともいえるのではないだろうか。

このように見ると、寅さんを演じた渥美清さんは観客に長い支持を得られて、同じ役を続けることができたのは幸せだったのかもしれない。しかし、長年同じ役を演じていくことは、生活が二重身＝ドッペルゲンガー（doppelgänger）状態になり、生きにくいことにならないだろうか。彼は個人生活を大事にしていたというが、一歩外の世界に出ると、寅さんとして皆が接することになる。これを避けることは、彼の存在がなくなることである。また、周囲の人はそれ以外の人格を見ようとはしていないし、それを期待してもいない。彼が自由であろうとしても、自由であることも、また寅さん以外であることも許されないのだから、本当に辛い生活になるのではないだろうか。引きこもり状態で生きるか、また外国で寅さんを知らない世界で生きるしかない。そして渥美清さんは個人生活としては完全にプライベートな生活を保ったようである。

このようなドリアングレイ状態は私たちの日常にも多かれ少なかれあるのではないだろうか。教員で定年を迎えた人が、家の中でも教員としてあり続けたり、また、会社の役員が家でも、役員として生き続けたり、役柄が固定して生きることは、柔軟性と可塑性をもち、創造性をもつ真の自己を殺すことになるかもしれない。

参考資料

Lipton, J. 2000 Interview with actors at NY Actors Studio. NHK, TV program series.

第五章

心理臨床研修教材としての映画

第一節　『普通の人々』（一九八〇）に対する反応

第一節　『普通の人々』（一九八〇）に対する反応

映画を通して心理臨床・心理療法における治療者像について観察することを目的とする。このために制作者、監督、制作年度、スタフおよびキャストの名前を前もってプリントした。

映画資料
作品　『普通の人々』アメリカ・一九八〇年・アカデミー賞受賞作品、一二四分
監督　ロバート・レッドフォード
制作　ロナルド・シュワリー
原作　ジュディス・ゲスト
脚本　アルヴィン・サージェント
音楽　マーヴィン・ハムリッシュ
撮影　ジョン・ベイリー
キャスト
　ドナルド・サザランド（父）
　マリー・タイラムーア（母）
　ティモシー・ハットン（コンラッド）

ジャッド・ヒルシュ（バーガー医師）
エリザベス・マクガヴァン（ジェニン）

さらに次のような視点を与えた。

視点
（1）ここでの主人公（ＩＰ）の問題は何か。
（2）周囲の人々の問題をどう思うか。
（3）治療者の位置はどうか。どのように接したか。青年期に特有のものがあるか。
（4）治療の効果をどう評価するか。
（5）自分なら治療者としてどう接近するか。

場と時
京都文教大学大学院学生「現代臨床心理学特論」における教材として二〇〇五年六月に行った。

一、映画の物語

この映画はレッドフォード監督の第一作である。「普通の人々」(Ordinary People) というありふれた題名をつけられた普通の人々の生活を描いた映画である。

秋から冬にかけての季節が美しく映し出されている。これはアメリカの中流階級の生活を見事に示しているのではないだろうか。パッヘルベルのカノンが背景に静かに流れていて、季節感や場所の安定した実感を高めている。

高校の音楽の時間で合唱の場面から始まる。やせっぽちの内向的な青年コンラッドが主人公である。父は優しい。コンラッドの気を使っている様子がうかがわれる。コンラッドは家に帰っても部屋に閉じこもっている。朝の食事では、食欲がないというと、母は「ああそう」と言って、その瞬間にパッと彼の好きなフレンチトーストを流しに捨ててしまう。やや極端な母親。そしてゴルフが遅くなるからと、さっさと父子をほったらかして出て行く。

コンラッドはリストカットで自殺未遂をして、入院した経験がある。嵐の日に兄と二人でヨットで出かけ、遭難し、兄が水死してしまったのである。この事件がコンラッドには心の傷となっている。夢にはフラッシュバックのように、その遭難場面がたびたび出てきて苦しめられている。強い兄が死に、自分が助かったのは逆だという思いがある。助けてやることができなかった、自分だけ助かったという罪意識が大きい。退院後、紹介された精神科の治療者に会いに行くことにためらうが、ともかくサイコセラピーを開始する。治療者は慣習や体面にこだわりのない、ややぶっきらぼうな人である。典型的なユダヤ系の顔をして、バーガーというユダヤ系の名前である。

この治療者の支えでコンラッドは次第に自己表現をし始め、また罪意識から開放されていく。このプロセスが臨床心理学的には大変興味深く描かれている。同じ病院に入院していた高校生のカレンという女性がいる。久しぶりに会うと、カレンは明るく振る舞い、コンラッドに会っても、「元気を出しなさい」と勇気づけたりするが、自分がどん底にいる心の状態を表さない。カレンはやがて自殺してしまう。たまたまその日にコンラッドは、カレンに電話をする。カレンの自殺を聞いてコンラッドは、パニックになって真夜中にバーガー先生に助けを求める。この危機的な状況でバーガー先生にしっかりと支えられることで、徐々に自己表現ができるようになり、同級生との喧嘩、ガールフレンドとのかかわりなどで次第に元気を取り戻していく。

一方、母は兄バックの事故死が認められず、部屋もそのままであり、またしょっちゅう思い出にふけったりしている。彼女の喪の仕事はまったくなされていない。この悲しみや怒りを母は誰にも表現しない。明るく社交的に振る舞い、夫にも表現することができない。プライベートなことは自分で解決するのだという生き方の哲学を貫き通そうとして、子どものサイコセラピーにも、夫の家族療法の提案にも、断固反対する。

家族の問題があれば専門家に援助を求めていけばよいという夫の態度に対して、妻はプロテスタント信仰と強い自立の精神を背景にしている。自分の問題や、自分たち家族の問題は自分たちで解決するのだ、解決の援助を外に仰ぐことは恥である、という強い信念で生きている。この夫婦の考えには大きいな違いがある。

これはやがて表面化してくる。何とか取りつくろっていた夫婦関係は徐々に破綻に近づいていく。そしてある晩、父親は「自分は本当に愛しているかどうかわからなくなった」と言う。それを聞いて母親は家を出て行ってしまう。コンラッドは自己への信頼と父親との信頼を取り戻すが、夫婦である父母の関係は破綻があらわになってしまう。母がタクシーで去った寒い冬の朝の玄関のたたずまいの中で、父親と息子はしっかりと抱き合って信頼を確かめているというところで映画は終わる。

コメント

次に、この映画が展開しているアメリカの社会的背景について、理解が深まると思われる二点の解説を行った。

(一) 母親の両親のところに遊びに出かけ、記念写真を撮っている時のごたごたで、コンラッドが爆発して怒鳴る。母親はショックを受け、緊張のあまり台所で料理用に並べられていた皿を割る。そこに祖母がやってきて、二人が会話するシーンがある。

祖母「治療を受けているの?　なんて名前?」

母親「バーガー」

祖母「ユダヤ人なの?」

母親「ドイツ人かも知れないわ。ユダヤ人かもしれないわ。わからないわ」。

名前は母親が言うように、ドイツ系を示しており、一般的にはドイツから移住したユダヤ系が多い。しかも精神分析をやっている精神科の医師といえば、ユダヤ系を連想しても間違いはない。それほど、この仕事の世界にユダヤ系が多いということと、ユダヤ系がアメリカの知的階級を支配していることに対する、いわゆるＷＡＳＰ（白人でアングロサクソン系プロテスタントの人々）のアンビヴァレントな態度が示されていること。

（二）クリスマスの買い物をしていて、息子が治療を受けていることに関係して、自分たち親も面接を受けたらという父親に対して、夫婦が言い争いをする。母親は「私の家庭の問題は、私たちの個人的な問題であり、私が解決する。他人に一切口を出させない。解決の援助を受けはしない」と言う。母親の激しい自己主張と価値観の吐露がある。また、招かれたパーティの帰り、母親は同じように「家族のプライベートなことを人に言うな」という強い意向を夫に示す。これはＷＡＳＰの価値観そのものである。その背後に、弁護士である父親がユダヤ系であることが暗示される。また母親は中西部出身（映画の舞台はシカゴとその近郊）のＷＡＳＰ出身であることが示されている。母親のこの価値観の強さはプロテスタントの倫理観の基調をなしている。この文化を背景とした母親の自己完結的で、他者への依存に拒否的であることを、自己愛的で病的であるという見方をするのは、厳し過ぎるかもしれない。

二、学生の反応について

（一）全体の反応

映画を見ている人と見ていない人との割合は、見ている人が六〇人中、五人であった。一九八〇年制作の映画であるから、二五年前のことであり、学生たちにとっては古い映画であり、古典の映画に属するものだろう。見ている人にとっては、以前は「漠然と見ていたので、反復という感じはなく新鮮であった」というものが多かった。さらに、前述のように心理学的な視点を示唆して見ることを要求しているので、見方が違っているという感想を述べるものが多かった。「心理学的に映画を見るということをしたことがなかったので面白かった」という反応は一般的であった。なお、括弧の中の英字は学生の頭文字。レポートを部分的に引用することの許可は得ている。

「映画を見ている最中は、主人公を中心として、その周囲の人々の心の描写に胸を打たれて、涙がとまりませんでした。主人公が自殺未遂をすることで、家庭の中が揺らいでいく過程を描き出すようにして内容が進行しますが、私は主人公が自殺未遂に至るまでの心の過程が描き出されているように感じました」（ＴＭ）。

「ヨットの事故で兄を亡くし、自分を責め続けて自殺未遂を起こして入院し、退院後も精神科医に週二回の治療を受ける主人公の青年と、兄しか愛していなかった母とすべてを丸く治めようとする父の家族模様が描かれている映画であった」（ＳＡ）。

このように映画のストーリーはかなり正確にとらえているものが多かった。この映画はストーリーがそれほど複雑ではない。その中に重要なメッセージが表現されているということができるかもしれない。

(二)「問題は何か」について

問いが漠然としているので、どのように反応を見いだしてもよいことになっている。これについてはさまざまな意見があった。以下に、レポートから引用してみたい。

「当時の社会・時代背景を詳しくは知らないが、元気で社交的なことが光で、そうでないことは闇・影とされ、青年は影を見たのではないだろうか、と思った。こう考えると、実際問題は何なのか。確かに、社会に適応できていない主人公の青年が問題であり、治療の対象となるかもしれないが、周囲の人間、ひいては社会全体が病理といってても過言ではないような気がする。ある面で、この青年は社会の病理を反映し、それを生きていたのではないだろうか。……家族全員、腫れ物に触るかのように距離を置いていた。……こういった疎遠な家族は決して稀ではなく、現在の日本の家庭に多く見られるのではないだろうか。特に、ひきこもりという問題を呈している家庭において、お互いがお互いを腫れ物として捉え、近づこうとしない、あるいは近づけない状況に陥っている家庭が多いように思う」（NA）。

「映画では描かれていないが、ヨット事故による兄の死以前の家庭は、経済的にも安定しており、目立った問題は特になく、アメリカの普通の幸せな家庭であったろうと考えられる。しかし、兄の死を境にしてその幸せは脆くも崩れていったようである。弟は自殺未遂を起こし、母は子に愛情を示さず、夫婦間にも潜在的な葛藤、不信が存在していることが徐々に明らかになっていき、ついには夫婦の関係は破綻する。家族全員が問題を抱えている。兄の死をきっかけとして、潜在的な家族の葛藤が顕在化したということであろうか」（TO）。

「コンラッドは目の前で兄を失っていた。そのため『どうして兄を助けることができなかったか』『どうして死ぬのが兄だったのか』『どうして自分が生き残ってしまったのか』というように、兄の死に対して自責の念を抱え続けており、実際の行動化として自殺未遂があった。……彼にとっては喪の作業は大きなテーマであった」（SA）。

「自殺未遂を起こした弟の問題を考えてみると、その背景には、兄を救うことが出来なかったという強烈な罪意識が存在していることは明確である。また、その罪意識を潜在的な同胞間葛藤がさらに強めているようにも感じられた。弟は母が兄しか愛さず、自分を愛していないと思っていたようである。弟の内界には、兄に対する愛とともに、母の愛情を得ている兄に対する嫉妬、憎しみが存在していたはずである。兄を愛しているという真実と、兄を亡き者にしたいとする感情を自分が有しているのだという真実、それゆえに兄を救わなかったのではないかという自己不信が罪悪感の核となっているように感じられた」（TO）。

「コンラッドはボートの事故で死にかけた後も、（恐怖の対象であり、事故を想起させる）スイミングを続けていた。このエピソードだけでも、コンラッドの強さを感じさせる。あの家族の中で一番強かったのは、ある意味でコンラッドだったのではないだろうか」（TM）。

「主人公の問題は、兄の死に深く関わってしまい、『自分が兄を殺してしまった』という思いを強く感じていることと、日ごろから母は兄を愛していて、自分は愛されていないという思いがあり、兄を殺してしまった自分はさらに母から愛されないのではないかという不安と、母から兄を奪ってしまったという罪の意識が関係しているのではないかと感じました」（TA）。

「……この母親は母性性の欠如した自己愛的な心性があることは想像できる。そのまた背景には彼女の幼少期に受けたであろう外傷をも感じ取れる。コンラッドが自分から母にハグをする場面で、それに応えられない母の傷つきは痛ましく、同時に、コンラッドの救いようのない悲しみが伝わってくる場面であった。……兄を喪い、母をも同時に喪ってしまって、心を病んでいったコンラッドの傷つきはどれほどのものであったろうと思う。自分の存在が望まれていないと知ったときの悲しさは、自傷行為へと向かわざるを得ないであろう」（YA）。

また、主人公コンラッドをIP（identified patient）（家族全体のシステムの問題なのだが、本人が問題の人＝症状をもった治療を要する人とみなされている）としてとらえることができているのは、臨床心理学の学生らしいと思われた。IPという発想は、この映画を家族問題としてとらえ、その問題を指標するものが青年コンラッドであるという認識である。

この青年期にある主人公をどこまで理解できるかが、臨床心理学の学生に要求される課題であろう。

「ボートの事故で優秀な兄が亡くならなければ、家族のほころびはさほど大きいことにならずに過ぎていったかもしれない。多少劣等感がありながらも兄を敬愛していたナイーヴな弟コンラッドは、自分が生き残ったことに罪悪感があり、かつそれは兄を溺愛していた母の『なぜ、あなたが生き残ったのか』という無言のセリフによって、ほとんど生きてはいけない状態にあったと思われる。コンラッドが自殺を図ったのも当然のなりゆきであっただろう。この時点で家族の力動のＩＰはコンラッドであった。

しかし、カレンの自殺に打ちのめされ、精神科医バーガーにやっとオープンに自分をぶつけることができ、先生に受けとめられ、そして合唱で知り合ったガールフレンド、ジェニンに受け入れられるという激動の時を過ごすことによって、多少物事をありのままに受け入れられるようになったコンラッドは、母親を自分から抱擁することができた。

しかし、それにたじろぎ、結局抱き返すことが出来なかった母親を見て、夫は問題の所在に気がつく。長男しか愛せず、夫や弟に振り向かず、家の世間体だけを自分の力だけで何とかしようと必死になった妻の正体に気づく。『誰の助けもいらない。家族の問題は家族で守るのよ』という彼女の家族という言葉は、実は長男が亡くなった今は、彼女だけを意味するのだということに気づく。そして自分もまたその妻を愛せていないのだということに気づいていく。家を出ていく母親。この時点で、本当のＩＰは母親であったことが示唆されて、映画は終わったのだと思う」（ＩＮ）。

「コンラッドと母親はよく似ていると感じた。……この二人はどちらも表面上はとても冷静であり、感情をあまり表には出さないように感じる。……この家庭の問題として考えられるのは、母とコンラッドの感情表現の乏しさと適切に感情を表現することの難しさであるように思われる。母から愛され、人あたりもよく、家族の中で大きな位置を占めていた兄バックが自分の前で死んだことで、コンラッドは悲しみより先に自責感情を抱いていた。毎夜、事故の状況を夢で繰り返し見ており、大きな喪失感と悲しみを感じているように見えるにもかかわらず、日中のコンラッドにはそのことを微塵も感じさせない。夢の中でのみ、彼は自分の悲しみを味わっていたように思われた。兄の葬儀で泣けなかったことや、『なぜ母から愛された兄が死に、母の愛を受けない自分が生き残ったのか』という問いを口に出すことが出来なかったことで、彼は自分自身の気持ちを整理し、表現する機会を失っていたように思われた。また、母も葬儀で泣かず、表面上は淡々としているために、傷ついているということが表に現れず、周囲、ことにコンラッドに対して自分自身の傷つきを示すことが出来ていなかったように見えた。コンラッドはそのような母の態度に傷つき、傷を癒せないまま日々を過ごしていたと考えられる。……二人がお互いの気持ちをはっきりと示し合わなかったことは、それぞれの、自分自身を守る手段が『表現しないこと』『激しい感情を伴うような出来事には触れない』であると言えるように思う」（ON）。

(三) 治療者の位置：どのように接したか。カウンセリング技法的に青年期に特有のものがあるか。

この点で興味をもたれるのは、学生の反応として、治療者の積極的に働きかける態度とハグ（抱き合う）の意味をどう理解するかが中心となるだろう。

「医者はコンラッドが混乱して助けを求めてきたとき、『私は君の友人だ』ということを告げる。この言葉には私は驚いた。医者は患者の実人生の中では友人になれない。では、この友人とはどういう意味で言われたのか。このときのコンラッドには、どんな時でも変わらずに、逃げずに、正面から自分と向き合ってくれる人がいなかった。……彼にとって一番必要な存在が『友人』だったのではないか。だからこそ、このドクターは、自分は支えになる『友人』なのだと彼に告げたのではないかと考えた」（FK）。

「クライエントはそれなりに、自我を保つ力が強いと感じた。バーガー医師は、たぶん日本の治療者よりはるかに質問が多く、そっけないのではないかと思うし、対等に渡り合う感じの強いカウンセリングだと思った。……治療者は本当の危機のときに頼られ、本当に必要なときに枠をはずした。『わかるわけないのに、わかると言うな』と言うコンラッドに対して、『友達だからわかるさ……』と言って抱擁する。この時点でそれまでのセラピーがすべて生きたのだと思った。……こんなドラマティックなことにはなかなかならないと思うが、セラピスト冥利に尽きるカウンセリングだったと思う」（ＩＮ）。

「治療者のあり方がとても挑戦的で、侵入的に感じ、すごく驚きました。初めて主人公と会ったときからそんな感じだったので、私は初回ぐらいはもう少し柔らかく対応してもいいのではないかと感じました……」（ＴＡ）。

「バーガー医師はコンラッドの表現出来ていなかった奥底の感情を引き出していたように見える。彼の姿勢は、どんなことでも話し合う『親友』という印象を受けたが、対等な『親友』というよりは、どことなく受容的な『母親』という雰囲気もあわせもっていると感じた。コンラッドの抱えている感情を表出させ、そこで抑えられていた感情を支持的に受け止めていた。そのようなアプローチは、コンラッドを自責感情の沼から救い出すとともに、感情の整理を促し、自分自身の気持ちと向き合う機会を与えたように思った。……バーガー医師の治療は激しい故の危うさも感じられたが、結果としてはコンラッドの大きな成長を促したように感じられる」（ＯＮ）。

「治療者は、コンラッドに対し、一番リアルというか生身の人間として接していた人物だと感じた。というのは、青年の両親は世間体を気にして、友人は彼とは対照的に元気であって、彼とは距離があったように思う。そんな中、治療者はコンラッドの攻撃性の表出を助長するような接し方で彼の核心に入っていったように思う。……誰もコンラッドの核心に入らなかった、あるいは入ることを避けていた中で、この治療者は唯一、彼と向き合った人物だったように思われた」（ＮＫ）。

「父に心配をかけないように自己規制をしたいという思いによって、押さえつけた感情が処理しきれなくなっているクライエントに対して、強い言葉によって真正面から突きつけるということはかなり危険が伴い、相当な自我の強さがない限り、そのまま取り戻すことが出来ない状態にまでなってしまうことも考えられる。……また、主人公コンラッドは病院で知り合い、再会したときには元気そうに見えたカレンが自殺したことによって、さらに自責の念が高まり、パニックに陥る。治療者は『あなたのせいではない。自分を責めるな』と訴える。……治療者とよい関係が生まれるのだが、『友達だ』という発言には引っかかった。治療者が友達であることは可能だろうか。……友達だといって治療者と主人公が抱き合うことは映画としての感動的なものを感じることもあったが、違和感もあった」(SA)。

「日本のカウンセリングとの対比で見ると、受容的というより、突き放してクライエントに自分を突きつけていくような接し方だと感じた。特に、クライエントの反発心を煽って、ムキにならせて本心を言葉にさせていく場面は、若干、操作的な気もして心地よくなかった(「グロリアと三人のセラピスト」のパールズを思い出した)が、コンラッドがそれについてきたし、青年期特有の反発心をうまく利用したともいえると思う。もちろん、真剣に向かい合っている治療者であったからこそ、コンラッドは信頼したのだと思う」(TO)。

「バーガー先生が私にはとても好感がもてました。彼が果たした大きな役割は、やはり主人公コンラッドと向き合ったことだと思います。……バーガー先生は腫れ物に触るように恐る恐る気を遣いながらではなく、ガンガンと彼の心に近づいていく。決してびびらない。変に優しいことばをかけたりしない。堂々と彼の核心に触れていく。でも、しっかりと彼を受け止めている。それがとても温かいものを感じました」(TY)。

「とても素直に患者さんであるコンラッドに接しているように見えた。何を秘密にしているかと何度も問いかけている。患者が怒ってもまったく動じず、患者が自己の内界一切を明確に表現するまで正面から向き合うといった感じである。治療の最後に、患者に向かって自分はおまえの友であると言い、抱き合うシーンがあるが、友人関係(友情)が情緒的な重要性をもつ、青年期の患者であるからこその対応ではなかったかと思われる」(TO)。

「コンラッドが電話をしたときに、すぐに会うというのは、少し疑問に思った。彼とセラピストとの関係や、彼の状態を考えてセラピストはそう判断したのだろうし、ケースによると思うが、私は電話が掛かってきたのなら、電話で勝負したいと思う。私は面接室で会うのは、前もって約束したときにすると思う。枠を破ることと枠を守ること、その瀬戸際で揺れることは何度もあるだろう。そのときに必要になってくるのは、クライエントとの関係性やクライエントについて想像することであると思う」（ＭＡ）。

コメント

「問題は何か」について理解を深めることが、臨床心理学にとってどうして重要だろうか。それはいうまでもなく、次の「どのように接近するか」を決めるものだからである。これは「心理状態の理解」「見立て」「心理アセスメント」といわれている事柄である。見てきた感想にあるように、理解の仕方は大変優れたものであるといえるだろう。

（１）時代背景としては、社会に適応し、世間的価値に従って生きており、家庭は円満であることを善としている。本音での心の通い合いは目に見えないものであり、取りつくろい、人前に出したり、援助を求めたりするのは、失格者として考えられている社会にこの家族は生きている。

（２）積もり積もった家庭内人間関係の葛藤が、ボートの事故による兄バックの死亡で、はっきりと表層に表れ、そのために家族関係が破綻してしまったこと。

（３）母に偏愛されている兄バックへのコンラッドの同胞間葛藤と嫉妬ないし殺人願望と実際の事故死に対する深い罪悪感から、自傷的になっていったこと。

（４）家族全体が兄バックの死に対する喪の仕事を担っている。この中で母はもっとも難しい現実否認と抑圧を行っている。表層的には社交的で明るく振る舞っているが、内的な課題は大きい。しかも、ＷＡＳＰ的な倫理観が、このような事態ではマイナスに働いている可能性が高い。行動レベルで見ると、母は母性を欠如した自己愛的な心性をもち、問題解決のため他者からの援助を拒否し、抑圧的な生活で表層的には何事もなかったようににこやかに生きている。

（5）また同様に、主人公コンラッドは内的に罪悪感と自己不確実感にひどく苦しめられているが、表面的には何事もなかったように振る舞おうとしている。バーガー医師のサイコセラピーの働きかけによって、喪の仕事に積極的に取り組み始めたことが理解できる。

（6）さらに、父は妥協的で問題を荒立てないタイプの人であり、このため家族としての問題への取り組みの必要を感じている。家を出て行った妻との関係では、大きな価値観の違いを自覚し始めている。新しい変化の可能性を示唆している。

これらの理解や考えが面接者やクライエントへの接近の方法に反映していなければならないことになるだろう。

（四）自分がカウンセラーならどう接近するか。

「相手が生き死の狭間に居るときは、私もかつてそういう問題に直面したときのことを考えて、自分をさらけ出しそうという気がする。しかし、バーガー医師はそんなことはしなかったなあ、と改めて思った。……とにかく話を聞くことだけはすると思う。気持ちや感じたことを聞き続けて、そして罪悪感がどこかでひっかかっていると判断がつき始めたら、具体的に聞き始めることが大切かなと思っている。あとは全力をあげて、自分の存在をかけて対するしかないかなあと思っている」（ＩＮ）。

「このようなコンラッドに対して、自分であればどのような関わりをしたかということはとても難しい問いであるが、バーガー医師のようにクライエントの力を信じて激しい直面化を迫ることはできないと思う。コンラッドが表出させていない兄の死や母に対する感情を、何らかの形で表現することが重要になってくると思う。そのため、コンラッドの表す感情を支持的に受け止めながら、少しずつ、適切な表現方法を身につけてもらうというアプローチをとると思う。……」（ＯＮ）。

「私だったらどのようにアプローチするかについては、きっと怒りの感情を引き出してこないだろう、と思いながらも、なかなか積極的に動けないので、主人公がもう解決したと思っている以前の自殺未遂についての話をしながら、徐々に現在のことに話をもっていくと思います。きっと物凄く時間がかかるので、家族にも是非来談するように勧めます。……このような家族とともに、子どもの死を乗り越えていく困難は、セラピストにも相当の覚悟と自覚が必要と思います」（KA）。

「私はこの治療者のように挑戦的な会い方はできないと思うので、もっと主人公が安心して話せる雰囲気を作ることを第一に考えると思います。……兄の死というデリケートな問題を抱える主人公に対して、私がとるのではないかというスタンスを一言で言うと『お姉さん』な気がします」（TA）。

「もし、私がこの主人公に会っていたら、私は女性なので、同じ声楽教室で知り合った女友達のような立場に立って、接していたかも知れません。そのときには、主人公に優しく寄り添いながら、わからないことや、疑問に思ったことは素直に話していく真摯さと、何があっても主人公を見捨てないと思えるだけの覚悟が必要だろうなと思いました」（MA）。

「あれほど単刀直入に質問できないと思う。不明確なところ、葛藤のありそうな領域に動じることなく真正面から向かっていく姿勢には驚いた。そのことが結果的に患者の信頼を得ることにつながっている。自分が治療者であったならば、あれほど自由に患者と関わることができず、その分、関係も表面的で、結果的に患者の信頼を得られなかったのではないかと考えてしまう。面接のしっかりとした『枠』と、生き生きとした人格の関わり合いを共存させることであると感じた。治療者の心がどれだけ自由であるか、開かれているかが鍵であろう」（TO）。

コメント

（1）治療者はコンラッドの深い罪悪感や自己評価の低さを表現するより、自己懲罰的な姿勢に働きかけようとしている。さらに、青年期にありがちな行動化傾向を抑えるとともに（同級生との殴りあいの喧嘩、カレンの自殺でコンラッドがパニックになったとき、真夜中に診察へ飛んでくるなど）、また、厳しく見える積極的な接近法で自己表現能力を高めようとしている。「怒りは出したほうが処理しやすいのだ」「感情はいつもスムーズなものとはかぎらないのだ」というメッセージを伝える。彼の怒りや苦痛の中心的な感情は「喪の過程」と連動しているものであろう。

（2）バーガー医師は身のなりふりを構わない、社会的慣習にもとらわれない人に見える。乱雑なオフィス、わりとダサい普段着、ことば遣いなどにその様子が示されている。しかし一方、内的な問題に向き合おうとする真摯な姿勢は必要な直面化にも怖じることなく、接近している。

バーガー医師はコンラッドがパニックになって夜中に診察室に来たとき、最後に「私を頼りにしてよい。私はあなたの友人だから」と言ってコンラッドを抱く場面がある。抱くという行為は日本ではできないのではないかという意見があった。この点は文化的なことも考慮する必要があるだろう。抱く行為、ハグはアメリカでは一般的であり、抱くことによって性的な感じがあるわけではない。むしろ、これは人間的な信頼を表現し伝達する、ごく日常的で自然なものである。

これを日本のカウンセリングの中で行うと、むしろ性的なイメージが前面に出て、信頼感の表現にはならないかもしれない。多くの学生に抵抗感があったのは当然のことであるように思われる。

（五）治療の効果をどう評価するか。

「青年期に特有なものとしては、治療者は強い父的な壁になっていた。反発や罵倒を身に受けながら、壁になってそれを跳ね返す、そういう役割をしていたように思われる。そして実際の父が壁になっていない以上、治療者は、コンラッドが大人として立っていくのに大きな役割を果たしたと思う。主人公はセラピーの場で、治療者を罵倒するという経験をした後、カメラの場面など、家族の中で自分の思いをぶっつけていくことができていったと思う。そういった点において、治療効果は十分評価できると思う」（TC）。

「クライエントにとっては、親に怒りや愛情を表現できるようになり、ガールフレンドにも気持ちの一端を話せるなど、とても表現豊かになってきており、いい兆候だと思われるので、評価できると思います。しかし、クライエントが変化することで、家族は今まで通りの関係ややり方が通用しなくなってきました。そのため、父親と母親が新たな段階を迎えていくことになります。このことを考えるとき、セラピーの結果、夫婦関係が破綻したともみなせるので、負の評価となるのではないでしょうか。クライエントの自己実現のために、母親を失ったとも言えるでしょう。……セラピーを評価する場合、ただ良い・悪いという一元的な見方ではなく、多面的に見ていくこと、批判的に見ていくことが求められるのではないかと思います」（NK）。

コメント

（1）怒りや強い感情をもつことは決して異常ではないこと。それらを上手に表現することは、人間関係を深めることを体験したコンラッドの成長は見事であるということができる。それは治療者の行った、はじめの診断、見立てに従い、治療的な働きかけを行い、その結果としての成果であったということができるだろう。

（2）コンラッドの変化の結果、家庭が崩壊して母が家を出てしまうということになったとしても、それはプロセスとして自然なことである、という見立ての範囲に入っているかもしれない。家族の力動が古い形で均衡をとっているとすれば、新しい内的な変化には対応できず、新しい均衡を求めて再編成をしていくのが、家族システムの力動であるからだ。母は帰ってくるかもしれない。そのためには治療者の援助を必要となるだろう。その際、今度は父やコンラッドが援助者となって家族システムの再構築が始まることになるだろう。一人ひとりがこれまでの人生を新しく組み替えていくように、家族もまたシステムを新しく組み替えていくものだからである。

三、映画教材についての全体的な評価として

（1）青年期の特色を見ているか。

人間関係や家族関係の力動についてはよく理解できていると思われた。臨床心理学的な学習は、「自己の内的な経験を生かせる利点があるので」、映画の人物の個別的な心理的理解や家族の集団の力動についての理解がよくできていると思われた。映画を見る視点として、外から評価する視点でなく、「自分がクライエントなら、こうしてほしい」「自分がカウンセラーなら、こうするだろう」という同一化の手法を用いる視点で見ることが臨床心理学的に有意義であると考えられる。「結果としてこうなったのだから……」「こんな物語なのだから……」という視点で見ると、映画教材としての価値が低下する。

（2）診断的に考えて接近しているか。

この点でバーガー医師の技法は明らかにアセスメント・診断のうえにある接近であることがわかる。しかし、この点についての学生の反応はほとんどなかった。これはまだ臨床経験のわずかな学生にとっては理解を超えたことだったかもしれない。

（3）社会的な偏見など、複雑な背景の理解は、日本社会における同様の問題にも敏感になることを意味している。臨床心理学の研修や教育としては個人心理学の領域のみならず、文化や社会的風土・慣習などの理解も進めなければならないだろう。そうすることによって、日本文化や日本における対人関係を相対的に理解する臨床心理学的態度が形成されるであろうと思われる。

第六章

心理臨床活動と映画

第一節　映画の中の心理臨床家（サイコセラピスト）
第二節　象徴としての心理療法家
第三節　臨床的な関係の困難さ――転移の扱い
第四節　精神障害のある心理療法家――トリッキーな悪意
第五節　映画の中の患者

映画の中には、心理臨床家や患者・クライエントを描くことを目的としたものが少なくない。エンターテインメントとしての映画としてはやや異色である。しかし、人生を描くのが映画の一つの機能であれば、サイコセラピーやセラピスト、また患者・クライエントは独自の人生の断面を示すに違いない。明るく、楽しいのが映画であるとすれば、深刻で暗いのもまた映画である。アメリカにはエンターテインメントとして、心理療法家を取り上げた映画が数多く制作されている。これに対して、日本では本格的にサイコセラピーやサイコセラピストに関する映画はまだ多くはない。これらが主題になる映画が出現するには、心の専門家としての心理臨床家が社会的に必要であることが認識され、日常会話で語られるレベルで日常的な経験となっていることが前提となるだろう。それが文化というものである。ウディ・アレンの映画がこのような文化に支えられていることは、第三章第三節の「ウディ・アレン映画の面白さ」で述べた。日本がそうなるにはまだ、相当に遠いところにあるのではないだろうか。

ここでは特に、心理臨床の活動の中心である心理臨床家ないしサイコセラピストと患者・クライエントを中心的に描いたものを取り上げることにする。

第一節　映画の中の心理臨床家（サイコセラピスト）

映画を見るときには、職業柄どうしても心理臨床の活動が描かれたものに眼がいってしまう。そのような観点から映画を見ると、ベルイマンのように、精神的というか、全体の主題は精神分析だ、心理療法だとは思うが、セラピストその人を描いているのではないので、それ自体を主題にしているとはいえない。そうなると教材としてふさわしい映画は多くない。また心理療法家を揶揄しているような厳しい映画が多いことにも気づかざるをえない。たとえば、『アナライズ・ミー』などその典型である。この映画は精神分析を揶揄し、茶化した喜劇である。しかし、日本では変なマフィアを巻き込んだ単なる喜劇として受け取られたのではなかっただろうか。それではこの映画の作られた意図がわからないし、精神分析を揶揄している意味もわからない。このような映画ははっきりと精神分析の文化を土台にしてつくられ、また揶揄とともに、精神分析家やマフィアをからかって溜飲を下げているという観客の立場が背後にあるのである。

ここでは心理臨床家を好意的に描いているのをまず紹介したい。

まず、一押しとなるのはロバート・レッドフォード監督の『普通の人々』である。本書ではすでに取り上げているので、内容には入らないでよいだろう。この映画の中で活躍するのが、バーガーという精神科医であり、サイコ・セラピストである。少しずつ変わりつつあるとはいえ、アメリカで精神科医の仕事は心理療法であるといってよい。薬は処方するが、仕事の中心は心理療法である。この点も、日本の精神科医とは違っている。日本の大部分の精神科医師は薬物を中心とした治療を行い、心理療法はほとんど行わない。その時間がないという実情もある。

日本では心理臨床家が精神科医の指示に従って、あるいは精神科医の紹介のもとに心理療法を行っている。したがって、この映画は心理療法を行っている心理臨床家にとって興味深い映画であるということができる。

青年期にあるクライエントをどのように扱うか。それも自殺未遂の経験もある青年である。精神的に安定しているというより、事件のフラッシュ・バックなどにまだ悩まされている。罪責感で苦しみ、それを表現することができないでいる。両親は本人の心の支えになるほどの理解者ではなかった。

このような中で心理療法を始めるとすれば、どのような対処方法が考えられるだろうか。青年期にあるクライエントに出会う場合、この点が決定的に重要ではないだろうか。そのような理解に基づくと、内的な罪責感を鎮め、孤独感を和らげ、自己表現を高めて、周囲の人々との関係を回復していくことが処方として考えられる。バーガー医師はそのような見立てのもとに、一貫してこの青年に接近していることがわかる。そしてクライマックスに達する。それもこの見立ての中で行われたとすれば、なかなか見事であるということができる。第五章に示したように、学生の反応はさまざまであった。また、この点に疑問を発する学生も多かったが、それはそれで教育効果はあったということができるのではないだろうか。その点でこの映画は臨床心理学の教材として十分に利用できると思う。

同じ理解で心理療法の過程とセラピストが描かれている映画が、『グッド・ウィル・ハンティング』（一九九七）である。青年期の問題の難しいところは行動化である。その行動化の中でも、典型は非行であるということができよう。この青年はスラムで育った非行少年である。暴力的な喧嘩は日常茶飯事であった。この非行少年にどのように心理療法的にかかわるかという主題はなかなか困難な問題である。一般的にいって心理療法的に解決が見いだしにくいところである。また、しっかりした処方箋が描かれる領域でもない。さまざまな試みがなされているが成功しているともいえない。その点で考えさせられる問題を提起してくれている。

アメリカの非行少年矯正教育プログラムにカウンセリングを選択させるというのがある。少年院に決められた期間収容されて内部で矯正教育を受けるか、それとも外部の専門家による心理療法を受けるプログラムに参加するか、という選択が求められる。私もアメリカで非行少年に対する、このようなプログラムに参加したことがあるので、少年ウィルが最初の選択をするところは、私の過去経験を思い出して印象的な場面であった。この場面はアメリカでは一般的なので説明は必要ないだろうが、日本ではよくわからないところではなかったろうか。

ウィルは心理療法家に会うが、ウィルのほうがずっと上手で、心理療法家をからかってしまったりして、並の心理療法家では手に負えない。最後に出てくるのは、地域の大学（コミュニティ・カレッジ）の学生相談室の一見さえないカウンセラーであった。このカウンセラーは見かけによらず、しっかりしている。

ウィルが数学に天才的な才能を示すのは、彼のフィルム・メモリーに関係している。本も多く読んで、すべてを映像的に記憶している。面接室に入ると、カウンセラーの本棚の蔵書を見てからかったりする。また、先生の絵を見てからかう。すると、カウンセラーは本気で怒る。このようなやりとりの中でカウンセラーはこのウィルの問題を正確にとらえる。これはお見事。次のセッションでは、カウンセラーはウィルを面接室の外に引っ張り出し、契約の話をする。それがウィルの問題の中核を突いている。ウィルは頭でっかちで、すべてを理屈で解決しようとする。そして一方、自分の感情や情動は深く抑圧している。カウンセラーは次のようなことを言うのである。

「あなたは、システィナ礼拝堂のミケランジェロの絵がどのようなもので、どのようにして何時描かれたかについては知っているかもしれない。しかし、あの寺院の床に寝そべって天井に描かれたミケランジェロの絵に出会ったときの感激を味わったことがあるか」。

「あなたは、男女の出会いは青年期にあるものとして当然のことと思っているだろう。しかし、恋人と出会って、震えるような感動を味わったことがあるか」。

「あなたが、本当に自分の内的な経験を私と話したいなら、お役に立てると思う。しかし、頭でっかちに、ただ物知り競争をするのなら、カウンセリングは役に立たないと思う。経験の話をするならいらっしゃい。そうでないなら、来ても意味はないだろう」。

この姿勢は、これまでウィルが拒否していたカウンセラーとはちがう態度であった。ウィルは何かちがうという気持ちで次回に出かけていく。ここでも『普通の人々』のバーガー先生のように、青年期にあるクライエントへはっきりとした姿勢をカウンセラーは示すのである。しかし、態度は反対である。バーガー先生が行動で表現せよ、というのに対して、ウィルのカウンセラーは頭を使うな、気持ちを大事にしろというのである。つまり、心理療法家やカウンセラーははっきりした姿勢をクライエントに示しているというところが重要であると思われる。この二つの映画は心理療法家・カウンセラーのポジティブな姿勢を示した青年期の心理療法のモデルとして注目してよいだろう。第八章十二節でくわしく取り上げている『十七歳のカルテ』の中にも、心理療法家が出てくる。ここでは少し理想化された女性の心理療法家であり、ステレオタイプな感じがする。心理臨床の教材としては物足りない。この映画はむしろ患者・クライエント群の描写としてみると、大変優れた描写が多い。この観点から後に述べているので参照していただきたい。

グッド・ウィルというのは、紛らわしいというか、掛詞として興味深い。この青年の名前はウィル・ハンティングである。このウィルにグッドをつけてグッドウィル（善意）にして、ハンティング（求めて、追求する）するというのは、お洒落なことば遊びである。日本語訳の副題は「希望の旅立ち」となっているが、映画が終わってもこのハンティング、つまり「求めていく旅」は終わっていない、これからという印象をもたせるところはなかなかのアイデアであるということができる。

第二節　象徴としての心理療法家

前の二つの映画が心理療法家やカウンセラーを的確にポジティブに描いているのに対して、やや象徴的に描いているのが『モンタナの風に抱かれて』（一九九八）である。監督は『普通の人々』を監督したロバート・レッドフォードである。この人の映画はエンターテインメント性を交えながら、視点は確固たるものがあると思われる。

この映画の原題は「馬と話ができる人」（horse whisperer）という意味である。馬と話をする馬の心理療法家である。ささやくという意味の whisperer という意味は、他にも使う。鳥と話す人（bird whisperer）、牛と話ができる人（cow whisperer）、犬と話ができる人（dog whisperer）などということができる。人間技でないことが出来る人、名人といった意味である。それでは馬と話が出来るということはどういうことだろうか。これが映画の物語である。

一三歳の少女グレースが乗馬中に事故に巻き込まれ、一緒に乗馬していた親友を亡くし、また自分も右足を失い、深く絶望していた。また、愛馬ピルグリムも事故のショックで野生にかえり、人間になつかない暴れ馬になってしまっていた。この馬は射殺する以外には方法がないと考えられた。しかし、母のアニーは娘の心を回復させるには、愛馬ピルグリムを元のような状態に回復させる必要があると考えた。そして西部のモンタナ州で馬専門の治療をしている人がいるというわさを聞き、その馬の治療者（horse whisperer）であるトム・ブッカーに連絡をとる。ニューヨーク州からモンタナ州まで、沖縄から北海道より遠いぐらいの長距離をトレーラーに馬を乗せて連れて行く。母の必死な思いが伝わる。トムは娘グレースの協力を前提に治療を引き受ける。母も子どもも牧場に同居するということが条件である。

この治療のプロセスが印象的である。徐々に慣らしていくところはまさに計画的な行動療法である。徐々に馬は元気を取り戻していく。これに平行するように娘も次第に元気を取り戻し、生きていく力を回復する。この途中にちょうど心理療法で起こるポジティブな転移のように、娘がトムに恋をするようになっていく。また、一緒にいる母もトムに好意を抱いていく。馬の治療を通して、妙な三角関係が生まれるのがまた、興味深い。

馬との関係の中でもっとも印象的だったのは、ある時、馬が手綱を振り切って逃げるところである。この後、トムは広い草原を逃げていく馬についていく。馬が立ち止まると、トムも立ち止まる。その間が百メートルぐらいあるだろうか。馬はトムを見つめている。トムもじっとして馬を見つめている。この時間は映画を見るものにとっては長い時間であった。時間の経過は画面が次第に夕暮れになっていくので、相当な時間が経過していることがわかる。その間、トムと馬との対峙はまったく変わらない。トムが辛抱強く待っていると、馬が次第にトムの方へ距離を縮めはじめる。一歩、一歩と近づいてくる。この対峙と距離を馬の方から縮めていくところが印象的であった。

長い時間をかけて、馬ピルグリムはやがてトムのところに帰ってくる。何にもない時間と空間が密度の濃い時間であることがよくわかる。心理療法の時間の性質はこのようなものだ、という感じがした。また、静かに対峙して待つトムの姿は心理療法家に似ていると思った。対峙して相手を侵さず、ひたすら待つ姿勢は見事という他なかった。ロバート・レッドフォードが『普通の人々』では、積極的にかかわる治療者を描き、この映画では反対に、ひたすら対峙して待つ治療者を描いている。この監督は心理療法の本質についてよく理解しているのではないだろうか、と思った。

トムにはトムの問題があることや、グレースのトラウマ、そして回復、また母の仕事や夫の関係など、それぞれに個人的な問題があることもさらりと描かれている。馬の心理療法であろうと、人間の心理療法であろうと、周辺にいる人もその関係の力動に巻きこまれて影響を受けるのだ、ということもわかる。治療者のトムも苦しみながら、しかしさらりとポジティブな転移関係を処理していくことも、後味のよい映画となっていた。心の治療は人間でも、馬でも長い時間が必要だということにも説得力があった。

第三節　臨床的な関係の困難さ
――転移の扱い――

力動的な立場から心理療法やカウンセリングを実施すると、どうしても転移という現象を扱わざるをえなくなる。面接関係が過去の出来事の反復を示すことも少なくない。また、新しい試みの挫折などから、面接者への怒り、失望、理想化による愛着などを避けることができないからである。実際に面接していると、その力は強烈で、巻き込まれたり、揺り動かされたりする影響から逃れることは難しい。現在の技法としては、むしろそれは自然の反応であり、回避するのでなく、それ自体を臨床的に扱うことが大事な技法的なテーマであるということになっている。この主題はまた、面接者自身の行動化によって、倫理的な問題を引き起こすこともある。臨床的には破壊的なことになることも少なくない。

ここで取り上げる映画は深刻な映画である。主題は転移の扱いではないが、はっきりとその主題が描かれているので取り上げてみたい。

映画はバーブラ・ストライサンド監督の『サウス・キャロライナ　愛と追憶の彼方』（一九九一）である。サウス・キャロライナ州の海岸で生活している家族に起こった悲劇的な出来事が中心になっている。父はえび漁師であった。大変暴力的で、母はこの父を軽蔑していた。母も自己愛的な人で、やがて離婚して、土地の有力者と結婚してしまう。三人の子どもは仲がよかった。母は子どもたちを取り込むようにして育てた。

トムは教師となりフットボールのコーチをしていた。家族をもって海辺で暮らしていた。ある時、ニューヨークで生活している妹サヴァンナが自殺を図ったという知らせがくる。トムは見舞いに行く。サヴァンナはローウエンステイン（ここでもわざわざユダヤ系の名前になっている。精神分析はユダヤ系の人の専売だというニュアンスがこめられている）という女性の精神科医にかかっていた。医師の心理療法家は二度も自殺を図る理由を探りたいので、トムに協力して欲しいと頼む。トムも協力を約束するが、深刻な問題を茶化してしまうトムに心理療法家はてこずる。やがて、なぜトムがいつも深刻な問題を避けたり、おどけたり、茶化したりしようとしているかが明らかになる。トムの行動は心理学でいう躁的防衛の反応であった。あまりに深刻な問題なので、まともに話が出来ないということだった。この時、南部の独特の訛りが都会的なニューヨーク訛りのことばと対比され特徴的に使われる。

少しずつ話は核心に近づく。まだ小学生だった時のこと、嵐の夜、三人の脱獄囚に襲われた。父は外出していた。母とサヴァンナは強姦された。またトムも強姦（！）される。弟が猟銃をもって戦い、力を合わせて三人を殺害する。そして父が帰る前に、死体は庭に埋め、片付けてしまう。この事件は一切口外しないという約束を皆でする。その約束を子どもたちは守り、大人になっても、誰にも言わないで秘密にしていた。サヴァンナは詩人になるが、トラウマを題材にしたような詩を発表している。それによって自分を保っているが、自殺の衝動はなくなっていない。また、弟は激しい環境擁護者になり、自分たちの小さな島に計画された原子力発電所の建設に反対し、警察と銃撃戦となり、自殺同然のように死んでしまう。そしてトムはすべてを茶化したり、冗談を言ったりする躁的防衛で生き延びていたのである。心理療法家に協力する形で次第にこれらの過去のトラウマの真実が明らかになっていく。

心理療法家は妹サヴァンナの治療に当っているのだが、次第にトムの男性的な魅力に惹かれていく。自分の息子のフットボールのコーチを頼んだりする。親密さが深くなっていく。心理療法家自身も夫婦関係が難しい。そしていつの間にか、二人の関係は肉体関係にまで発展する。微妙な関係はトムの夫婦関係にも大きく影響する。それぞれが複雑に関係しながら、それぞれに悩み続ける。やがてサヴァンナが自殺未遂から快復するのを見て、トムはサウス・キャロライナに帰ることにする。それを心理療法家も受け入れ、お互いの親密な関係を終わりにする。一見、ハッピーエンドに見えるところで映画は終わる。

この映画は心理臨床的にいろいろと考えさせられる。まず、秘密のトラウマが家族全体に大きな影響を与えていること。それは大人になっても、心に影響を与え続けていること。それぞれの反応が違っていること。また、サヴァンナの心理療法家が兄のトムと親密な関係、性的な関係をもってしまったこと。これらはそれぞれ心理臨床としては重要な問題を提起している。クライエントの兄と性的な関係をもつということは、心理療法家の逸脱行為としてみなされるのではないだろうか。映画では、このような問題を提起しているように思われる。この点からみても、この映画は心理臨床を学ぶものにとって学習材料として討論する価値をもっていると思う。

第四節　精神障害のある心理療法家
——トリッキーな悪意——

アメリカ映画の中で、一種のスリラーとして物語を展開し、実は心理療法家が犯人だったという筋が少なくない。それなりに面白いかもしれない。これも心理療法文化としてのアメリカならではの映画だと思われる。ここで取り上げるのはブライアン・デ・パルマ監督の『殺しのドレス』（一九八〇）である。このようなストーリーにはどこか悪意がこもっているようで、あまり気持ちはすっきりしない。

物語は次のとおり。

心理療法家のオフィスで心理療法のセッションが展開している。女性クライエントは夫婦生活に満足できず、性的に満たされることを求めて放縦な生活をしている孤独なさびしい人である。心理療法家はうなずきながら、静かに聴いている。ごく普通に展開している心理療法のセッションである。終わると、クライエントは帰っていく。何事もない感じ。彼女は美術館に入る。そこで男性に誘われるままアパートに行き、激しいセックスをする。夜になって、帰ろうとエレベーターに乗ってドアが閉まる寸前に、すっとかみそりをもった手が伸びて、クライエントは斬られ失血死してしまう。エレベーターが止まったところに待っていた女性が、血まみれのクライエントを発見する。凄惨な場面である。犯人らしい金髪の女性を見ている。かみそりをもっていたのは女性らしい。今度は、目撃した女性が狙われる。刑事と仕組み、やや挑発的にこの女性を誘い、危機一髪で捕らえた。捕らえてみると、それは女性に変装した例の心理療法家だった。

この心理療法家は同性愛者であった。面接を続けているうち、次第にこの女性クライエントに深い愛情を感じてしまっていた。だからクライエントが男性に性的に放縦であったり、男性に魅力をふりまいたりすることを許すことができない。面接室での話の中心はいつも、そのような性的な話であった。心理療法家は彼女の愛情が自分に向かないで、男性の方に行ってしまうのを食い止める方法は彼女が死ぬしかないという結論になってしまった。そして実際に殺人を実行したのであった。その時にはすでに、この心理療法家は精神的に異常をきたしていて、現実と空想・妄想の世界が混乱してしまっていたのだった。この心理療法家は精神病院に送られることになる。

心理療法家や精神科医が被害者になることはないでもないが、加害者になるということは、今まで聞いたことがない。しかし、このようなシナリオは想像世界では描けるだろうし、それなりに可能性を否定することはできないなあと思ったりした。「心理療法家はいつも善意の人ばかりではないよ。気をつけましょう」というのも、膨大な心理療法家を抱えるアメリカならではの空想だと思いたい、というのが私の気持ちである。心理療法家になる動機は心へのこだわりということがある。そのこだわりは哲学的なもの、実存的なものから、病的なものまでさまざまな幅広いレベルで存在している。だから、心理療法家になる人が常に善良で、善意で、精神的にも健全であるということはできないかもしれない。しかし、病的なこだわりのある人にとって、実際の訓練のプロセスは厳しいので、プログラムを修了するプロセスの中でついていけなくて脱落したり、放棄したり、方向変えをしたりすることで選別される可能性が高いということはできるだろう。

第五節　映画の中の患者

精神障害をもつ患者について描かれたものは、心理臨床の学習の素材としてはあまり多くはない。戦後すぐ、一九四八年に制作されたアナトール・リトヴァク監督の『蛇の穴』は幼児期の精神的なトラウマから健忘症などの記憶障害に陥った患者を描いている。その治療法も薬物のない時代だから、電気ショックによるけいれん療法が中心であった。しかし、そのプロセスで、精神科医師を好きになったり、そのために看護師とトラブルが起こったりするところは、現在もあまり変わりないのかなあと思うところがある。「蛇の穴」と呼ばれていた凶暴な患者の閉鎖室に入れられ、そのショックが反対に治療的だったというのも、逆説療法的ではあるが、患者を主題にするには、資料的な価値はあまり高くないように思われる。

社会的に話題になった精神病院を描いた映画としてはミロス・フォアマン監督の『カッコーの巣の上で』（一九七五）がある。有名になった一般的な理解としては、管理体制に反発する人間の尊厳と自由を描いた映画だといわれている。時代的に市民権運動、学生の学園紛争などで国の管理体制や人間の尊厳などが大きく話題になっているときであったから、それにぴったりした主題だと思われた。しかし、この映画を見て感激したという人に、「なぜ、カッコーの巣なのですか」と聞いても、「よくわからない」という返事が一般的であった。題名などがわからなくても関係ないということだろうか。私たちはわけのわからない題名の小説を読むだろうか。

カッコー cuckoo の意味は、英語の俗語で「気違い」ということである。日本語の「クルクルパー」という程度の意味に近い。その巣、つまり住み家、つまり精神病院のことになる。そこに一羽の鳥（カッコー）が飛び込んで、やがて去っていった、という意味になる。大変くだけた題名がつけられているということになる。

私は心理臨床的な観点から見ていた。その点からすると、映画の主人公マック（ジャック・ニコルソンはこの映画でアカデミー主演男優賞を得た）は境界例人格障害であり、その典型的な行動がうまく描かれているが、精神病院にいる他の患者さんたちの姿はステレオタイプであまり参考にならないなあと思って見ていた。したがって、特に感動もなかった。しかし、マックに関する限り、境界例人格障害という点から見ると、よく描かれていると思った。行動的であり、人をだましても平気、性的にも活発、怒りの表現は衝動的でストレート。制限など無視して人をぐいぐい引っ張っていくのは、利益のある人には好都合で、拍手をしたくなるというタイプである。しかし、その周辺にいると、手に負えない騒動が多く、逃げ出したくなる。この点に絞ってこの映画を見れば、心理臨床を学ぶものとして資料的な価値があるかもしれない。この点については、第七章でも述べているので参照していただきたい。

精神障害の患者たちを描いた映画としては、ジェームス・マンゴールド監督の『十七歳のカルテ』が資料的な価値が高いと思う。同じ精神病院の患者たちを描いている『カッコーの巣の上で』と比べるとちがいがよくわかる。『カッコーの巣の上で』は男性病棟の男性患者である。『十七歳のカルテ』は女性病棟の少女たちである。ステレオタイプからいくらか逃れているところがある。中心人物となったリサは典型的な境界例人格障害ということができる。また、主人公スザンナは「境界例人格障害」と映画では説明されていたが、かなり典型的な「アイデンティティ混乱・拡散状態」だということができる。治療の過程から見ても、その点はわかる。リサは自己破壊的な行動化を繰り返すが、スザンナは心理療法家の助けをかりて立ち直っていく。他にも、慢性的な虚言症、自殺をした近親姦の被害者の少女、顔を焼いた少女、地域の人々の偏見、看護師の姿勢など、現実の姿に近いと思われる。ここにはあまり心理臨床家の姿は描かれていない。描かれている心理療法家は患者の動きに比べると、別なところでも述べたようにステレオタイプな理想化された描き方になっているといえるのではなかろうか。

第七章

心理臨床の現場と映画

心理臨床の現場はさまざまである。医療の現場で心理的な援助活動をしている人、学校の現場に入ってスクール・カウンセラーとして活躍している人、教育委員会の教育相談でカウンセラーとして活躍している人、産業の現場で心理的な援助や心理的相談やコーディネーターをやっている人、福祉の現場で老人の介護や障害者の支援や精神科のデイケアで援助的に働いている人、家庭裁判所で調査官として働いている人、また少年鑑別所で非行の鑑別に当たっている人、刑務所で技官として鑑別・支援を行っている人、またカウンセラーとして働いている人、警察で少年相談や技官として仕事をしている人、開業して町の中で来談者に支援を行っている人、さらに大学で学生相談の仕事をやっている人、また教員として次代の学生を育てている人など、本当に領域は広い。また、場所によって援助のために出会う人々もさまざまなちがった問題のタイプが見られる。

臨床心理学の訓練のプロセスでは、このような施設で臨床実習をする。しかし、すべての施設を回って、これらの臨床的な経験を積むことは難しい状況である。これらを補う資料は「小説」や「ノンフィクションの記録」「事例研究集」や研究会に出席して勉強をする方法などがある。これらは欠くことはできない。一方、一定の時間の中で、小集団によって臨床的学習をする方法として映画は有効な資料であると思われる。映画の中には、心理臨床の現場を描いたものも少なくない。ここではそれらの映画を心理臨床の現場にあわせて取り上げ、説明的に解説しておきたい。

第一節　神経症

まず、心理臨床でよく出会うのは、神経症の人々である。現在の精神医学の診断・統計マニュアル（DSM）では、「神経症」というカテゴリーはない。しかし、心理臨床の活動として、この観点からクライエントを見ておくのは大いに役立つものである。残念なことに教材に値する映画はあまり多くないのだが。神経症というのは、境界例人格障害などと比べるとあまり劇的なところがなく、映画的な題材としてはあまり魅力がないということなのだろうか。ここではその例として『恋愛小説家』を紹介しておきたい。

映画はジェームス・ブルック監督の『恋愛小説家』（一九九七）である。主人公が人気の恋愛小説を書く男性であるが、極度の不潔恐怖や場所などにこだわりがあり、一定の儀式に従わないと動けないという強迫神経症者である。この人が隣人とトラブルを起こしたりする。また毎日食事に通うレストランのウエートレスに好意を抱き、それをきっかけに次第に回復のきっかけをつかんでいくというテーマである。座るテーブルにこだわったり、自前のナイフ、スプーンを使ったりする。また、儀式的に道を歩くなど。強迫神経症の理解には重要な資料を示している。

不安神経症的な行動を示す人が誤解されて、統合失調症として病院に収容された映画がある。ジェーン・カンピオン監督『エンジェル・アット・マイ・テーブル』（一九九〇）である。子どものころから、成長するに従って次第に緊張の高い子どもになっていく。内向的で友人と一緒に遊ぶというより、本を片時も離さず読んでいるような少女である。教育委員会の偉い人たちの参観日に、彼女は緊張のあまり教室を飛び出してしまう。またその行為に対する罪責感のため死にたくなり、自殺未遂をする。そして病院に収容されてしまう。ところが、病院では統合失調症と診断され、電撃治療を受ける羽目になってしまう。彼女は自分の体験を小説として書き始める。

その小説が文学賞を受賞することになる。それによって彼女は統合失調症ではないということになり、病院から開放される。その後、恋愛経験や妊娠などを経験するが、父の死をきっかけにしてふるさとに帰り、そこで安住の地を得て小説家の道に進むという物語である。現在の時点で考えると、彼女の問題は不安神経症レベルのように思われる。ボタンの掛け違いで、いつの間にか統合失調症にされて入院、そして電撃治療を受けさせられ、長い入院生活をさせられてしまうということになった。心理臨床にとっても「見立て」「アセスメント」の重要性を教えてくれる物語として意義深いと思われる。

誤認から病院に長い間収容された女性を描いたペーター・ホール監督『おかえりなさい、リリアン』（一九八九）という映画もある。一種の告発的な映画である。リリアンはかなり激しい反抗的な少女であった。そのため周囲の人が病気だとして、精神病院に入院させてしまった。そして六〇年も入院生活をしたという話である。このような極端なことは現在、存在しないかもしれない。しかし、見立てやアセスメントを理解するうえでは参考になるだろう。

第二節　統合失調症

精神障害の中で、もっとも治療が難しいと考えられている障害である。その特異な行動を見事に描いたのは、アルフレッド・ヒッチコック監督の『サイコ』（一九六〇）とロマン・ポランスキー監督の『反撥』（一九六五）であろう。ヒッチコックはこのような障害の行動特徴をよくとらえ、サスペンス映画までに仕立てたというところがすごいと思う。ことに、シャワー室で殺人が行われる場面は戦慄が走る場面であった。前に述べたように、この映画で名演技を示したアンソニー・パーキンスは、その後『サイコ2』『サイコ3』にベイツ役で出演した。『サイコ3』では監督し、主役を演じた。同じ役で有名になった。マンネリ化するとともに、他の役柄を演じられなくなってしまい、映画界から消えていったということであった。この現象は第四章で見た寅さん映画と渥美清の関係と似ていると思われる。大きな成功が、俳優の可塑性を制限した例でもある。

一方、五年の開きはあるが、同じ時期に制作された『反撥』はまた、衝撃的な映画である。ポランスキー監督は人間の暗い側面に注目して多くの作品を作るようになる。その初期の作品であるが、統合失調症の行動を的確にとらえている。この主演女優はカトリーヌ・ドヌーヴである。彼女はこの作品がデヴュー作品ではなかったかと思う。

孤独な女性が姉と生活している。姉には恋人があり、同じアパートで暮らしている。そこに姉の恋人が時々訪ねてくる。そして姉の部屋でセックスをする。その声が大きいので、妹の本人は刺激されてしまう。マニキュア・ガールとして勤めているが、やるべきことをとちったりする。かわいいので男性が誘おうとするが、まったく無関心である。男性を怖がっている。帰りがけに道路が突然裂けて落ちそうになり、歩けなくなるといったことがある。

また、夜一人でいると、壁からたくさんの腕が出て、彼女を絡めとろうとしたりする。彼女は恐怖でおののく。姉が恋人と旅をして、アパートに一人でいると、彼女に好意をもっている男性がノックをする。彼女は男性が襲いにきたのではないかと恐怖に駆られる。後ろ手にカミソリを持ち、ドアを開けて入れソファーに座らせると、後ろからかみそりで首を切って殺してしまう。彼女は恐怖のため加害者から懸命に逃げているのである。このようなことが二度も続く。彼女は殺人を犯すことになるが、同時に自分は怯えてベッドの下に隠れているのである。まったく、無表情でこのような行為をやっていく彼女は、見ている私たちに背筋が寒くなるような怖さを感じさせる。この映画は妄想に苦しむ統合失調症の状態を見事に描いたものだということができる。

ドヌーヴはこの映画をきっかけに、さまざまな作品に出演し、役柄の幅を広げ、世界的に知られる女優になっていった。これはパーキンスと対照的である。また、この映画は妄想のイメージをはっきり映像化したという意味でも意義深い。道路が裂けて歩けなかったり、壁から腕が出て彼女を絡めとろうとしたりするところなど、映画の特色を積極的に利用してこれまでにない映像化に成功している。

これらの映画の四〇年後に制作されたのが、ロン・ハワード監督の『ビューティフル・マインド』（二〇〇一）である。この映画は実在の天才的数学者ジョン・ナッシュ教授を描いたものである。彼は数学の業績によってノーベル賞をもらった人でもある。

ナッシュはプリンストン大学大学院の特待生で入学する。入学当初から対人関係がおかしい。独り言を言ったり、集団の会話に入れなかったりする。彼にルーム・メイトができたり、また少女がついてきたりと親切な関係にあるように見える。彼の特異さに惹かれた女性と結婚をする。子どももできるが、子育てはまったくわからない。バスタブの水に赤ん坊を放置したりする。暗号解読は彼の仕事であるが、あらゆるところに暗号が見つかり、そのメッセージを解読するのが大変である。また、国防省から彼のボディガードが現れたりする。彼は真剣にこれらと付き合っている。次第にわかってくるのは、それらのルーム・メイトや少女や国防省の人々や秘密の暗号などが、すべて彼の妄想的な現実であるということであった。見ていると、はじめはよくわからない。観衆としての私たちは彼の妄想的世界につき合わされていたのである。これはポランスキーの妄想の映像を超えて、奇異、特異というのでなく、いつの間にか自然に入り込まされた日常の妄想的世界であった。

この映画的な手法もすごいが、内的な妄想世界をイメージ化してまったく説明しないまま、観衆の判断に任せるやり方もすごいと思った。患者にとって、妄想世界が親和的な世界であることがよくわかる。ノーベル賞の受賞式で受賞講演していると、これらの人たちが並んでいる。ナッシュさんは最後まで、妄想から逃れられなかったのである。ナッシュさんが言う。「彼らはいつもいます。しかし、今は私の邪魔はしません」。この映画は心理療法を学ぶものの必見の映画といってよいと思われる。

第三節　躁うつ病

躁状態を描いたものとして、マイク・フィギス監督の『心のままに』（一九九三）がある。主人公のジョーンズは躁的な状態で危険も顧みず土木の仕事の現場で働いたりして周囲の人を怖がらせる。高い建物の屋根の頂点に立って、気持ちよさそうにしている。いつ落ちるかしれない。周囲ははらはらである。強制的に病院に入院させられても、病院の中でエネルギッシュにしゃべり、動きまわる。患者の主治医の女性精神科医は患者が躁状態にあるということはよくわかっているが、それなりに魅力のある男性であることも感じている。落ち着いて退院すると、ジョーンズは行った銀行の女子店員を誘ってコンサートに行ったりする。直情径行もいいところである。また、コンサートに行くと、さっさとステージに上がり、自分が指揮台に立って指揮をしようとして、コンサートをぶちこわしてしまう。また、あるときはさめざめと涙を流して、動きがとれなくなる。

女性の精神科医はジョーンズの過去の経験を探ろうとする。いろいろの出来事があることがわかり、恋人が亡くなったことなど、同情すべきことも多いことがわかってくる。面接中のいざこざから、ジョーンズは病院を飛び出してしまう。医師はそれを追っていく。また、屋根に登っているのを説得して降りてもらいほっとする。その夜、医師はジョーンズに誘われて、性的な関係をもってしまう。医師もジョーンズの男性的な魅力に圧倒されていたのだった。医師は悩んで、他の患者が自殺したのをきっかけに病院をやめることにする。ジョーンズはまた、屋根に登って、鳥のように手を広げて気持ちよさそうにしている。医師はそれを説得してとめる。降りてきたジョーンズと今度はしっかり抱き合う。もう医師・患者関係でなく、恋人同士という関係である。

この女性の精神科医は職業的に少し甘い。男性的な魅力に負け、患者の病理をむしろ利用しているという感じがする。このような躁的な状態に魅力を感じる女性はあるのかもしれない。しかし、精神科医となると、話は別ではないだろうか。守るべき患者を自分の欲望の対象にしていることの難しさがある。医師とて、個人的な欲望があるのだからということは患者を相手にしているときは言い訳にならないと思われる。彼女が苦しんで病院を辞めるのは、そのことを示しているだろう。しかし、辞めたらすむかというとそうでもないだろう。というのは、病は依然として残ってしまうからである。恋人同士の関係と医師・患者関係という二重関係を維持できるだろうか。

この映画は躁状態を描いたものとしてはよくできているが、その状態を支援者がどのように対処するのかということになると、大きな疑問が残る作品であった。

第四節　人格障害

人格障害の場合は、行動的にも劇的であったり、破壊的になったり、犯罪と結びついたりすることが少なくないので、映画の題材としても扱われやすい。かなりたくさんの映画ある。少し古い白黒画面の『殺しのファンレター』、最近の映画では『危険な情事』『カッコーの巣の上で』『十七歳のカルテ』『ほんとうのジャクリーヌ・デュ・プレ』などである。また、心理療法家を悩ませた『おつむてんてんクリニック』などがある。別のところで紹介したので、『カッコーの巣の上で』『十七歳のカルテ』『ほんとうのジャクリーヌ・デュ・プレ』については、それらを参照していただければ幸いである。それらを除いて、以下に紹介してみたい。

日本では映画館で公開されていないが、ＤＶＤで発売されている映画で、エドワード・ビアンキ監督の『殺しのファンレター』（一九八一）、その焼き直しのような『ザ・ファン』がある。映画の題名が少し俗っぽいので公開されなかったのだろうか。あるいは、マイナーな作品として避けられたのであろうか。この映画は境界例人格障害の状態をわりとうまく描いていると思った。ストーリーは単純である。

舞台女優のローレン・バコールを好きになった若い男性ファンがしょっちゅう手紙を送る。最初はファンレターと思って女優は無視する。それが頻繁に送られてくる。その文面が次第に逆転してくる。はじめは「好きだ」が、やがて「あなたが私を好きなことはわかる」という文面になる。また、「私も好きなのだから、会うべきだ」という脅迫になる。そして「私を無視するなら、あなたは報復を受けるだろう」という文章になってエスカレートしていく。これは境界例人格障害のパターンである。この映画も悲劇的な結末になるが、一般的にいって結末は悲劇的で破壊的である。愛情関係などに確信的な思いがあり、現実認識を超えて行動をしてしまうところが共通している。ある夜、舞台がはねて女優が帰ろうとすると、その若い男が現れて女優をなじる。そして自分を受け入れないなら殺すと言ってナイフで襲ってくる。怖い場面である。もみ合うが最後は男が間違えて自分を刺してしまって死ぬということになる。白黒画面の特徴が生きていて、迫力があった。

ストーリーの構造としては同じものに、トニー・スコット監督の『ザ・ファン』(The Fan)(一九九六)がある。熱狂的な野球のファンが、一人のホームラン・バッターに夢中になる。しかし、ファンの思いどおりの成績をバッターはあげられない。これを怒ったファンはバッターの子どもを誘拐してしまう。ファンは「今日のゲームでホームランを打てば子どもを返す」と言う。バッターは大きな当たりをして懸命に走る。ランニング・ホームランのタイミングであったが、タッチアウト。その審判が例の男だった。ひと悶着があって、その男は警察に撃たれてしまう。まったく一方的な思い込みが満たされないとき、破壊的な怒りが出現する。

元の題名が『殺しのファンレター』(The Fan)とまったく同じである。一九九六年の制作だから、一五年後ということで、状況をまったくちがえたリメイクということかもしれない。

エイドリアン・ライン監督の『危険な情事』(一九八七)もまた、主題は近い。これはセックス場面が激しいことで話題になった。また、一種のミステリー仕立てになっていて、劇的な効果も大きかったということができる。家族が田舎に行っているとき、会社の重役をしている男がパーティで魅力的な女性に会い、一夜の関係ということで性的な交渉をもつ。彼にしたら、本当に軽い気持の一夜の出来事であった。ところが女の方は、この男性が忘れられず付きまとい始める。

男が会うことを拒否すると、電話をしてきたり、会社に押しかけたり、とにかく執拗に付きまとう。男はどう対処してよいかわからない。次第に怒りが湧いてくる。女はもう一回でよいから会って欲しいと執拗にいう。そこで「これを最後にしよう」と言って会うと、女にとっては彼が自分を思ってくれている愛情の証拠になる。彼が離れようとすると、リストカットをしたりする。男は追い詰められてしまう。男の拒否が続くと、男の家に押しかけ子どもを誘拐するような脅しをする。妻はわけがわからない。男は告白する。妻はショックで別居する。しかし、問題は解決しない。

この女との関係は次第に悲惨な結末へ進むことが見えてくる。この勢いは食い止めることができないだろうな、という恐ろしい予感になる。そして実際にこの女が家に入りこみ、風呂場での惨劇になって死んでしまうことになる。警察としては、彼は正当防衛だということで許される。夫婦はもう一度やり直そうと思う。ここで映画は終わるが、このトラウマは簡単には終わらないだろう。ともかく、人間関係のやりとりも激しく、見ていて疲れてしまった。そして本当に怖いことが起こるのだという実感をもった。これがこのタイプの人格障害の病理のひとつの表現であることを知ることが大事だろう。

もうひとつ喜劇調で扱われているが深刻な映画を紹介したい。フランク・オズ監督の『おつむてんてんクリニック』(一九九〇)である。「おつむてんてん」というのは幼児語で頭を意味する。たしかに、精神科医と患者の物語、おつむの問題であることは間違いがない。しかし、これを軽いのりで喜劇としてしまうには、主題は重過ぎるのではないだろうか。これも日本の文化的な事情、つまり心理療法について疎いこと、また境界例人格障害の病理を軽く喜劇レベルでとらえてしまうという事情によるのだろうか。

原題 What About Bob ? というのは、「いったい、ボブのどこが悪いの?」というような意味をもっている。日常的な会話のことばである。境界例人格障害の人々と出会うとわかるが、一回や二回会ったぐらいでは、その人の性格や行動特徴はわからないというところがある。現実認識や現実感覚に大きなズレはないのである。そして目的のためなら相手にとって不利であろうと、傷つくことになろうと行動的に、衝動的にやってしまうところが難しいのである。だからこの題名は、境界例人格障害の本質を表しているといってもよいぐらいである。前に見た『危険な情事』の女も、パーティで出会ったとき、問題はまったく見えない。魅力的な女であり、社交的な会話も堂にいっていてスムーズである。それがあのような悲劇を生む。本当に難しいのである。

普通の人が見ると、「この人の一体どこがわるいのよ？」と言いたくなってしまうのである。この映画の中では、周囲の人が次第に患者ボブに取り込まれてしまい、最後には医師の家族までが、「ボブはよい人なのに、どうしてお父さんは嫌うの？」といった反応をするぐらいに、特定の狙った人との関係と周辺の人々との関係が違ってくるのである。

ボブを紹介され、マーヴィン医師の苦労が始まる。患者のボブはさまざまの強迫的な恐怖症的症状をもった人である。そのために前の医師はお手上げで、紹介して引き受けてもらったとき、ホッとして両手を挙げて万歳したくらいであった。マーヴィン医師はよくわからないまま、引き受けてしまったのだった。それから災難がはじまる。ボブは自分の不安や都合で医師に相談をもちかける。マーヴィン医師が夏休みの休暇をとると、そこにまで押しかけてくる。休暇をとる山小屋の場所は秘密で、患者には知らせないことになっている。しかし、ボブは電話の交換手を巧妙に騙して聞き出してしまう。それから医師家族が夏休みをとっている山小屋に押しかける。そしてまた巧妙に家族に取り入り、家の中に入り込んでしまう。医師は絶対反対なのだが、家族にはボブがなんともない親切な人に見えるのである。このときに、妻が夫の医師に「いったい、ボブのどこがおかしいの？」という表題のことばを発するのである。それを拒否する医師の方がおかしいということになる。

医師はプライバシーを守り、家庭を守ろうとするが、患者の侵入を止めることはできない。次第に医師の方が調子を崩し、おかしくなり、自分の方が精神病院に入院するということになる。私は見ていて、喜劇的などたばたではあるが、次第に深刻になって映画館を出るときには、滅入ってしまっていた。それだけでなく、本当に難しい問題だなあと深刻になっていた。日本語の題名は悪いが、映画としては心理療法についてたくさんのことを学ぶことのできる教材だと思った。

第五節　薬物依存

薬物依存をテーマにして劇的な映画を作ることは困難ではないだろうか。深刻な内容であり、悲惨である。したがってエンターテインメントとしての主題としては扱いにくい。

アルコール依存を扱ったブレイク・エドワーズ監督の『酒とバラの日々』（一九六二）もなかなか大変だという感じだった。広告会社のセールスマンのジョーがある会社の秘書と仲良くなり、結婚する。セールスマンのジョーは仕事柄よく酒を飲んでいた。妻のカーステンは甘党だったが、父との諍いで憂さ晴らしに酒を飲み、その後、次第に飲むようになった。二人はだんだん酒の虜になっていく。やがて依存症になり苦しむ。ジョーは自覚があり、なんとか立ち直ろうとアルコホーリスク・アノニマス（Alchoholics Anonymous：以下ＡＡ）に入ったりする。しかし、妻はまったく自覚がなく、いっそう深酒に溺れる始末だった。立ち直る希望もなく、二人は別れてしまうことが暗示されて映画は終わる。かなり前の一九六二年の制作である。このような主題を扱ったということで話題になった。また、ジョーを演じたジャック・レモン自身がアルコール依存だったということを告白して、話題が大きくなったということがあった。今日もこの問題が解決したわけではなく、ＡＡなどの取り組みも日本でも熱心になされている。

また、マイク・フィギス監督の『リービング・ラスベガス』（一九九五）という映画も、アルコール依存で最後はすべての人から見放され、死んでいくという姿を描いて悲惨だった。ニコラス・ケイジという男らしいボディと美しい目をしている人がぼろぼろになる姿は悲惨だった。この原作のジョン・オブライエンという小説家もアルコール依存であり、この作品が映画化されるということになった後、自殺してしまったということである。

薬物依存では『トレイン・スポッティング』『ドラッグストア・カウボーイ』がある。ダニー・ボイル監督の『トレイン・スポッティング』（一九九六）は麻薬（ヘロイン）依存に陥った若者たちの姿を描いたものである。悲惨で破滅的な姿が生々しく描かれている。生々しいとはいうものの、実は見るのが苦しいような厳しい世界である。また、ガス・ヴァン・サント監督の『ドラッグストア・カウボーイ』（一九八九）も麻薬（ヘロイン）依存と悲惨な世界を描いたものである。依存症になっている若者たちはドラッグストアを襲って麻薬を盗むといった荒っぽいかたちで生活している。それが彼らにとって生きる証のような実感である。仲間の女の子が中毒死したり、逮捕されたりなど、次々と問題が起こり、主人公のボブは刺されて死んでしまう。

薬物依存を主題にした映画は暗い。薬物はお金のための犯罪、性的な問題、仲間割れ、警察とのトラブルなど、社会の闇の世界を生きることになることが多い。これに対する心理臨床家の仕事は厳しいと同時にかなりのタフさと専門的な力を要求されるだろう。

第六節　発達障害

最近教育界で注目されている発達障害はさまざまな状態像があって、ひとくくりで考えることはできない。この点から、スペクトラムというアイデアで、大きくとらえようというのが一般的である。知的障害などを主とするもの、自閉性を主とするもの、ＡＤＤなどにより、学習困難や集団生活の困難を主とするものなどである。

これらの問題を映画として制作して成功したのは、バリー・レビンソン監督の『レインマン』（一九八八）ではなかっただろうか。これはアスペルガー・タイプの自閉性障害をもつ青年の物語である。父の遺産がすべて弟にいってしまうことに腹を立てた中古自動車のディーラーをしている兄が、それまで秘密にされていて会ったこともなかった弟に出会ってみると、弟は障害者だった。数に関心をもち、いろいろな年代、数字そのものを記憶するという特性をもち、また人間関係ができにくい、決めたことは変えられない、危険なことは絶対しない、などいろいろの強迫的な行動があり、とても難しい人である。旅をするうち、次第に仲良くなり、兄弟愛が芽生えてくる。ラスベガスでのトランプのゲームで、数字を覚える弟レイモンドが力を発揮して大儲けするなどのエピソードはほほえましい。旅は終わり、兄は仕事に、弟は施設に帰る。遺産は弟の施設での生活に使うということで兄も納得することになる。弟を演じたダスティン・ホフマンが自閉性の行動特徴をうまく演じていた。

また、続いて知的な遅滞を描いた『ギルバート・グレイプ』（一九九三）が公開された。この映画はデ・カプリオやジョニー・デップといった人たちのデヴューの作品ということでも知られている。ラッセ・ハルストレム監督は障害者をもつ家族の困難を丁寧に描いていく。

母は一七年前に夫が自殺して、まったく気力を失い、食べるだけの生活で鯨のように太る。歩くのも大変な状態である。また、長男ギルバートの下には二人の妹や、知的な障害があり、ややADD的な障害をもつ弟アーニーもいる。ギルバートは食品店に勤めながら家族の面倒を見ている。弟アーニーは電信柱に登るなど、危険なことをするので目が離せない。ごたごたの中で母は心臓麻痺で死んでしまう。あまりにも太っているので、葬式という形で母の亡がらを見せるのは恥ずかしい。ギルバートは兄弟がみな家を出る時期なのだと、母の亡がらをそのままにして家に火をつけて燃やしてしまう。ギルバートは一八歳なった弟アーニーを連れて、恋人のトレーラーに乗り込んで当てもない旅に出立する。

父母が親の機能を果たさないうえに、家族や障害の弟の面倒をみているギルバートのやさしさと苦しさがよく伝わってくる。しかし、これからも大変だろうなというのが実感であった。

また、同じ系列の知的障害の子どもを主演にした『八日目』（一九九六）は印象的な映画であった。この映画の主人公パスカル・デュケンヌは実際にダウン症候群の知的障害者である。ひとつ前に『トト・ザ・ヒーロー』のトトの弟としてセレスタン役で演じ、映画の中に存在感を示した。『八日目』もドルメル監督である。ここでは障害をもつ人ジョルジュが、自動車の事故がきっかけで、ごく普通の男ハリーと出会う。ハリーは離婚寸前で別居状態。ジョルジュは不安定になっているハリーを慰めたりする。また、障害者ジョルジュの母親探しを手伝うなど、お互いに助け合う。家を探しだすとジョルジュの母は死んでいる。姉も家族の大事さから、障害のあるジョルジュを受け入れない。また、ハリーは妻と子どもたちに会いに行くが妻は冷たい。それをジョルジュの機転でハッピーエンドにする。

聖書の創世記の中に神がこの世を作って、人を作って、それから次々と六日まで働き、七日目を安息日にしたという話がある。はみ出た八日目はどうなるかが、この映画の主題である。八日目のジョルジュは、自分に希望のないことをさとり、チョコレートのアレルギーがショックで仮死状態になるのを利用して、チョコレートをいっぱい食べ、アレルギー発作の現れる直前にビルの屋上から鳥のように飛んでしまうのである。深い絶望と諦観の思いが伝わってくる。このジョルジュを演じた障害者であるパスカル・デュケンヌは、この演技によってカンヌ映画祭で主演男優賞を得ている。

スコット・ニックス監督の『シャイン』（一九九五）という映画は、デーヴィッド・ヒルフゴッドという自閉性障害でアスペルガー・タイプのピアニストの生涯を描いている。現在もプロのピアニストとして活躍している人である。けれどもピアノ以外の日常生活は、援助者がいなければ困難な人である。成育史は父との葛藤で印象的なものがある。

父は欧州からの移民で、ユダヤ人である。戦争中にはユダヤ人虐殺などで家族を失うなど不幸な経験をしている。そのため、家族はなにものにも代えることのできない大事なものであるという強い信念で生活している。また、父には一種のトラウマがある。自分がバイオリンを習いたかったが、祖父が反対してだめになった。「今、息子のお前はピアノをならうことができるから幸せだ」「ぼくは幸せですと言え」と言う父。何回も言わされる。この息子デーヴィッドには天才的なピアノの才能がある。デーヴィットはピアノ専門の先生についてさらに力をつける。先生はデーヴィッドの才能をみて、外国に勉強にやらせたらどうかと考える。しかし、父は絶対に説得に応じない。「家族は一体だ。家から離れることは許さない」と頑なである。父は専制的な強烈な支配者である。

ナチの専制的な支配によって家族を失い不幸になってしまったのに、自分では無意識的に同じことをしている。この不思議。臨床心理学ではこの現象を「攻撃者への同一化」と呼んでいる。

デーヴィッドはプロになる勉強をしたい。ロンドンの王立音楽アカデミーにこっそり奨学金を申請して受け入れられる。しかし、それを知った父は憤怒する。「出て行くなら、二度とこの家には帰れない」と宣言する。それでもデーヴィッドは出かける。ロンドンでの個人生活はハチャメチャである。しかし、ピアノの腕は一流になっていく。卒業試験は父がこだわったラフマニノフのピアノ協奏曲第三番を選ぶ。難曲中の難曲といわれるものである。やり遂げるが、精神の集中に耐えられず、最後に倒れてしまう。かれは廃人同様になって長く精神病院に収容される。

病院ではピアノを弾くことを禁止されている。ときどき、妹が見舞いにきている。その様子を見ると、デーヴィッドはすっかり変わっている。ぶつぶつと早口で何か言っている。父との対話で「僕はラッキーボーイだ」ということを繰り返している。あるとき、病院のレクレーション室でピアノの音にひかれて入り、ダンス・レッスンをしているピアノの横に座って、楽譜めくりの手伝いをする。それがきっかけで次第にピアノに親しみはじめる。退院して、小さなアパートで時間制限ながらピアノの練習に打ち込む。ある雨の日、ぶつぶつ言いながらレストランに立ち寄ると、店員たちがわけのわからないことを言うデーヴィッドを面白がりながらも親切に扱う。それをきっかけに、レストランでピアノを弾くようになる。プロ級のピアノを聴いて皆は喜ぶ。また、レストランはそれが売りになって繁盛する。新聞にも取り上げられる。父はその記事を見て、彼のアパートに訪ねてくる。

ここで父との対決があった。父は「お前はラッキーボーイだ。そう言え」と言う。これまでは繰り返していた彼が、今度は繰り返さない。父は息子が本当に自分を離れたということを知り、失意の中で去っていく。デーヴィッドなりにようやく父から自立したのである。しかし、生活は大変である。彼はピアノさえ弾いていれば満足であるが、部屋はあらゆるものでちらかっている。それもまったく気にならない彼である。誰かによって日常生活の支えがなければ生きていけないだろう。デーヴィッドはいわゆるアスペルガー・タイプの自閉性障害をもっているのである。ラッキーにも、彼を支えたいという女性が出てくる。その人と結婚する。その人の支えでピアノの演奏会まで開くことができるようになる。演奏会は大成功で、彼は本格的なピアニストとして出発する。演奏が終わって舞台で聴衆の拍手に感動して泣き出してしまう。それを見ている私も感動で涙をこぼした。

アスペルガー・タイプの自閉性障害をもつ人の育ち、ことに父との葛藤、ピアノ練習、精神病院への入院、回復、それからの幸運など、デーヴィッドの生涯が紹介されると、また一方で身近にいる人たちの苦労もよく理解することができる。

独特な才能という点では、『レインマン』も同じであった。この人の才能は記憶力である。特に、数や月日に関する事件など、コンピューターのようにすばやく、また正確に覚えている。これがプラスにも、マイナスにも働く。なかなか中間のあいまいさがない。どちらかでないと動けない。才能を維持し、伸ばすにも支援者の存在を欠かせない。これらの障害者が社会との接点をどのように維持していくのかなどを理解するには、この映画は資料的な価値をもっていると思われる。

第七節　認知症・記憶障害

アルツハイマーの疾患として知られるようになったが、一般的に認知障害は高齢者に多い。しかし、最近は若年性のアルツハイマーということも言われている。この角度から映画にされたものもある。記憶障害をテーマにした映画『恍惚の人』『花いちもんめ』『痴呆性老人の世界』『アカシアの道』『博士の愛した数式』『明日の記憶』『私の頭の中の消しゴム』を取り上げたい。

アルツハイマーや老人の痴呆を描いたよい作品が日本には多いのが特徴である。欧州にも老人の世界を描いたものは少なくないが、痴呆状態や認知症と家族との関係の難しさを描いたものは日本が一番多いのではないだろうか。ここにも関心の違いがあって興味深い。

カンヌ映画祭（二〇〇七）でグランプリを得た河瀬直美監督の『殯の森』も認知症の老人が主題であった。日本では、有吉佐和子さんの『恍惚の人』（一九七二）がベストセラーになり、「恍惚の人」ということばが流行語になった。その後、この問題は流行ではすまされないような深刻な社会問題になっていった。「ボケ」「痴呆」ということばが関連して流行した。これらのことばは老人やその障害をもっている人の人格を傷つけるという観点から、厚生労働省の用語検討委員会が用語を提案して「認知症」（二〇〇四年）ということばになり、今日に至っている。国際的な用語としての dementia, senile dementia は変わっていない。日本では障害の呼び方が時代（それも短い時間）によって、変化している点にも特徴がある。ついでであるが、日本精神神経学会が提案して「精神分裂病」を「統合失調症」に用語を統一したのは二〇〇二年であった。国際的な用語としての schizophrenia は変わっていない。これらはことばを変えることによって、事態に対処しようとする日本的な現象でもあるといえるだろう。

『恍惚の人』（一九七三）は豊田四郎が監督であり、森繁久弥が主演であった。ベストセラーの熱気がまだ残っているときであり、さらに森繁の熱演で、映画も評判になった。八四歳の茂造、その息子夫婦、その子という三代が同居する家庭である。茂造は妻がなくなると、痴呆が一段と進む。自分の娘の顔も、息子の顔も、嫁の顔も忘れてしまっている。息子を見て、暴漢と錯覚して騒いだりする。また、湯舟に溺れたり、畳に自分のうんこをなすりつけたり、道に迷ったりなど、家族は茂造の異常な行動に振り回わされる。やがて、落葉が枯れて落ちるように死んでいく。この映画は現在も老人の問題や痴呆・認知症をテーマにするときの必見の映画であろう。

同じ主題で描かれたのが、伊藤俊也監督の『花いちもんめ』（一九八五）であった。ここでは主演の千秋実がまさに認知症の状態そのもののような力演で話題になった。考古学を専攻する大学教授が次第にアルツハイマー型の老人性認知症になっていく姿を描いている。道がわからなくなったり、家族が誰かわからなくなったりする。世話をする家族は大変である。病院に入院させると、徘徊をさせないようにベッドに縛り付けるということがある。これを見ると、家族はたまらず、また引き取ってしまう。家族が心身ともに疲労困憊する姿がよく描かれていた。最後の場面でこの人は幼児のようになって遊んでいる。そのときに口ずさんでいた歌がむかし彼の妻が口ずさんでいた「花いちもんめ」であった。ここでも本人の困惑や世話をする人の大変さがよく描かれていた。

これらと同じ系列として制作されたのが、松岡錠司監督の『アカシアの道』（二〇〇一）である。これまでは男性が主題であったが、ここではアルツハイマーの母が描かれたところに特徴があった。切羽詰って、母の死を願うというところまでいってしまう心の苦しみが描かれて胸を衝かれる。

これらに刺激されて、ドキュメンタリーとして作られたのが、羽田澄子監督の『痴呆老人の世界』であった。一九八六年なので、『アカシアの道』より早い。これはある施設の痴呆（認知症）の老人たちの生活を描き、痴呆とは何か、その対処方法について冷静に記録し、解説していったものである。心理臨床の資料として大きな価値をもっているということができる。老齢期の施設に行く前にこの記録からよく学んで出かけたら、心の準備もできるので、さらに経験から学ぶものが多いのではないだろうか。

『博士の愛した数式』（小泉堯史監督、二〇〇五）は交通事故の後遺症として、事故後の生活の記憶が八〇分しかもたないという厄介な障害が残されてしまう。その時の会話におかしいところはない。しかし、その日にあったことも次の日にはまったく思い出せない。重要なものは背広などにべたべたメモを貼り付けておくが、あまり効果がない。身の回りの世話をする家政婦を雇っても、いやになりすぐに辞めてしまう状態である。新しく派遣された家政婦杏子は戸惑いながら、この数学の先生に関心を示す。家政婦も数学が面白くなる。先生の記憶が毎日断絶しても気にしない。毎回同じ事を繰り返しながら、先生の世話を生き生きとしていく。あるとき、杏子に一〇歳の子どもがいることを先生は知る。杏子は母子家庭である。先生は杏子が家政婦として来ている間、子どもが一人で家にいることを心配する。そして連れてきなさいという。子どもに会うと、先生はその頭の格好からルートとあだ名をつける。ルートはすべての数字を包含する優しいものだと説明する。先生は数を神さまが与えたもっとも神秘的で美しい姿なのだと言う。そういう先生も現実から遠くの世界に住む純粋な人に見えてくる。家政婦は個人的なかかわりをもってはならないという職業倫理があって、子どもを連れていったりしたため、杏子は辞めさせられてしまう。次の家政婦が送られていくが、長続きしない。そしてまた杏子が呼ばれる。杏子が先生の最期を見るということになる。この物語は、今は高校の数学の教師になっているルートが、生徒たちに説明している思い出なのだった。

家政婦のこだわりのなさ、先生への関心など、人間的なかかわりの基本をしっかり示しているようで、心理臨床の活動の姿勢として見ても参考になると思った。しかしまた、記憶の障害は大変であり、一人で生活ができないこと、世話をする人が記憶の障害に阻まれ、反復的行動に耐えられないで、次々と替わっていってしまう現実もしっかりと見ておく必要があるなあと感じた。次に見るのは、さらに深刻な問題である。

老齢期に見られる認知症や記憶障害に対して、最近の注目はいわゆる若年性の記憶障害やアルツハイマー障害である。ここで取り上げる『私の頭の中の消しゴム』と『明日の記憶』はこのような点に注目した映画である。はじめの映画は韓国のものであり、もうひとつはわが国のものである。

『私の頭の中の消しゴム』（二〇〇四）は韓国のイ・ジェハン監督の映画である。若い女性で、結婚したての幸福の絶頂にあるスジンが、次第に記憶を喪失していく。建築家になった夫チョルスは事情がわからない。医者に相談すると、「若年性のアルツハイマー障害」だという。どんどん記憶を失い、「肉体の死より、精神の死が先にくる病気」と言われる。夫のチョルスは懸命に努力する。家のいたるところに紙をはり、説明をして、スジンの記憶を支えようとする。ある日、家に帰ると誰もいない。そして手紙が残されている。専門の施設で面倒をみてもらうために入所するのだ、ということが書いてある。チョルスは必死で探す。そして彼女を抱きしめ、一緒に生きていこうと誓うのである。

映画はこれで終わるが、現実はこれからが厳しいことになるだろう。チョルスの懸命の努力で、張り紙をしていくところなど、その必死の姿が伝わってくる。「愛は病より強し」というメッセージが伝わってくる。それを私も願いたい。

堤幸彦監督『明日の記憶』（二〇〇六）の物語は次のようであった。

主人公の佐伯雅行は四九歳の男。仕事も充実していて、一人娘の結婚も間近である。公私ともに忙しく、幸せな生活を送っている。ところが最近、急に物忘れが激しくなる。心配で病院に行くと、「若年性のアルツハイマー障害」だと言われる。これは雅行にとって、衝撃的であった。記憶を取り戻そうと懸命の努力をするが、記憶障害は進行するばかりである。彼は動揺する。人生で一番油の乗り切っている充実した時に、「何で俺がこんな病気にならねばならないのだ」との思いは悲痛である。妻の枝実子は、夫の苦しみを理解し、それを受け入れながら、障害の苦痛を一緒に耐えていこうという決意をしている。

ここで物語は終わるが、実際にはここから新しい苦悩の物語は始まるのだという示唆がある。やがて、障害が二人の愛をも壊してしまうような激動の困難がやってくるのである。この映画は病気を告げられた衝撃や記憶が次第に失われていく恐怖の姿をうまく描いている。佐伯雅行を演じた渡辺謙の演技が光っていた。

第八節　トラウマとＰＴＳＤ

衝撃的な事件や出来事に出会ったことが心の傷・トラウマになり、またそれが後に影響してさまざまな症状などとして反復的に表現される状態をＰＴＳＤ（Post Traumatic Stress Disorder）と呼んでいる。映画に扱われたこの状態について、よい本が書かれている。森茂起・森年恵さんの『トラウマ映画の心理学―映画にみる心の傷』（新水社、二〇〇二年）である。この本に取り上げられている映画は九本ある。それらを並べると、『質屋』『愛を乞うひと』『フィアレス』『心の旅路』『噂の女』『秘密の花園』『めまい』『ユリイカ』『バッファロー'66』である。それぞれに特徴的で重要な映画である。『質屋』はナチの被害が背景の映画である。カテゴリー的にいうと、戦後はユダヤ人虐殺とその生存者のさまざまな心の傷・トラウマが扱われた。これに類する映画は数多く制作られた。代表的なものは『ソフィーの選択』『夏の嵐』『ブリキの太鼓』『死と乙女』『戦場のピアニスト』などなど。また、ヴェトナム戦争後には、参加した兵士の心の傷や後遺症が積極的に扱われた。この頃からＰＴＳＤということばが定着してきた。しかし、第二次大戦について、心の傷という観点から制作された日本映画は多くはないのではないだろうか。

ＰＴＳＤという概念が一般化すると、心の傷は戦争のみではないことが理解されやすくなり、虐待の結果や残酷な事件に遭遇した場合などの後遺症として扱われるようになった。『ユリイカ』『めまい』『サウス・キャロライナ愛と追憶の彼方』『普通の人々』などである。さらに、親子関係の間でおこる性的な虐待や身体的な虐待が心の傷として残り、後に心理的な影響を与えるという理解が進んだ。『愛を乞うひと』『秘密の花園』『ナッツ』『蛇の穴』

などがそうである。

ここでは優れた著書『トラウマ映画の心理学』に取り上げられているものは、そちらを見ていただくとして、それ以外のいくつかを見ておきたい。トラウマの代表としては『ソフィーの選択』であり、性的虐待として『ナッツ』を取り上げてみたい。

アラン・パクラ監督の『ソフィーの選択』（一九八二）は第二次大戦下のドイツ・ナチのユダヤ人に対する虐殺の悲惨さが深く心の傷になっていることを描いたものである。アウシュビッツから解放されて、ニューヨーク郊外で生活しているソフィーと同棲しているネイサンとは、躁状態とうつ状態が激しく交代する苦しみを背負っている。そこに南部から作家志望のスティンゴが下宿し、すぐに親しくなる。ソフィーはアウシュビッツで両親や子どもを亡くしている。彼女も収容されるが、所長の秘書としてようやく生き延びる。彼女は男女二人の子どもがあった。収容される時、子どものどちらかを取れと言われる。選ばないなら、「両方ともガス室行きだ」と言われる。最後に彼女は男の子をとる。女の子はガス室に消えてしまう。また、男の子も離ればなれで行方不明になってしまう。

ソフィーはそのトラウマから現在も回復していない。そのフラッシュバックに苦しんでいる。そして衝動的に自己破壊的な行動をする。この点ではネイサンの行動も似ている。彼もユダヤ人の生き残りである。作家のスティンゴを巻き込んで、嵐のような生活が展開する。そして最後にはソフィーとネイサンは心中して死んでしまうのである。はじめから、最後まで息をつかせない、しかも悲惨な主題が次々と展開していく。心の傷とＰＴＳＤという主題が見事に描かれている。ナチの問題を心のトラウマという視点から語ったもっとも優れた映画ではないだろうか。

マーティン・リッツ監督の『ナッツ』（一九八七）はバーブラ・ストライサンドが制作、主演、音楽を担当している作品である。別なところでも取り上げたように、ストライサンドは『サウス・キャロライナ　愛と追憶の彼方』

の監督でもあった。『サウス・キャロライナ　愛と追憶の彼方』でも、心的外傷とＰＴＳＤが扱われていた。この人は心の世界に深い関心をもった人であることがわかる。この映画に大いに力を入れて取り組んでいる。映画の物語は、幼児期の性的な虐待という厳しいものである。クローディア（ストライサンド）は上流階級の出身であるが、高級コールガールをしている。あるときサド嗜好の客の暴力に耐えかね、抵抗し誤って殺してしまった。過失致死の罪で裁かれることになる。両親は精神異常者として片付けようとする。クローディアはこれに抵抗して「自分はナッツではない」と主張する。ナッツ nuts というのは、「気違い」という俗語である。やや暴力的な表現をする彼女であるが、精神的におかしくはない。裁判の中で次第に明らかになるのは、母の二番目の結婚相手の義父が幼児のクローディアに対して性的な虐待をしていたという事実であった。現在、親に反抗的で、家の恥になるようなことをするので、この娘を精神障害者として隔離してしまおうとする意図があることがわかってくる。クローディアはまた、穢れた自分を証明するように、高級コールガールになって行動していることが明らかにされるのである。自己破壊的な処罰の行為であるということもできるだろう。

　トラウマを抱える人が、トラウマの再現のようなことを衝動的にやってしまうことは少なくない。『ソフィーの選択』においても、今は解放され、まったく安全で自由の身になっても、強制された形ではあったが自分が犯した子ども殺しを許すことができないままで、自殺をしてしまうのも心の動きに似たものがあるのではないだろうか。心的外傷やＰＴＳＤは生涯続く心の困難であるという理解が大事ではないだろうか。

第九節　イニシエーション

イニシエーションの主題は心理療法、心理臨床の活動では重要な主題である。ライフサイクルの中で、次の発達段階に進むときに展開する心の組み換えをイニシエーションということができる。もともと文化人類学などで、大人の世界に入るために青年に課せられた儀式、また職業集団の仲間入り、職業を継ぐために課せられる試しなど、心の組み換え、能力の試験、心構えというような儀式を行うことをイニシエーションと称していた。ライフサイクルでは、すべての人が成長するにつれ、精神的な課題が異なるので、それを受け止め、新しい発達段階に進むことをイニシエーションということが多い。したがって、心理臨床の活動や心理療法自体がイニシエーションの促しであることも少なくない。

映画の中でイニシエーションを主題にしているのは、宮崎駿監督ではないだろうか。彼のアニメ映画は多くのものが、このような主題の追求であるという思いでこれまで見てきた。ことに、『千と千尋の神隠し』のとき、そのように感じた。それで宮崎の作品を見直してみると多くの作品にこの主題の追求のあることがわかる。『となりのトトロ』『紅い豚』『ハウルの動く城』『おもひでぽろぽろ』（共同制作）『魔女の宅急便』『もののけ姫』などは、その主題が意識されて描かれていると思われる。

イニシエーションに取り組んでも、うまく次の発達段階に進むとは限らない。そこで挫折してしまうということも少なくない。思春期の挫折、青年期の挫折、成人期の挫折、壮年期の挫折、高齢期の挫折など、それぞれの時期での苦しみが見られる。イニシエーションの格闘では生死をかけたものも少なくないので、自殺や殺人、精神障害の世界へのおちこみなど、さまざまな形として進行する。そのいくつかの形については、第一章の第三節「映画にみるアイデンティティの諸相」に述べている。イニシエーションと関連して「死と再生」ということがテーマになることもある。その点でイニシエーションは大きな心理臨床の主題と言ってよい。次に、このような挫折を扱った映画を取り上げてみたい。『千と千尋の神隠し』『おもひでぽろぽろ』である。

『千と千尋の神隠し』（二〇〇一）は宮﨑駿氏の原作を自分で監督した心のこもった作品であった。大ヒットしてたくさんの賞も得ている。よく知られているので、くわしい紹介は不要であろう。千尋は、自分から何かすることが苦手な現代風の十歳代の女の子。引越しの途中で神々が病気や傷を癒すための温泉に迷い込む。ここですでに引越しの主題が出てくる。そのために彼女がしなければならない心の仕事はさまざまな試しである。謎の少年ハクに導かれて、魔女の経営する銭湯で、千という名を与えられ働くことになる。何にもしない子が人のために働くという世界が始まる。人生経験の豊かなボイラー焚きの釜爺や先輩のリンに励まされながら、苦しい逆境の中で頑張る。彼女は意外な力を発揮する。怪我をしていた川の主の傷を癒したり、他人とうまく交流できない「カオナシ」（顔なし！）の魂を開放したりしていく。また、魔女の双子の姉から魔法の印鑑を盗んだハクが、重症を負わされると、ハクを助けたい千が印鑑をもって謝りにいく。おかげでハクは許される。ハクは千尋が小さい頃、落ちたことのある琥珀川の主であることがわかる。銭湯へ帰った千は魔女に両親を帰してもらい、人間の世界に帰っていく。

千尋が魔女の命令で仕事をしていくと、次第に力がついていく。また、それが自信になって、困っている人への積極的な援助をするように変化していくことが見事に描かれている。心の世界の試練は容易ではない。厳しい道に忠実に従い、ハクやリンなどの援助を受けて、克服していく道筋は、千尋が発達の次の段階に進むためにどうしても必要な課題である。その課題を千尋は文字どおり命をかけて、遂行していく。与えられた仕事（課題）の遂行が彼女を強くしていく。この試練を経て、彼女はまた現実の世界に戻るのである。イニシエーションの試練の世界へ門をくぐり、そして終わって門から出ていく。ひとつのイニシエーションを経た姿を見ることができる。これは見事な心の世界を描いたものだということができる。このような映画が多くの人の共感が得られるのは、心の課題に多くの人が関心をもっていることの現われだろうか。

また次の『おもひでぽろぽろ』（一九九一）は宮崎駿が共同制作、高畑勲が監督している。二七歳という人生の曲がり角と考えられる年を迎えてしまった女性タエ子が、自分の過去への旅をする。十日間の休みを会社からもらって、姉のナナ子の夫の里、山形への旅をする。ふるさとのないタエ子がふるさとを欲しいと思ったのは、小学校五年のときだった。その小学五年の自分を連れて、山形の高瀬に着く。そこには親戚の青年トシオが迎えに来ていた。頼りがいのある青年で、村のいろいろのことをタエ子に伝える。自然と調和しながら生活している人々の姿に、大きな魅力を感じるのだった。ある日、タエ子はトシオと中学一年の姪ナオ子に、小学五年のときの自分の話をするのだった。今は笑って話せるが、そのときは辛いことだった。タエ子が東京に帰る前の日、おばさんからトシオとの結婚の話が出る。タエ子は動揺してその場を飛び出すが、自分がトシオに好意をもっていることに気づく。次の日、東京に帰る汽車の中でいろいろと深く考え、再び山形の高瀬に戻る決心をする。

人生の曲がり角にいる人は、もう一度自分の過去を振り返ることが多い。それはこれからの将来を見通そうとするためである。イニシエーションの主題はまさに過去に取り組むことによって、現在の心の仕事をするということである。いよいよ青年期を終わろうとするタエ子の心の仕事は、小学五年の自分をもう一度しっかりととらえなおすということだった。ライフサイクルのいずれの時期においてもたびたび訪れる主題であり、また解決をして進まねばならないものである。イニシエーションの主題を常に解決して次に進むとは限らない。失敗して先に進むことができず、停滞してしまったり、命を落としたりすることも少なくない。第一章第三節の「映画から見たアイデンティティの諸相」で見た、『嘆きの天使』『ダメージ』『永遠のマリア・カラス』などは、その例を見事に描いたものだった。

第十節　性同一性障害・同性愛

性同一性障害や同性愛はタブー視している文化が多かったせいか、最近まで映画という形の主題にもなりにくかった。アメリカでは同性愛は犯罪であった。一九五〇年ごろから次第に変化し始め、一九五〇年の後半に法律的に整備され、性的オリエンテーションのちがいにすぎないということになった。これで市民権を得たことになるが、それで問題が解決したことにはならない。まだ、偏見は大きい。しかし、男性の同性愛を扱った『ブロークバック・マウンテン』がアカデミー監督賞、脚本賞などを受賞して大きな社会的な承認が得られたことになったということができよう。その前に『アナザー・カントリー』『フローレス』『ボーイズ・ドント・クライ』などが話題になった。

『アナザー・カントリー』（マレク・カニレフスカ監督、一九八四）はイギリスの上流階級のみのオクッスフオード大学の寄宿舎での出来事である。貴族階級の指導者のため入学が許されている男性ばかりのパブリック・スクールの内的世界を描いたものである。このスクールの出身者はイギリスの外交官となり、世界中を股にかけて仕事をしたり、政治家としてイギリスの議会で中心的な指導的な立場で仕事をしたりしている人々である。その指導者教育の閉ざされた世界を大胆に描いたものであった。その中で性的な出来事として、生徒同士の同性愛の関係のさまざまな姿が描かれ、またそれが世界の外交にも、国内の政治状況にも大きな影響をもっている姿が描かれていた。

また、同性愛に対する偏見の中での生活を描いている、キンバリー・ピアース監督の『ボーイズ・ドント・クライ』（一九九九）は女性同性愛を描いた映画である。これはアメリカの地方にある町での、青年期の女性が男装して、男の世界に入ろうとして、さまざまの出来事に遭遇し、最後には偏見によって射殺されてしまうという悲劇を扱っている。

ジョルジュ・シューマッカー監督の『フローレス』（一九九九）は時代的にずっと最近のニューヨークを舞台にして、あるアパートの日常を描いたものである。ここでは中の下の階層の人々の色彩豊かな華やいだ同性愛の世界が堂々と肯定的に描かれている。同性愛に対する時代の変化は明らかである。

アン・リー監督の『ブロークバック・マウンテン』（二〇〇六）はアカデミー作品賞にノミネートされたので、大きな話題になった。また、ヴェネチア映画祭ではグランプリを得ている。映画の物語は単純である。ワイオミングのブロークバック・マウンテンの牧場に季節労働者として雇われた二人の青年が、その夏の季節、牧場で羊の世話を頼まれる。天衣無縫な男と寡黙で静かな男が仕事をしているうちに、次第に深い友情を築いていく。しかし、それは友情を超えた愛情であった。そして性的な深い関係ができていくのである。その性的な関係をていねいに描いて話題になった。映画として、実に堂々と男性の同性愛の性的な姿が明かされたのでショッキングでもあった。愛情も、優しさも、信頼関係も、男女にも、男性同士にも、また女性同士にも存在することがはっきりと主張されている。映画の世界も、このように同性愛を描くということが時代の鏡としての働きをするのだということができよう。さらに、性愛ということに対する社会の見方の大きな時代的変化を示している。

心理臨床にとっても、同性愛の問題が扱われることは少なくないので、このような映画も必見のものとして含めていくことが必要であると思う。

第十一節　喪の仕事

すでに『マイ・ガール』『マイ・ガール2』『トリコロール　青の愛』などで、喪の仕事を扱ったが、ここでも二つの作品に触れておきたい。『ポネット』と『まぼろし』である。

ジャック・ドワイヨン監督の『ポネット』（一九九六）は不思議な映画である。四歳の女の子ポネットが母を交通事故で突然亡くしてしまう。父からそのことを言われても、意味がよくわからない。それで自分の人形ヨヨットと一緒にママの帰りを待つことにする。年上のいとこたちが遊ぼうといっても、ひとりでママを待っている。庭でもひとり。また部屋でもひとり。おばさんはポネットを膝に抱いて、ママはイエス様と天国にいったので、もう帰らないと説明しようとするが、反対に難しい質問をポネットにされてしまう。

「おばさんはなぜ天国に行かないの？」

「ママは私といたかったのに、どうして今は違うの？」

好きな人が生まれ変わるおまじないをするが、効かない。そしてポネットが思うのは、

「死んだ人が戻ってこないのは、その人を本当に待っていないからよ」。

父はポネットへの説得が効かないことに、次第にいらだってくる。

「ママは天国だ。お前はパパとこっちの世界に住んでいるんだよ。命のある世界だよ。そんなだったら、いつまでも悲しいだけだ」。

父の勢いにポネットは悲しくなって、泣き出してしまう。子どもたちと一緒にいて、一緒に遊んでいても、ママ

は戻ってこない。教会でイエス様にお祈りしても、ママは帰ってこない。ポネットはリュックを背負って一人で歩き始める。「ママ、ここに来て」とお祈りしながら歩くと、母が現れる。ママと手をとって歩き始める。

これでポネットは安心するが、本当に安心かどうか私たちにはわからない。ポネットが願うと、ママが出てきてくれることを、私も心から願う。四歳の子にとって、母の死を理解することはできない。「存在」と「非在」という意味の理解が困難な年齢である。ママが帰らないのは、私が悪い子だから？　悪いことをしたから？　ママの言うことをきかなかったから？　そしてしっかり願うと、ママが現れるということである。それは大人や周囲の、もう少し年のいった人たちには、幻かもしれないが。ポネットの解決は心理臨床的に正確な内的対象の回復という操作をしているということであろう。そして、大人にとっても、愛する人を失うことはポネットと同じく、幻を追い続けることかもしれない。次に紹介する『まぼろし』はそのような大人の映画である。

フランソワ・オゾン監督『まぼろし』（二〇〇一）は夫を突然失った妻の喪のプロセスを描いたものである。マリーとジャンは結婚して二五年になる五〇歳代の夫婦である。夏になると、例年、フランスは南西部の静かな海岸で過ごすことにしている。そして今年もそのようにして海岸にやってきた。静かで、平和な世界である。マリーは海岸で横になって本を読んだり、まどろんだりしている。夫のジャンは一人で海に入っていく。これもいつものこと。何も心配していない。しかし、夫がいつまでも帰ってこない。海岸の周辺を探してもいない。コースト・ガードに頼んでも見つからない。失踪だ。大きなショックでパリに帰る。

パリに帰っても、ジャンと一緒に暮らしているように、ときどきジャンと話している。マリーの友人たちは心配して、マリーをなぐさめる。また、時間が経つにつれ、マリーを好きな男友達が近づいてくる。一夜を過ごしてみても、夫とはあまりにもちがうことに気づき、一層夫のことを思ってしまう結果になる。そんなある日、警察からジャンと思われる遺体が見つかったと連絡がくる。死体確認にいくが、マリーは信じない。警察としてはほぼジャンに間違いないと言うが、腕時計を見ても信じない。一人夕方の海岸に行き、そこで初めて大声で泣く。左手の少し離れた海岸線を眺めると、ジャンらしいシルエットを見つける。マリーは「ジャン！」と言って走りだす。私たちには、それは幻《まぼろし》だということがわかっている。映画は終わるが、物語は終わっていない。

人との別れ、ことに突然の死に遭遇しての愛する人との別れは本当に難しい。しかも、心理的には大変な出来事であることがわかる。長い時間の喪のプロセスを一緒に歩み、また、喪の仕事をすすめるのは困難なものだが、心理臨床家にとっては重要な仕事であるということができる。誇張して言えば、この仕事は心理臨床家しかできないといってもよいかもしれない。十分な訓練と悲哀をともにできる精神的なやさしさと強さが要求される領域である。

第十二節　死との直面

自分の愛する人や信頼する人の死という喪の仕事に対して、自分自身が死にどのように直面するか、ということはなかなか大変な主題である。『フィラデルフィア』『ジョー・ブラックをよろしく』『午後の遺言状』などがある。

ジョナサン・デミ監督の『フィラデルフィア』（一九九三）はエイズで死んでいく弁護士を主題にした映画である。エイズに対する恐怖や、同性愛者に多いということから、社会的な偏見が強かった。エイズであることを告白したベケット弁護士は法律事所から解雇される。それを不当として、地位の保全と損害賠償を求めて訴訟をする。もう一人の弁護士が援助する。その裁判の中で、同性愛の仲間や家族がベケットを支える。みんなベケットに対してものすごくやさしい。それが印象的である。裁判は勝訴になるが、ベケットは末期の症状となり、やがて死んでしまう。みんなに支えられている姿は美しいと思う。外部の社会の偏見と家族や友人たち内部の優しさが対照的であった。エイズは現在も難病であり、多くの人が苦しみ、また亡くなっている。心理臨床の中でもエイズ患者のカウンセラーとして努力をしている人たちも少なくない。私のアメリカの友人もエイズで亡くなった。美しいという表現がぴったりするような男性であったが、末期は悲惨であった。エイズの感染は性的な接触からくるものが多いので、これからも注目されるだろう。また、心理臨床にとっては十分な知識や経験が必要な領域である。

マーチン・ブレスト監督の『ジョー・ブラックをよろしく』（一九九八）は不思議な映画である。心臓発作で死を予期している会社の社長が、自分の死期をはっきりさせて、最後の仕事をするという主題である。若者が交通事故で突然死する。彼は今や死神の使者となって、次の死を迎える候補者に、死期を伝えることになる。彼が伝える相手が会社社長のパリッシュである。パリッシュは心臓発作が頻発し、死期の近いことはわかっている。しかし、この死神の若い使者が来ると、パリッシュは残された時間に限りがあるということがはっきりする。それまでこの使者と一緒に生活していくようなかたちになる。映画ではその使者がはっきり出てくる。この使者にジョー・ブラックと名づける。これが映画の題名Meet Joe Blackである。パリッシュはときどき、ジョーと話をする。ジョーの突然の出現に家族や周囲の人は驚くが、パリッシュは取りつくろいながらもジョーの存在を大事にしている。

やがて、最後の大仕事で会社のっとり計画をしている悪賢い重役を追放してしまう。そして盛大に誕生祝いをする。豪邸での誕生祝いのすごさも興味深い。その盛大な祭りの中でパリッシュは森陰に隠れてしまう。死んだのだということが観衆にはわかる。

死期をはっきり予期して生きるということは、このようなこともあるだろうなという印象をもった。最後の時期に死（死神の使者）との対話をしながら、一番重要と思うことを実現しようとする。それは残される家族のこと、そして残される仕事、会社のことだろう。それを文字どおり命がけでやって、この世から去っていくというメッセージも伝わってくる。

新藤兼人監督の『午後の遺言状』（一九九五）は死をめぐる主題をじっくりと描いた見事な作品である。登場人物は三組になっている。大女優森本蓉子と彼女の別荘の家事手伝いの豊子と女優蓉子の古い友人夫妻である。豊子には娘あけみがいる。あけみを子どものいない女優蓉子はわが子のようにかわいがっている。女優蓉子の夫は死んだ。庭師として別荘を世話していた老人も死んだ。あけみがやがて結婚するというとき、母の豊子は実はあけみは女優蓉子の夫との間の子だと告白する。女優蓉子は動転する。女優蓉子の別荘に古い友人夫妻が遊びに来る。能楽師である。夫人は認知症でおかしい。ときどき正常に戻っている瞬間がある。夫の謡曲の練習は大変厳しい。このときはまとも。二人はやがて、ふるさとに行くといって別れる。ゆっくりと最後の時間を過ごした二人は、ふるさとの海岸で入水自殺をする。

これを聞いて、この海岸に女優蓉子と豊子がでかける。夏の暑い、強い日差しの中で二人が静かに海に入っていく幻想を見る。高齢期に明らかになる過去の切実な問題をユーモアと諦観の態度でやり過ごす姿や入水自殺をした認知症の夫妻の姿のように、静かだが深刻な主題が見ている者にずっしりとのしかかってくる。また、ついでに言うと、豊子を演じた乙羽信子さんは、ガンで苦しみながら演じていたが、映画の完成後まもなく亡くなられたということである。一三年たった今日（二〇〇八年）から見ると、この映画の主役の女優蓉子役の杉村春子、豊子役の乙羽信子、水死した二人（観世栄夫、瀬尾智美）の計四人は、すべて死去している。死の主題をあつかった人たちが、すべてすでに死を乗り越えてしまっているという現実はまた、感慨深いものがある。

避けられない死に直面して私たちはどうするだろうか。死に対処する方法は個人によってさまざまだろうが、心理臨床にとってもしっかりと取り組むべき主題であろう。

第八章

映画に関する心理臨床的エッセイ

第一節　『死の棘』（一九九〇）―無間地獄の夫婦関係
第二節　『キッド』（二〇〇〇）―過去との対話から得られるもの
第三節　『殺意の夏』（一九八三）―偽りの計画に一生を賭ける
第四節　『晩秋』（一九八九）―親子の出会いと別れ
第五節　『ジャック・サマースビー』（一九九三）―自分にとって真実の物語
第六節　『ダンサー・イン・ザ・ダーク』（二〇〇〇）―真実と現実
第七節　『ほんとうのジャクリーヌ・デュ・プレ』（一九九八）―演奏家の表と裏
第八節　能『葵上』―羨望と破壊性
第九節　『心の指紋』（一九九六）―魂の故郷
第十節　『クリクリのいた夏』（一九九九）―こころ豊かに生活する
第十一節　『野いちご』（一九五七）―老いと過去
第十二節　『十七歳のカルテ』（二〇〇〇）―青年期女子のさまざまな精神病理
第十三節　『コレクター』（一九六五）―青年期の自己愛の病理
第十四節　『血と骨』（二〇〇四）―性と破壊性

第一節　『死の棘』（一九九〇）
――無間地獄の夫婦関係――

島尾敏雄の自伝的小説『死の棘』を映画化したものである。夫婦関係の独特さをやや滑稽と思われるほど、しつっこくまた焦点をずらさず描いたものである。真面目で真剣なドラマほど、他人から見ると滑稽に見えるということの見本のようであった。日本の家屋、風景、子どもたちの動きなど、どこをとっても日本的であるが、心理的な主題としてはベルイマンの世界を彷彿とさせる見事なものであったということができる。

物語は、結婚して十年、子どもが二人いる夫婦。夫は早くから外に女がいて三日にあけず外泊する。妻はそのことを知っている。妻は耐えに耐えているが、次第に精神的な変調をきたし始める。そして夫に対する際限のない尋問の日々がはじまる。夫は罪意識から逃げずに、妻の反撃に誠実につきあう。しかし、夫が何を弁明しても妻は信じることができない。何を答えても信用してもらえない。妻にとって夫は絶対に信用できないという不信感が確信になってしまっている。

妻は次第に狂気の色合いが濃くなっていく。鉄道自殺を実行しようとしたり、また家の鴨居で首をつろうとしたりする。真剣な騒動であるが、映画を観客として見ていると、その夫婦の真剣さがこっけいに見えてくるのが印象に残った。

辛うじてかたちを保ってきた家庭生活も維持できなくなり、子どもたちを妻の故郷の奄美大島におくる。夫は妻に付き添って、一緒に精神病院に入院する。

この家族の出来事はごく平凡な事例であるかもしれない。特に珍しいものではないかもしれない。わがままな夫が女遊びをする。妻は耐えきれず、精神の異常をきたしはじめる。夫に対する妻の執ような尋問には、夫もすべてを投げ出したい衝動に駆られて、ときどき夫婦の爆発的な喧嘩となるが、狂気の世界に常識で接近しようとする夫にはまったく勝ち目はない。

突き放すこともできず、また許しを得ることもできない。逃げ出そうとすると、食い下がって止めにかかる。もはや、残される道は死ぬしかないと自殺しようと首をくくろうとすると、相手も同じように首をくくったり、このようなどたばたの繰り返しはとりとめがない。これは無間地獄である。次第に、これらの夫婦の葛藤は儀式化され、繰り返される。

一緒に生活し、このような父母のいさかいの有様を毎日見つめながら、しかし、子どもは幼すぎて発言することもできない。止めることもできない。父母が大声であらがうときには、恐れながら見つめて静まるのを待つしかない。父母に平穏の時間が訪れると喜び、騒ぎ回る。それを見ているのもせつないものがある。

この世界は解決のない悲劇的な世界であるように見える。それを正面から、静かに、しかし、密度高く描いているところが、この映画の特色であろう。夫婦関係の独特の心理的な世界の濃厚さと愛憎を根にした深い関係は、簡単に別れれば解決するというものでもない。このような心理的愛憎の泥沼に入り込んだら、生きていくこともおぼつかないことになるかも知れないなあと思われる。

第二節　『キッド』（二〇〇〇）

――過去との対話から得られるもの――

小学校に入学した頃の夢を見ている。私が小学生で、周囲に少し大きい子どもたちが取り囲んでいる。いじめだ。毎度のことで辛く、悲しい。どうして自分が標的にされるのだろうか。自分はダメな人間だ。どうせ皆から好かれないなら、生きていてもしようがないと考えている。そんな自分を見ている現在の私がいる。

『キッド』を見たとき、「ああ、これは夢だ」と思った。

有能なイメージ・コンサルタントという臨床社会心理学のような仕事をして成功した中年の男ラスティが、ある日突然、八歳の自分に出会う話である。夜中に突然、八歳の自分である子ども（キッドは一般的に子どもという意味の日常語）が現れる。はじめは誰かわからない。自分の過去のことをよく知っているし、話し振りも仕草も自分の子ども時代そっくりである。そして、名前まで自分と同じラスティという。

やがてこれは八歳の私だと気づく。はじめはわずかな時間だったのが、次第に長い時間子どもと対話するようになる。そして八歳の子どもの世界に入り、子どもと生活をともにするようになる。子どももどんどん現在の主人公の世界に入り込んでくる。そのために日常生活は混乱したりする。キッドがいじめっ子たちに直面するのに、大人のラスティはボクシングを教えたりする。そして少し強くなり、キッドがいじめっ子をやり返したりする（これは自分の過去を書き直すという行為ということになる）。こんなことをキッドと経験しながら、主人公の中年男のラスティは次第に自分の過去がどんなものだったかを理解し始める。

八歳のキッドに教えられて、自分が心を閉ざして生活し、勉強ができるということだけを頼りに生きてきて、現在の成功にたどりついたことを理解する。そのためには犠牲も多かった。好きな犬も飼えなかった。心を許す女性との出会いもなかった。社会的に成功したが、中年期に入ろうという現在の独身生活はまったく潤いのないものである。心が自由でなく、楽しくもない。人々を操ったり、テレビ出演のタレントのイメージをよくするといった仕事で、金を稼ぐ以外に何も面白いものはない。

中年になって、主人公ラスティは初めて心の生活に注目しはじめるのである。八歳の自分であるキッドが突然現れたのは、こんなときだった。向こうからキッドがやってきた。強制的に押しかけ潜りこんできた。やがてこのキッドを無視できなくなる。ちょうど、夢が私たちに強制的に訪れ、その物語を示すように。このような内的な力を私たちは無視できないのである。

心理療法のプロセスはそのようなものではないだろうか。過去の自分、八歳の自分に私たちは直面しなければならなくなる。現在の私と八歳の私が同居する。現在の私は八歳の私と真剣に対話をはじめる。八歳の私は、いじめの苦しみを訴える。現在の私はつまらない子どもだった自分を消してしまいたいと思う。しかし、八歳の私は、その状態の私を聞いてもらいたい、そのまま認めてもらいたいのだ。その話を聞くと現在の私は悲しくなる。みじめになる。そして泣いてしまう。現在の私はその苦しかったみじめな経験を忘れたかったのだ。八歳の自分に直面して、現在の私は今、はっきりと自覚できたのだ。

面接の中では、いつもこのような過去の自分や他人との出会いを体験させられる。それは日常生活では意識されていない特別な時間である。そこでは八歳の自分も現在の大人の自分も対等であり、現実である。八歳の自分と対話をすることによって、私は現在の生活が導かれた必然性を理解し、次の道への展望を拓く。過去をしっかり統合することによって、将来が開かれていくのである。心理療法や精神分析のプロセスはこのようなものだということを、この映画は語ってくれているように思う。映画的には少し甘い部分があるとしても、この映画は一見の価値がある。マッチョなタフガイを演じていたブルース・ウィリスが、とてもよい演技をしていると思った。

第三節　『殺意の夏』（一九八三）
――偽りの計画に一生を賭ける――

目標がはっきりしていて懸命に努力している人は、男性も女性も、美しく魅力的に見えるのではないだろうか。しかし、もし自分の一生を賭けて努力している目標が、まったく勘違いで無意味であることがわかったら、私たちはいったいどうなるだろうか。「自分とはいったい何だったのか」「自分は何のために生きてきたのか」「自分はいったいどうなるのか」という深刻な問いに襲われてしまうだろう。

この映画は、その問いを正面から取り上げたものである。ジャン・ベッケル監督、イザベル・アジャーニが主演の映画である。アジャーニは『アデルの恋』を主演して、男性から捨てられても、一人の男を思いつづけ、ついに現実と想像的世界とが区別がつかなくなった恋する女性を見事に演じて、世界的に知られるようになった女優である。現実と想像的世界の境界をさまようような主題の女性を演じると、随一の女優であるということができよう。

物語は次のようである。

アジャーニは自分の出生の秘密を知ってしまったのがきっかけで、復讐の計画を練る。冬のある日、父が留守をしているとき、母はピアノをトラックで運搬している三人の男たちに襲われて強姦される。その強姦によって、娘アジャーニが生まれることになる。母はこの事件のトラウマのため、その後の一生をうつ状態のまま、日陰の生活を強いられていた。それでも父は娘のアジャーニを愛して大事に育てた。

アジャーニはいつの日にか、母を強姦し、父を苦しめた男たちを処罰しようと考えていた。その処罰はしかし、自分を身ごもらせた父を処罰することでもあった。心の中は大きなディレンマに苛まれることになる。

アジャーニの処罰・処刑の計画はたいへん複雑で手の込んだものであった。二〇歳近くになり、見事な肉体を武器に、ピアノを運んだ男の家の息子を誘惑して結婚する。その家の納屋の中に二〇年間埃にまみれているピアノがある。母を襲ったときに、男たちが運んだピアノであることを確認する。そこからそのピアノを運んだ男たちを割り出していくのである。アジャーニは自分の出生の秘密を知ってから以降、自分の生活のすべてを、この復讐の計画に賭けている。映画では次第に、処刑のプロットが敷かれていく。これを彼女らしく色仕掛けで作り上げていくプロセスが面白い。

その計画がほぼ完成し、後は引き金を引くだけになったとき、父に会いに行く。現在は動脈硬化症で動けなくなった父に対して、なぜ母の仇を討ってくれなかったのかを責めるためであった。

ところが、この気弱の物静かな父が意外な秘密を打ち明ける。父はすでに復讐を果たし終えていたのである。その証拠は父のジャンバーの内側に縫いこめられた三人の他殺死体についての新聞記事と写真であった。アジャーニはこれを見て愕然とする。それでは自分がすべてを賭けて作り上げた復讐の計画はいったい何だったのか。すべては間違いか。それではこれに命を賭けて生きてきた自分の人生は何だったのか。自分を信頼し、結婚した男との生活は何だったのか。そして自分の憎しみは何だったのか。オセロゲームのように、ひとつの黒い石で、盤面がいっぺんに黒になってしまったように、これまで思っていた現実が逆転してしまった。一瞬にして空白の状態になってしまった。アジャーニは現実感を失ってしまう。朦朧状態で「お父さん」とつぶやきながら、歩いているところを病院に収容される。しかし、アジャーニが計画した復讐のプロットは自動的に進行し、犯人と思い違いしていた人たちは次々と処刑されていくのである。

日本にも似たような映画が作られている。

『この子の七つのお祝いに』(斉藤澪原作、増村保造監督、一九八二)である。母の恨みを引き受けた子どもが、次々と復讐をしていく。しかし、実は母の間違いだったという話である。ここでも子どもは自分の一生を懸け、次々と殺人を犯す。それがすべて誤解であった。そのため自分の一生を懸けたことは、まったく無意味であった。それだけでなく、大きな犯罪を犯してしまったということからくる、自分の人生の突然の空白感と空虚感に、自己が崩壊していく物語である。この映画は第一章三節「映画にみるアイデンティティの諸相」の中でも取り上げているので参照していただきたい。

このように鮮明に浮き彫りにされる私たちの「自分意識」をテーマにするアイデンティティ問題は、別にこれらの物語のように極端な事件だから問題になるというのでなく、常に私たちの日常に関係して問いかけてくるのである。私たちは「自分意識」なしには、「私」であることはできない。自分意識なしで生きていくことは、自分ではないという自己の存在が無になることを意味する。

第四節　『晩秋』（一九八九）

——親子の出会いと別れ——

この映画は病気を契機にして、表面化した父と子と孫の親子三代の心の葛藤と、その葛藤が解決される過程を描いたものである。原題はダッドDadとなっている。英語では、「お父さん」という程度の意味である。「お父さん」という題が付いているくらいだから、話は当然父の物語である。独立して会社重役として活躍している息子のところに母が病に倒れたという連絡が入る。彼は仕事を抱えたまま田舎の母親のところに駆けつける。老夫婦の生活で、七八歳の父親は完全に母親に甘えて生活していたので、一人では何もできないのであった。重役の息子が母親の入院中、父親の面倒をみることになる。彼は父のために、洗濯、オーブンの使い方、ガスの使い方など、ひとつひとつ教えていく。父親はおどおどしながら少しずつ家事を覚えていく。それを見ていると、わが国の老人男性もまったく同じだなあと私は身につまされた。

ある時、家の庭で父親と息子がキャッチボールをするところがある。それは老人の父と成人になった息子が数十年前に戻っている姿であった。とても心の温まるシーンであった。私たちも子ども時代にやっていた。今の子どもたちはサッカーであろうか。母と娘の場合は何をするのだろうか。親と子が心を通わすこのような遊びはなくなってしまったのだろうか。

母親は回復して帰ってくる。母が帰ってくると、入れ替わるように父親の調子が悪くなる。膀胱ガンであった。父親はガン恐怖症であり、もしガンだということを告知したらダウンしてしまうと息子は思う。それで本人には伝えないでほしいと医師にいう。しかし、担当医師は真実を伝えないのは、医療倫理に反するといって父親に告知する。患者の精神状態より、医師自身の護身の方を優先するのである。これはアメリカらしい。父親はそれを聞いて死の恐怖で倒れ、昏睡状態になってしまう。

告知のことは難しい選択だろうな、と思った。患者の意志を尊重して言わないでいて、後で医療過誤として訴えられたら困る。告知すれば、医師自身の義務は果たしているのだから、責任はすべて患者がとることになる。それなら人間的な配慮より、告知して医師の義務を果たしておいた方がいいと考える。それを責めることはできない。死に至る病と精神的健康とのつながりはホスピスなども関連していて本当に難しい問題である。

父親が昏睡状態になった時、息子は父親と精神的に和解をする以前に父親に死んでしまわれたら、今度は自分が一生救われないという感じで父親の看病に精力を注ぐ。しかし、病院があまりに事務的で四角四面なために腹を立てる。息子はついに我慢できず強引に父を家につれて帰る。しかし、重病人を自分で、しかも自宅で養生することは荷が重すぎる。そこに別の医師で、よく患者のことを考えて面倒を見てくれる人がいるという話があり、そちらに入院させる。その医師は息子が夜も父親と一緒にいたいというと、病院の規則に反するが簡易ベッドの持ち込みを許す。そして病院での親子の生活が始まるのである。父親を心配しているのは息子だけではない。この息子の子ども（孫にあたる）の大学生も時々見舞いにきている。父とこの大学生の子どもとの関係は断絶している。家族の周辺では父をめぐって、これまでの疎遠だった人たちが、つながりを少しずつ回復していく。これは人生の皮肉というのか、逆説というのだろうか。病という不幸が生み出す不思議な出来事である。

ある時、父は突然目を覚まし昏睡状態から回復する。その後、父は人格が変わってしまう。日常生活が活発になり、服装が派手になり、隣近所に挨拶をしたり、奥さんに性的にモーションをかけたり、退行した行動がいろいろとはじまる。不思議に思って精神科医師に尋ねると、父は昏睡状態の後、精神的に退行してしまい、昔の時代に逆戻りして生活している独特の精神状態なのだという。父の行動は極端である。まるで子どものように行動して家族は混乱する。母は我慢できなくなって悲しみ、ときどき「私の夫をかえして」と爆発する。

しかし、不思議に明るい、退行した子どもっぽい父の行動は大いに迷惑であったが、家族の絆を深める役をも果たしていた。皆が心配して、この主人公に協力しようと力を合わせるのである。このことによって、重役の息子と大学生の孫は正面から話し合いをしたりして家族全体が心を通わせるようになる。

やがて、父のガンは転移して再発する。父はガンの転移が死につながっていることを知っている。今回は死の不安も乗り越え、静かな安定した病院生活を送る。そしてやがて亡くなる。その直前、父と息子が病院のベッドに並んで語り合うシーンがある。この映画を何度見ても泣けてくる場面である。キャッチボールのシーンの時と同じく美しいシーン。父は亡くなるが、家族は以前より心が通ってずっと仲良くなっているのだった。

重篤な病気や死が、それまで精神的にバラバラだった家族をひとつにまとめる力を発揮するということは不思議な逆説である。人生のマイナスと考えられる病気や死が精神的な世界や生きる意味の世界から見ると、むしろプラスの重要な出来事であることを描いている。この映画は、改めて人生とは何か、生きていることとは何か、病とは何か、夫婦とは何か、家族とは何かなどを考えさせてくれた。

第五節　『ジャック・サマースビー』（一九九三）
――自分にとって真実の物語――

『サマースビー』の筋は単純である。

舞台はアメリカ南部。南北戦争の時代。南軍の兵士が北軍の捕虜収容所の中で、瓜二つの兵士と同室になる。ジャック・サマスビーという名前であった。不幸な結婚生活をしていた。南部の地主ではあるが、横暴であり、使用している奴隷の黒人に対しては偏見が強く、人間として認めていない。妻に対しても、女性として認めず、ひたすら自分にかしずき、自分の性欲を満たせばよいという状況であり、兵士として出征するまでは、夫婦関係も冷えて、家庭内別居という状態であった。

ジャックは獄中で死んでしまった。ジャックの死をきっかけに、この兵士はジャックになりきり、ジャックの里に帰って、生活しようとする。というのは、これまでの人生には何ひとつよいことはなかった。そのうえ、人をだましたりして自分の住んでいたところでは生活もできない状態で南部軍に従軍したのだった。そして戦争の途中で捕虜になってしまった。ジャックになりきり、南部の地主として生活することは、自分にとって新しい出発になる。このチャンスを生かしたい。

すべてジャックから聞き取った知識を頼りに南部のジャックの故郷に帰郷する。皆は彼をジャックとして受け入れる。周囲の人は彼が別人であることに気づかない。飼っていた犬は気づく。そして吼えようとする。皆はしばらく離れていたので、主人を忘れたのだろうと軽く考えている。次の朝、犬は死骸で発見される。誰が殺したかわからない。妻は気づいているが、新しいジャックが優しいので、そのままにしておく。次第に馴れて愛情すらわくようになる。

家庭的にも、地域でも満足な生活が続く。ジャックは土地改良などに着手したり、また土地を奴隷の黒人に解放したりする。これまでのジャックでは信じがたいことばかりである。周囲の人たちは戦争がジャックを変えたのだと思っている。

ここでとんでもないことが起こる。横暴なジャックは生前、殺人の罪を犯していた。州の警察が来て、容疑者として、このジャックを逮捕して連れて行ってしまう。ジャックは逆らわない。

妻は今や愛するこの夫が死刑にならないように、無実で釈放されるように、別人であることを裁判で告白するように画策する。別人であることが証明されれば、裁判が振り出しに戻って、彼は死刑にならないですむ。しかし、その代わりに彼は土地を追われるだろう。それはまた惨めな生活に逆戻りをするということを意味する。社会的に葬られていたところへ、もう一度捨て去られて戻ることを意味することになる。彼にとって、それは死ぬことよりも辛いことである。それでは精神的に生きていくことができない。

この二者択一のディレンマをどう解決するのだろうか。生か死か。惨めに生を選ぶか、美しく生きて、死を選ぶか。妻の説得や周囲の説得を退けて、彼はジャック・サマースビーを選ぶ。そして死刑によって処断されてしまう。

彼は虚偽の物語を心の真実の物語として生きたのであった。死ぬことによって、真実の人生を完成させたのである。その選択は重い。私ならどういう選択をするだろうか。

第六節　『ダンサー・イン・ザ・ダーク』（二〇〇〇）
――真実と現実――

『ダンサー・イン・ザ・ダーク』は切ない物語である。子どもを愛するがゆえに、秘密を守り通して母親が死刑になる物語である。

物語は次のとおり。

主人公は遺伝的欠陥の眼病をもつ未婚の母である。自分にとって真実に生きるため、自分の都合で子どもを産んだのだった。そして自分ですべて面倒を見ている。地域の鉄鋼工場に単純労働者として働いている。そのような労働者がほかにも男性も、女性もいる。やがて母親は失明する。

母親の目の障害は遺伝的なものであるので、その遺伝的な部分は子どもにも受け継がれている。そのことで子どもの人生をダメにするかもしれない。それは絶対に避けたい。これは早く治療を始めると、目の障害を最小にすることができるということを眼科の医師に聞いている。しかし、それには莫大な治療費が必要になる。子どもの手術のために生活を切り詰め懸命に働いて貯金をする。

ところがある時、貯めていたこの金を、警察官をしている知人に盗まれる。それを取り返そうとする過程で、誤って相手の警察官を殺傷してしまう。主人公は被害者なのに、加害者と見られてしまう。人にわからないように貯めていた金を取り戻そうとしたことが、金目当ての強盗殺人事件となってしまう。それを証明する人がいない。事情を説明すればわかってもらえるかも知れないが、事情を話すと自分の子どもが深く傷ついてしまうだろう。それは絶対に避けたい。ひたすら子どものために、しかも他人に知られない形で秘密にするのだ、という自己の信念を曲げない。そして彼女は沈黙のまま、自分が信じる真実を貫いて死ぬということになる。

彼女はやがて目が見えなくなったことがはっきりしたときに歌う歌詞が凄い。

「私はもう見るべきものは見てしまった。もう見たいものは別にない。私は見えなくても不幸ではない」。

この台詞は平家物語の平敦盛が、熊谷直実に殺される前に言ったと伝えられる台詞とそっくり同じではないか。そして彼女は処刑される。

周囲には主人公を死に追いやるところの、別の「真実」と「現実」も存在することが、映画の中で、どうしようもなく切ないディレンマとして示される。私たちの真実とは何なのだろう。何をよりどころに生きているのか。自己の真実のみで私たちは生きていけるのだろうか。これらの問いが大きくのしかかってくる。

『ジャック・サマースビー』も、主人公が「絞首刑」で亡くなって終わっている。なぜ、私にとって死刑が関心をひいたのだろうか。私は死をどのように迎え、受け止めようとしているのだろうか。自分にとっての真実の物語と周囲の人にとっての真実の物語とは相反するのだろうか、調和するのだろうか。

第七節　『ほんとうのジャクリーヌ・デュ・プレ』（一九九八）
――演奏家の表と裏――

「ガンで入院している間、ずっと聞き続けたCDがチャイコフスキーの『偉大な芸術家の思い出のために』（ピアノ三重奏曲イ短調作品50）でした」。ある室内楽のコンサートでこの曲を聞いて、出口で偶然に会った知人女性の言葉だった。その人は地味な研究者である。そしてこの曲には、わたしにも不思議な因縁めいたことがあった。因縁話は映画『ほんとうのジャクリーヌ・デュ・プレ』と関係している。この映画にはショックを受けた。メラニー・クラインのいう「羨望」の典型のようなものをみて、驚いたのだった。ジャクリーヌの姉の手記が原作となっている。

ジャクリーヌは偉大なチェリストとして短い生涯を終えた天才的な音楽家であった。しかし同時に、心に深い苦しみを背負った人であったことがわかる。幼児期から天才としてもてはやされ、望むものはすべて与えられる生活をしていた。同じように音楽を始めたジャクリーヌの姉はジャクリーヌほどの才能はなかった。音楽家になることを諦め、やがて愛する人と結婚し、普通の生活を送るようになる。ジャクリーヌは姉の音楽を奪った形になる。ところが、ジャクリーヌはその姉の幸福を自分も欲しくなる。そして電撃的に指揮者・ピアニストであるダニエル・バレンボイムと結婚する。それはただ、姉の幸福を真似たものであった。しかし、幸福幻想は壊れ、関係はすぐにうまくいかなくなる。

ジャクリーヌは勝手に姉のところに逃げ帰ってくる。そして姉と生活をともにしながら、姉の幸福と同じものを得るためには、姉の夫を自分も分けもちたいとひたすら願うのである。また、姉のものを奪おうとする。姉も夫も苦しむ。姉は精神的におかしくなっていく惨めな妹を見ていると、夫にジャクリーヌの願いを聞いてくれるように頼んでしまう。それは姉夫婦にとって苦しみの決断であった。

ジャクリーヌは夫と一夜をともにする。ジャクリーヌは次の朝、充たされて満足そうに、この生活を続けていこうと平然と言うのである。姉や夫の苦しみのことはまったく頓着がないのである。これには姉も夫も耐えられない。姉夫婦の関係もおかしくなっていく。ジャクリーヌの羨望の願望を野放しにすれば、姉夫婦の結婚生活は破壊される。また、姉夫婦の生活を守ろうとすると、ジャクリーヌは精神的に破たんする。これは大変な選択である。その後、不治の病に侵されたりなど、いろいろの問題が絡むが、ジャクリーヌはやがて破たんして悲惨な死を迎えてしまう。

羨望のもつ破壊的・病理的な面とそのやるせなさ、結果の惨めさといったことに打ちひしがれながら、映画館を後にしたことを思い出す。その日の帰りに買ったのが、ジャクリーヌとバレンボイムが競演しているCDであった。曲はチャイコフスキーの「偉大な芸術家の思い出のために」であった。目の前で、ジャクリーヌとバレンボイムが演奏する見事なせつない音楽と、映画のあのジャクリーヌの羨望の行動とバレンボイムとの関係とを追想しながら、この曲を聞くのは相当のエネルギーを要することであった。そして私の知人は、生命をかけた手術の前後にこの曲をずっと聞き続けたという。おそらくジャクリーヌの物語よりも、チャイコフスキーのメロディーに惹かれたのだろう。

私にとって、この曲はせつなく美しい弦楽曲というだけでなく、いくつかの人生が重なりあった大きな渦を描く濁流が見えてくるものになっている。

第八節　能『葵上』
――羨望と破壊性――

古い都の京都には、伝統芸能が健在である。例えば、能などもそのひとつである。シーズンになると、毎日どこかで能が演じられている。時間さえ都合がつけば、これらを味わう機会は多い。ときどき、出かける能の舞台は観世会館という観世流の家元の舞台が多い。平安神宮の近くで京都らしい静かな地域である。

能には源氏物語を主題に作られているものがいくつかある。『野々宮』と『葵上』は続編になっている。『野々宮』は光源氏の葵上への心変わりを六条御息所が悲しみ、思慕の情を切々と訴えるという物語である。その物語は『葵上』に引き継がれる。『葵上』は切ないが、激しく恐ろしい物語である。

六条御息所は葵上に怨念を残して死んでしまった。その怨霊があらわれて葵上にとりつき、苦しめていのちを奪おうとする。かつては光源氏の寵愛をうけ、華やかに生きた自分が、源氏の心変わりで落ちぶれ、今は正妻の葵上が華やかな生活をしている。加茂の祭りの見物に牛車で出かけたが、自分より大きな葵上の車に足蹴にされるように、隅に押しやられてしまった。六条御息所はひどく自尊心を傷つけられてしまう。愛する人を奪われ、さらに屈辱をうけるのか。そしてこのまま惨めな状態で私は死んでしまうのか。これを許すことはできない。

「恨みはさらに尽きまじ、恨みはさらに尽きまじ」。

「恨めしの心や、あら恨めしの心や、ひとの恨みの深くして」。

今、怨霊となって葵上を呪うのである。

能のなかでは、葵上は床に置かれた衣のみで示される。六条御息所はその衣に向かって、自分の恨みを切々と述べ、そして手にもった小枝で鞭打つのである。

「あら恨めしや、今は打たではかない候まじ」。

しんと静まりかえった舞台の上で、六条御息所が葵上を激しく鞭打つとき、カーンと鼓の切り裂くような音が鳴り響く。その瞬間に私の心臓にきりりと電流が走る。六条御息所の姿は、人の恨みと羨望の破壊的な力を思う存分に知らせてくれる。

「なぜ、愛する源氏を私から奪ったのか」。

「源氏が私を捨てたのは、あなたが存在するからだ」。

「あなたを許すことはできない。私の心が休まるためには、あなたは死なねばならない」。

舞台では、葵上の健康を心配した家人が行者を呼び、葵上を呪い殺そうとする六条御息所の霊を、加持祈禱によって退散させてしまう。六条御息所の恨みが祈り伏せられてしまうのは、見ていると辛い。怨霊は何らかの形で救われねばならないだろう。

源氏物語を知る人も、能を知る人も、この二つの演目を見ると光源氏と六条御息所と葵上との三角関係をひしひしと実感しながら見るのではないだろうか。そして恨みと羨望のもつ破壊性の恐ろしさに戦慄を感じるだろう。能の凄さはひとつの主題を、私たちの心に否応なしに納得させる力にあるのではないかと思う。今日の京都で千年前の物語が、生き生きと演じられ、それに心うたれる異空間の世界に浸ると、人の心は長い歴史を経ても変化していないのだということに納得させられる。

第九節　『心の指紋』（一九九六）
――魂の故郷――

映画の中で医師と患者の関係を取り扱ったものは少なくない。本書の中でも、第六章四節で『殺しのドレス』を取り上げた。医師を肯定的に描いたものや反対に悪徳医師を描いたものも少なくない。社会的に大きな影響力をもっている医師や医学であるから、一般の人々も関心をもたざるをえない。それが映画として語られると、「そういうこともあるのか」と同意したり、反撥したりするのである。

さて、今回紹介するのは、『心の指紋』という一九九六年に公開されたアメリカ映画である。公開の当時にもかなりの関心を呼んだものである。心の指紋とは、何やら意味ありそうな、しかし訳のわからない題名ではある。現実的な医師の方々にとって、心に指紋などあってたまるか、ということになるかもしれない。指紋は一人ひとり違い、個人を弁別するのに都合のよいものである。映画の中の個性的な患者の生き方を示して日本の題名をつけたのであろうか。原題はSunchaserである。「太陽を追っかける人」とでもいうのだろうか。前に『ダンス・ウィズ・ウルヴズ』というアカデミー賞をとった映画があったが、題名はこの映画を思わせるようなところがある。つまり、アメリカ人にとっては、「何やら先住民のことらしい」ということになる。日本の題名ではその感じが出ないのは残念である。というのは、映画を見るとはっきりするが、先住民の若者と医師との話だからである。

さて、物語は次のとおり。

末期ガンに侵された一六歳の凶悪犯ブルーが警察から診察のためにつれてこられる。エリート医師マイケルが不注意に、ブルーのガンが末期であること、一ヶ月か二ヶ月しかもたないだろうという話を同僚としているのを聞いてしまう。ブルーは医師マイケルを人質にして、病院から逃走する。ブルーの目的は死ぬ前に先住民に伝わる「聖なる山」を訪ねることであった。

医師ははじめブルーの無謀な行動をいさめて、病院に帰って治療を受けるべきだ主張して争う。しかし、ブルーはガンが末期であることも知っている。医師になったマイケルも幼い時に、兄のガンの苦しみを目撃し、人工呼吸器を切ってほしいと懇願された恐怖を思い出す。それは心の傷となっている。そして目の前で苦しんでいるブルーを見て、その心を次第に理解していくようになる。そしてブルーが求める「聖なる山」を彼のために捜してやりたいという方向に気持が変化していく。グランドキャニオンの荒野を主人公たちを乗せた車が砂煙を吹き上げて疾走する映像が圧巻だ。最後に息絶え絶えながら先住民の信じる「聖なる山」と湖に到達すると少年ブルーは賢者に出会い、湖に消えていく。

現代の西洋医学を担うエリート医師と心の深い層で自然の大地に根ざした魂をもつ先住民の少年ブルーという、相反する世界が近づいていく道程を力強く、神秘性をもって描いているのが印象に残る作品であった。

人の心には、一人ひとりちがった個性と魂が宿っているのだ。それは誰も代理することができないものである。ましてそれが死に直面するときには、理解してついていく道しか私たちには残されていないのだ、ということなのだろうか。

第十節　『クリクリのいた夏』（一九九九）
――こころ豊かに生活する――

映画の物語のパターンの特徴として「ファム・ファタール」つまり、「運命の女に出会って破滅する男の物語」がある。『嘆きの天使』とか、『ダメージ』など。また反対に「幸運を運ぶ人」の系列で、「その人と接すると運が開け、幸せになる物語」がある。『ショコラ』とか、『シェーン』など。今回は幸福を運ぶ男性の物語を選んでみた。

『クリクリのいた夏』のクリクリは五歳の女の子。町から離れた辺鄙な沼の周辺に住んでいる貧しい一家の女の子（これが映画の原題になっている）。この沼の地に、ギャリスという三〇歳過ぎの男が住みつく。第一次大戦でドイツ軍との悲惨な戦闘となったヴェルダンで戦った。戦争が終わって行く当てもなく、この地に住みついたらしい。心には戦争の深い傷を抱いているのに、静かでおとなしい。しかも賢い働き者である。小屋には何もない。ただ粗末なベッドを置いた土間があるだけである。ギャリスがこの沼に来て、いつのまにか一二年経ってしまった。

ギャリスは、人のよい直情径行のリトンとその家族を助けながら暮らしている。沼の魚や蛙をとったり、シイタケやエスカルゴをとったりして、それらを町の市場で売って生活している。また、雇われて畑を耕したり、夕方には歌を歌って門付けなどをしたりする。貧しいが何ものにも代えがたい、自由で心豊かな暮らしなのである。やがて自由な暮らしにあこがれながら、人生のしがらみに縛られている人々が友達になっていく。昔、沼で生活していたが、成功して現在は町に住むようになった老人ペペ。また、遺産のみでささやかだが自由な思いどおりの生活をしている人のよい中年の男アメデなど。

この人々を巻き込む小さな事件が次々と起こる。クリクリが病気をしたり、リトンの妻が逃げてしまったり、ボクサーとの騒ぎを起こしたり、ギャリスが恋をして振られたり。また、ペペが孫の婚約祝いの会を抜け出し、誕生祝いをやっている小屋に駆けつけようとして雪の中で倒れて死んだりする。何もない田舎の人たちの生活の中でも、人生は動いているのだ、展開しているのだ、と実感させられる。

あるとき、ペペ老人と中年のアメデがギャリスのところに昼飯に集まってくる。小屋の外のテーブルを囲んで、沼でとれた魚を焼き、ワインを飲み、パンだけの質素な食事をする。柔らかい日差しに照らされた若葉の下での語らいの場面がまことに美しい。旧い手回しの機械で、ＳＰレコードの「ウエスト・エンド・ブルース」を聞きながら、心身ともにリラックスして楽しんでいる人々の笑顔の何と豊かなことだろう。

「そうだ、私たちが求めている生活はこのようなものだろうなあ」。

と心が温まる。目がうるむ。胸が詰まる。何という見事なシーンだろう。こんなシーンがよく描けるなあ。あの場面に私も参加したい。一緒に昼飯を食べたいと、思ってしまう。

ひと夏が過ぎて、主人公ギャリスは何処ともなく去ってしまう。何処に行ったのか誰も知らない。後にはただ、あの心豊かな生活の物語だけが残されている。それを語るクリクリも八〇歳に近い美しい老婆である。この物語は、今は老婆になってしまったあの五歳の娘クリクリが語ったものであった。一九三〇年のころの出来事である。今はその沼もなくなり、開発されて町になってしまった。

映画館を出ると、繁華街は人々の行き来で賑わっていた。ネオンの看板も煌いている。あの「クリクリ」の美しいシーンを心の深いところに留めて、せわしく行き交う人々の顔を眺めながら私は歩いた。そうなのだ、この映画そのものがまさにギャリスなのだと思った。

第十一節　『野いちご』（一九五七）
――老いと過去――

自分が年や老いを感じるようになったのは、自分の過去を振り返るのが多くなったことに示されていると思う。自分は何をしてきたのか。どのように過ごしてきたのか。人生の節々の分かれ道で、別な道へ行く可能性があっただろうか。私に対して父親はやさしかったのに、私は父を憎んでいた。母親は無限にやさしかった。しかし、どうしてよいかわからない無力な動きだったのかもしれない。

幼児のときに過ごしたあの家や町、遊んだ子どもたち、学校で初めて会った先生、いたずら、友達、懐かしい女の子カズちゃん、彼女は若くして死んだ。田んぼと落穂拾い、川の流れ、魚とり、青臭い草の匂い、枯れ草の匂い。思春期の初恋、夜の彷徨、食べるものもない貧困。家庭教師、その家での母親の自殺事件。

結婚、外国での息苦しい生活、言葉のハンディ、無視される経験。頼りにしていた知人の自殺。自己価値の希薄感、などなど。それらは過去というより、現在の私の中で息づいているものである。かけがえのないもの……と思う。

一方現在、仕事をしていて何のためなのかと立ち止まって考えたりする。もう先がないのに、何のためにこんなことに時間を費やしているのか。これは自分のためではなく、次にくる世代のため、次の人のためと考えているが、それはお節介ではないのだろうか。お節介のために残り少ない時間を使ってよいのだろうか。仕事は自分にとって必要なものである。自分は次の世代から求められている存在だと確認したいのかもしれない。社会に認められているということは、何によって確認されるのだろうか。

『野いちご』の主人公は老年に達した医師ボルイである。気難しく、孤独に暮らしている。彼は幸運にも過去の仕事が認められて大学で顕彰されることになり、式場までの長い車の旅をする。その途中で見たいくつかの夢をきっかけに、幼児期から現在までの自分の生涯を振り返るのである。旅をともにする息子の嫁マリアンヌが話の聞き役である。次第に明らかになっていくボルイの生涯は悲惨なものであった。恋人に見捨てられ、妻に裏切られ、欺瞞と不信に満ちた悲しい切ないものである。

また、道中では生命の誕生に立ち会う明るい話があり、また孤独に一人で暮らしている老いた母親とも会う。この母はボルイと同様に、気難しく、近づき難い存在である。ここで、針のない懐中時計が道具箱の中から出てきたりする。途中で便乗した若い人々の生き生きとした命に触れる経験もある。

語りが過去へ現在へと自在に展開する。過去に出会うことは苦しく辛いことが多い。しかし、夢を手がかりとして、もう一度自分の過去と出会い直し、直視しようとする。この過去との直面は厳しい場面でもある。しかし、この直面によって抑圧して忘れていた過去を受け入れるようになっていく。自分の無価値感、絶望感、周囲への無関心、気難しさが次第に変化してゆく。

カウンセリングにおいても話を聞く人がいるように、聞き役のマリアンヌはうまいカウンセラーだ。そのカウンセラーもまた、夫婦関係の苦しい悩みを抱えている。

老人の内面に深く立ち入り、まるで精神分析の世界を描くように語る映画は、ベルイマンの力で見事に映像化されている。心の激しい、恐ろしい、辛い、苦しい内面の世界が描かれているのに、何と静かな淡々とした美しい画面であろうか。

この映画は、著作集第一巻第三章七節でも、ライフサイクルの老齢期の主題として取り上げているので、参照していただければ幸いである。

第十二節　『十七歳のカルテ』（二〇〇〇）

――青年期女子のさまざまな精神病理――

この映画は心の面で危機に陥った青年期にある女性たちが一時的に入院しているクレイモア精神病院の模様を描いた映画である。若い人たちにかなり関心を呼んだ映画であった。この映画の原題 Girl Interrupted は「心の発達が一時的に中断している少女たち」ということになっている。原作者の入院経験の記録をもとに書かれた小説である。

この映画の主人公スザンナ（U・ライダー）は家族から理解を得られず、不安定になって、自殺未遂をしたりした。家族といっしょにいてはどうしようもなく、この精神病院に入院したのである。私はかつてアメリカで、このような青年期の人が精神的に苦しんでいる病院で心理臨床の仕事をしていた。そのうえ、似たような患者さんと面接をしていて苦しんだことがあったので、深刻な映画であるにもかかわらず、どこか懐かしい感じで見ていた。映画の病院と場所も近く、雰囲気も似ていた。私の経験については、『リッグスだより』（誠信書房）に書いている。

この映画の中で主人公はセラピストや看護師の助けを得て、うまく立ち直っていく。同じ患者の仲間だったリサ（A・ジョリー）は人格障害の自己愛病理を典型的に示している難しい人である。リサは薬物依存症の治療のために入院している。しかし、このタイプの人にあるように、さまざまな行動化で病院を悩ませる。また、仲間を巻き込んで病院の中でいろいろの騒動を起こす。

あるとき患者たちを誘って、夜中に医師の診察室に侵入し、患者のカルテを引っ張り出してみたり（これが映画の日本題名になっている）、無断で脱院したりする。また、同僚の患者が退院してようやく一人住まいを始めると、そこに出かけていって、彼女の弱点を暴き、自殺に追い込んでしまう。そして自分が自殺に追い込んだというより、死んだ彼女が弱いのだから仕方ないのだと信じている。「死にたがっているから、私が背中を押してやっただけ」と平気で言う。そのとおりに思っている。自責の念など微塵もない。これに対してスザンナは泣きながら、何かしてやれなかったかと自責の念に駆られて泣いている。二人のこの極端な反応の違いが印象的である。自分の興味や欲望で動き、他のひとがそれを認めないと、許せないといって攻撃したり、怒りをぶっつけたりする。どこまでが正常でどこまでが異常なのか、思春期の自己愛の病理の難しさや不安定さがよく描かれている。

自己愛の病理が進むと、自分の欲望のために他人を利用したり、巻き込んだり、攻撃的になったり、心の寂しさや空しさを紛らわすために、性的な関係を頻繁に求めたり、薬物を乱用したり、また心の苦しみから逃れようとしてアルコール依存になったりとさまざまな難しさに直面することになる。

人格障害という心の病理の深い自己愛は、私たちにとって本当に難しい問題であることを、この映画は教えてくれる。

第十三節　『コレクター』（一九六五）
――青年期の自己愛の病理――

内気な目立たない銀行員であるフレディ（スタンプ）。人から変わり者扱いされ、誰とも関係がもてない。何を考えているのか周囲の人にはわからない。彼の趣味は蝶の収集である。人と関係がもてない彼にとって生き生きとできるのは、蝶や昆虫を捕らえてそれを標本にして、その死骸を眺めるというものであった。人とつながれない彼が、人とつながり人に愛されるようになるにはどのようにしたらよいのか。彼が考えついたのは、女性を蝶のように捕らえ、社会から切り離し、隔離して、自分とだけ話したり、食事したりするようになれば、やがて自分に心を開き、自分を好きになってくれるのではないだろうか、ということであった。自分中心に周囲の人を利用して生きていくのが、自己愛の人、ナルチシズムといわれる心の病理である。

蝶のように捕らえられる人はどうなるのだろうか。

フレディはかねて目をつけていた若いきれいな女性を周到に計画して誘拐する。その女性のためには、衣服もすべて寸法など調べ知り尽くしている。人通りのないところで女性にクロロホルムをかがせ、車に押し込んで隔離された人里離れた家につれていくのである。その女性を地下室に閉じ込め、彼の実験が始まる。彼は女性が計画どおりにやがて自分を好きになってくれると信じている。

囚われの身となった若い女性はしっかりした鼻柱の強い人で、彼を許さない。しかし、彼の方としては、いずれ自分を許し、愛してくれるだろうと信じている。結婚してもいいと言ってくれるだろう。そして自分はこの女性に一生つくすつもりである。まったく一方的な身勝手な考えである。自分の欲望のためには人の命を奪っても、それは自分を好きにならない人が悪いという理屈である。「他人は自分のために存在している。私はそれを実行する。自分を嫌いになるとか、自分を無視するということは考えられない」という理屈である。

フレディを許さない女性は、やがて衰弱して死んでしまう。女性の死に対するフレディの反応は、「自分は愛しているのに、自分を好きにならない彼女がだめなのだ。この次はあまり気の強くない女を探さなきゃ」というものであった。徹底的に自分中心の考えに従って行動する。私は努力しているのだから、相手もちゃんと応えるべきである。それができないのは相手が冷たいからだ。この逆転の論理。自己中心的な心性。程度の差はあるかもしれないが私たちの内部にもある心性ではないだろうか。

恐ろしい自己愛の病理のひとつが見事に描かれている。

第十四節　『血と骨』（二〇〇四）
——性と破壊性——

この映画はショックだった。ともかく激しい。喧嘩など暴力の破壊的な行動もすさまじいが、また性的な衝動もすさまじい。この映画を見て気分の悪くなった人も多いのではないだろうか。人間ドラマとして正面から取り組んだこのような映画は、これまであまり見たことがない。『カラーパープル』（スティーヴン・スピルバーグ監督）も衝撃的であったが、最後はハッピーエンドという感じで終わったので、衝撃的ながら救いがあった。この映画は最後までまったく妥協しないで、現実を突きつけるように描かれていた。そのためか、この印象はなかなか簡単に消えない。また、この映画をきっかけにして深く考えさせられてしまった。

これまで暴力などであれば、B級映画の暴力はそれを売り物にした娯楽になる。それはスリラーの殺人などと似ている。また、性的な衝動を満足させるためにはポルノ映画がある。これも性的な衝動の満足を目的として語られる映画である。いずれでもなく、正面から人間の性や暴力を描き、これが人間なのだという形で迫ってくる映画はあまり多くはない。この映画はまた、日本人にとっても朝鮮系、韓国系の人にとっても、深刻なドラマではないだろうか。

この映画の監督は崔洋一氏である。彼自身が在日韓国人であるので、文化的な背景も見事に描かれているということになるのだろうか。これまでの作品に『クイール』『月はどっちに出ている』などがある。しっかりした映画表現の腕と主張したいことがはっきりしている監督である。

物語は次のようである。

日本で一旗あげようと、一九二三年に済州島から大阪へ渡ってきたビートたけし演じる金俊平。カマボコ職人になった彼は、二四歳の時に、幼い娘を抱えながら飲み屋を経営する女、鈴木京香演じる李英姫と強引に結婚し、花子と正雄のふたりの子どもをもうける。しかし、酒を飲んでは荒れ狂う彼に、家族の心は落ち着く日はなかった。第二次大戦中は行方知れずだった俊平が突然帰ってくる。弟分の信義らを従えてカマボコ工場を始める。彼は持ち前の強靭な肉体と強欲さで成功を収める。巨額の富を得るが、金は壁に塗りこめたり、床に隠したりしてケチに徹する。そんな彼の前に、済州島で人妻に生ませた息子、武が現れる。武は広島でやくざの一員になっている。俊平の家の二階に気ままに暮らしている。しばらくして金をもらって出ていこうとするが、俊平は渡さないので、大乱闘となる。この暴力場面はすさまじい。武は金をせしめて広島に帰るが、やくざの出入りで殺されてしまう。俊平は高利貸しを始める。やり方はあくどく、借金の取り立ては厳しい。また、自宅のすぐ前に清子を妾にして住まわせる。清子が脳腫瘍で倒れると、介護の名目で新しい愛人、定子を迎える。一方、入院した妻の英姫の治療費は出さない。このために長男の正雄とは大喧嘩をする。また、娘の花子は希範と結婚するが、この主人は陰湿な激しい暴力を振るう。これに耐えかねて花子は自殺する。花子の葬儀で、俊平は希範を殴って大荒れをする。

その騒動の最中、脳梗塞で倒れ、半身不随になる。しかし、彼の暴力や金銭欲の貪欲さは衰えない。やがて、愛人の定子に捨てられ、また妻の英姫には先立たれる。死期を悟った俊平は愛人定子の息子、龍一をつれて、故郷の北朝鮮に渡る。大部分の財産は北朝鮮に寄贈する。そして息子と二人の生活の中で七八年の生涯を閉じる。

映画を見終わって、性の暴力的な激しさと、また怒りの暴力が渦巻いている世界からしばらくは呆然としていた。その激しさに圧倒されてしまった。タイトルになっている「血と骨」には、次のようなことばが続いている。「血は母から、骨は父から……」これは朝鮮民族の諺であろうか。親から血を分け、骨を分けるもっとも根源的レベルでの、骨肉の争いが展開していた。血で血を洗い、血も涙もない徹底した生活をした俊平の姿は人間の究極の姿を表しているように思われた。肉にしみいるような、骨がうずくような物凄い生活である。俊平にとっては金とセックスと暴力という肉体的な具体性のみが生きている証のようである。金もセックスも暴力もすべて周囲の人をねじ伏せる力である。俊平が信じているのは、その力である。人間は支配するか、支配されるかである。彼は人間として誰も信じていない。妻も、子どもたちも、仕事の仲間も。誰にも同情ややさしさ、不安というものは示さない。行動と思いは完全に一致している。思いは行動によって示される。これが彼の存在証明であるとすると、彼は孤独の中で生きていくしかない。周囲の人は、遠くに離れるか、彼の支配に完全に服従するかしかない。

しかし、俊平なりにいくつかの特徴を示している。愛人の定子が脳腫瘍になって、動けないと世話をしたり、体を拭いてやったりするやさしさを示すところもある。また、次の愛人に定子の世話をさせようとしたりする。定子の最期に当たって、彼は口を塞いで窒息死させてしまう。これは定子の苦しみを和らげようとする彼の優しさに見えるところがある。

また、自分の妻に対しても、愛人に対してもセックスは暴力的で一方的である。しかし、彼は愛情対象が次々と変わるということはない。この点はまた、独特な人間関係であると思われる。彼の欲動の暴力的表現は、この点に関して未分化な関係を示しているということはできない。

この点は彼の妻、英姫が死んで葬儀をするときに、彼は不自由な足を引きずって葬儀場の近くまで行くが、参列することができない。周囲の人は白い目で彼を見る。彼は優しさや愛情を表現することができないのである。泣けないのである。自分の甘えを暴力でしか表現できないのである。彼にとっては優しさは弱さであり、弱さは彼の生き方を否定するものである。また、間違いをおかして恥をかくこともできない。彼にとって恥はまた弱さの表れだからである。弱さは自分を否定するものである。自分を否定することは、自分の存在を否定することであるから、それは絶対にできない。たとえ、娘が自殺しても、妻が死んでも、愛人が死んでも、また、自分が脳梗塞で倒れ、半身不随になっても、悲しみは表現できない。彼のこの動きは徹底している。たとえ、ひどい生き方としても、彼の行動パターンには一貫性がある。

生の本能・エロスと死の本能・タナトスとの相克の中で私たちが生きていることをこの映画は見事に示しているのではないだろうか。生の裏に死の裏打ちがあり、死の中に生があるような姿が見事に示されている。「生と死はあざなう縄の如し」というのは、俊平のような生き方を見ると、くっきりと見えてくる。光が強いとその陰や闇がまた強烈であるといえる。フロムは「バイオフリア」（エロス：生きる悦び）と「ネクロフィリア」（死体愛）の二つの人間の基本的な欲動を説明している。これはフロイトの考えに近いようだ。違いはフロイトが二元論であるのに対して、フロムは一元論であることである。生まれながらにして私たちは二つの欲動に支配されているというフロイトに対して、フロムは生の欲動が阻止されると、怒りと破壊性を伴うネクロフィリアが生まれてくるという。生の欲動の阻止が問題となるのである。

仏教でも、私たちの生の世界に「四苦八苦」（生老病死、愛別離苦、怨憎会苦、求不得苦、五蘊盛苦）ということを説いている。生きることは、基本的にこの苦しみを乗り越えることであるという。フロイトのいうエロスとタナトスの発想もまた、人間の苦しみを直視しているということができるのではないだろうか。

初出一覧

出典：（　）で示した。ほとんどの原文に手を加えた。出典の記載のないものは今回本書のために書きおろしたものである。

第一章　心理臨床とイメージ
第二節　心理療法におけることばとイメージ（日本心理臨床学会・教育講演録、二〇〇七年一〇月）
第四節　「ミケランジェロのモーセ像」―フロイトの芸術論によりそって（KIPP精神分析研究所での「精神分析入門講義」録、二〇〇六年五月）

第二章　心理臨床的な研究事例
第二節　『トト・ザ・ヒーロー』（一九九一）―究極のアイデンティティ（広島大学臨床心理センター紀要『心理教育相談研究』「アイデンティティ移植について」一九九二年、第九巻、一―七頁）
第三節　『羊たちの沈黙』（一九九一）―精神分析訓練のプロセス（『こころの科学』一九九五年、第六三巻、九四―九六頁）
第四節　『判決前夜―ビフォア・アンド・アフター』（一九九五）―家族の善意（光華女子大学公開講座講義録「映画から見た家族」二〇〇七年一〇月）
第五節　『ミセス・ダウト』（一九九三）―離婚と子ども（『こころの科学』一九九四年、第五七巻、一二―一四頁）
第六節　『フランケンシュタイン』（一九九四）―親なし子（『こころの科学』一九九五年、第六二巻、一六―一八頁）
第七節　『パーフェクト・ワールド』（一九九三）―泣き面に蜂の人生（『こころの科学』一九九四年、第五五巻、八―一〇頁）
第八節　『居酒屋ゆうれい』（一九九四）―喪の仕事　ア・ラ・ジャポネ（『こころの科学』一九九五年、第六〇巻、一三八―一四〇頁）
第九節　『トリコロール　青の愛』（一九九三）―喪の仕事　ア・ラ・フランセ（『こころの科学』一九九五年、第六一巻、一四―一六頁）

第三章　心理臨床のテーマとして
第一節　映画に見られる子役の位置（広島市医師会での講演録、一九九四年九月）
第三節　滝沢修の芸論と演じること（『広島大学臨床心理センター『心理教育相談研究』一九八八年、第五巻、一一―一六頁）

第四章　『男はつらいよ』寅さん映画
第一節　「寅さん」映画と癒し―道化論から（広島カウンセリング・スクール講義録、一九九九年一月三一日、二〇〇〇年二月一三日）
第五章　心理臨床研修教材としての映画
第一節　『普通の人々』（一九八〇）に対する反応（京都文教大学大学院授業レポート、一九九六年六月）
第六章　心理臨床活動と映画
第一節　映画の中の心理臨床家（サイコセラピスト）
『グッド・ウィル・ハンティング』（日本学生相談学会特別講演録、一九九四年一〇月）
第二節　象徴としての心理療法家
第三節　臨床的な関係の困難さ―転移の扱い
第四節　精神障害のある心理療法家―トリッキーな悪意
第五節　映画の中の患者
第七章　心理臨床の現場と映画
第一節　神経症
『おかえりなさい、リリアン』（女性問題研究所での討議録、一九九〇年）
第二節　統合失調症
第三節　躁うつ病
第四節　人格障害
第五節　薬物依存
第六節　発達障害
『シャイン』（『臨床心理学』二〇〇一年、第三巻、四〇七頁）
第七節　認知症・記憶障害
第八節　トラウマとＰＴＳＤ

第九節　イニシエーション
第十節　性同一性障害・同性愛
第十一節　喪の仕事
第十二節　死との直面
第八章　映画に関する心理臨床的エッセイ
第二節　『キッド』（二〇〇〇）―過去との対話から得られるもの（『臨床心理学』二〇〇一年、第六巻、八三六頁）
第七節　『ほんとうのジャクリーヌ・デュ・プレ』（一九九八）―演奏家の表と裏（『臨床心理学』二〇〇一年、第五巻、六九五頁）
第八節　能『葵上』―羨望と破壊性（『臨床心理学』二〇〇二年、第一巻、一一五頁）
第九節　『心の指紋』（一九九六）―魂の故郷（広島市医師会講演録、一九九九年二月）
第十節　『クリクリのいた夏』（一九九九）―こころ豊かに生活する（『臨床心理学』二〇〇二年、第三巻、四二五頁）
第十四節　『血と骨』（二〇〇四）―性と破壊性（広島カウンセリング・スクール講義録、二〇〇七年二月）

あとがき

第三巻が出版されてかなり長くたってしまったが、第四巻が出版の運びとなり、嬉しく思っている。本書では主に映像・イメージに関するものを集めた。

映画は学生時代からよく見た。大事な息抜きの場であった。留学中のアメリカでもよく見た。仲間と見ることも少なくなかった。日本でよりも、見る頻度は高かったのではないだろうか。アメリカの友人たちは映画が好きである。よく、見た映画について話題にすることも多かった。

一九七一年に大阪教育大学から広島大学に移った。ここでは「臨床心理学」という名前の下に、学部と大学院で教えることになった。まだ、学生紛争のさなかであった。しかし、臨床心理学を目指す学生たちはとても熱心であった。私もやりがいを感じていた。臨床心理学の研修で困ったのは、実習の場と同じように学んでいる仲間がいないことであった。そこで院生と一緒に京都大学まで通ってケースカンファレンスに出席して、討議に参加させていただくこととなった。まだ、新幹線は広島まで開通していなかった。夜行列車で行き、夜行列車で帰るということをしていた。これを一方交通でなく大学間交流という形にして、定期的に場所を変えて宿泊して討議の会をもつようになった。これに九州大学も参加するようになり、三大学院の合同研修会になった。その後さらに東京大学、名古屋大学が参加し、五大学院の合同研修会として発展した。臨床心理学の事例の検討や、また事例研究会もさることながら、院生たちが親しくなり、日本全国に教員として散らばり、友人関係の臨床心理ネットワークになったのは意義深いと思う。

大学院の研修会をはじめたころ、九州大学の前田重治先生とはよく映画の話をした。会うと、「最近、どんな映画をみましたか」というのが、いつもの話の始まりだった。先生はヨーロッパ派であった。私はアメリカ派というか、ハリウッド派であった。そのうちに京大の山中康裕先生が加わられて、話はいつも賑やかだった。前田先生はその後、『芸に学ぶ心理面接法』（誠信書房、一九九九）『芸論からみた心理面接』（誠信書房、二〇〇三）を出版された。また、随筆の中で多くの映画を語られている。また、山中先生は、高月礼子、橋本やよい氏と『シネマの中の臨床心理学』（有斐閣、一九九九）を出版された。映画好きだった精神分析家の小此木啓吾先生は『映画で見る精神分析』（彩樹社、一九九二）を出版されている。この本は贈っていただいた。

最近、甲南大学の森茂起先生は『トラウマ映画の心理学』（新水社、二〇〇二）を出版され、映画がユニークな臨床心理学研究になることを示された。『アニメーションの臨床心理学』（誠信書房、二〇〇六）、『アニメーションとライフサイクルの心理学』（臨川書店、二〇〇八）を出版されている日本大学の横山正夫先生には、ユニークなアニメ研究の論文を、時々お送りいただいた。学会で活躍していただきたい映画臨床心理学者である。

院生への臨床心理学の講義で、事例を部分的に説明していっても、なかなか理解してもらうことが困難であった。臨床的な事実を言語的に説明しても、ほとんど臨床経験のない学生に、臨床心理の現場や面接のあり方、精神病理の成り立ちを説明してもなかなか理解が難しい。この事態に困って、思いつきで利用したのが映画であった。これもはじめは部分的に一〇分とか、一五分とか区切ってハイライトというかたちで示し、それについて討論するという手法をとった。このためにＶＴＲが普及し始めたのは本当にありがたかった。まだ、高価であったが、無理をして購入した。

やがて映画を切り取るということをしないで、全編を見て論議するようになった。その際、映画として質の高いもの、また討論するべき問題を示しているもの、を基準とした。

次第に、臨床心理学の講義の中で事例を説明するときに映画を積極的に教材として取り入れるようになった。映画好きから始まったが、映画教材という観点から院生と一緒にＶＴＲを見直し、これを臨床心理学の教材として利用することを組織的に考えるようになった。この一部が本書の第一章三節「映画にみるアイデンティティの諸相」

である。その基礎になったのは広島大学臨床心理センター紀要（心理教育相談研究11、12、13号）の「映画にみられる精神病理Ⅰ、Ⅱ、Ⅲ—教材としてのビデオ」である。

アメリカの精神分析関係の学会でも、時々映画が討論の対象として取り上げられていた。研修においても有効だということは大学院での経験ではっきりしているので、これをわが国でも活用できないかと考えた。私は当時、精神分析学会の理事をしていて教育研修委員会の委員であったので、日本精神分析学会での教育研修委員会主催の教育研修ワークショップで映画を取り上げることを提案して受け入れられた。一九九〇年に第一回の「映画による精神分析の理解」を馬場禮子先生と一緒に開催した。前田重治先生にも毎回参加していただいた。映画好きの研究者も集まり、興味深い研修の場になった。十年続けて後、馬場先生に中心になっていただき、現在は佐野直哉先生に引き継がれている。一八年後の現在も毎年継続されている。

私は次第に映画を題材にして文章を書いて発表するようになった。心理学関係の雑誌にシリーズで映画を紹介したりもした。文章もかなり多くなった。これらをまとめたのが、第八章のエッセイたちである。

第三巻を出したときから、できるだけ早く次巻を出すつもりであった。しかし、私の周囲の事情がなかなかまとめる時間を与えてくれなかった。ナカニシヤ出版編集部の宍倉さんに五月に声をかけていただいた。それが刺激になり、突然急にまとめの作業に入ることができた。それがなかったら、もう少し遅れていただろう。いつものように、ものすごいスピードで、しかも確実に仕上げていただき感謝している。こころから御礼を申し上げたい。

平成二〇年八月三日

鑪幹八郎　識

タイトル	国	年	制作	監督	原作	脚本	撮影	音楽	キャスト
『恋愛小説家』 As Good As It Gets 255	アメリカ	1997	James L. Brooks	James L.Brooks		Mark Andrus	John Bailey	Hans Zimmer	Jack Nicholson （Mervin Udall 小説家） Helen Hunt （Carol ウェイトレス） Greg Kinnear（Simon） Cuba Gooding,Jr（Frank）
『私の頭の中の消しゴム』 A Moment to Remember 273, 276	韓国	2004	チャ・スンジェ	イ・ジェハン		イ・ジェハン	イ・ジュンギュ	キム・テウオン	チョン・ウソン （チェ・チョルス） ソン・イェジン （キム・スジン） ペク・チョンハク （ヨンミン） パク・サンギュ（キム氏）
『私の中のもうひとりの私』 Another Woman 157, 158	アメリカ	1989	Robert Greenhut	Wuddy Allen		Wuddy Allen	Sven Nykvist	Judy Ferguson	Gena Rowlands（Marion） Mia Farrow（Hope） Ian Holm（Ken） Gene Hackman（Larry）

タイトル	国	年	制作	監督	原作	脚本	撮影	音楽	キャスト
『ライムライト』 Limelight 49, 183	アメリカ	1952	Charles Chaplin	Charles Chaplin		CHARLES Chaplin	Carl Strauss	Charles Chaplin	Charles Chaplin （老道化師） Clea Brume （踊り子） Buster Kihton （コメディアン） Sidney Chaplin （ネヴィル）
『リービング・ラスベガス』 Leaving Las Vegas 266	アメリカ	1995	Lila Cazes, Annie Stewart	Mike Figgis	John O'Brien	Mike Figgis	Declan Quinn	Mike Figgis	Nicolas Cage（Ben） Elizabeth Shue（Sera） Julian Sands（Yuli） Richard Lewis（Peter）
『竜二』 35, 38	日本	1983	大石忠敏	川島透		鈴木明夫	川越道彦	東京サウンド	金子正次（竜二） 永島暎子（まり子） もも（花城あや） 北公次（ひろし）
『レインマン』 Rain Man 109, 268	アメリカ	1988	Mark Johnson	Barry Levinson	Barry Morrow	Ronald Bass, Barry Morrow	John Seale	Ida Random	Dustin Hoffman （Raymond Babbitt） Tom Cruise （Charlie Babbitt） Valeria Golino （Susanna） Jerry Molen （Dr. Bruner）

タイトル	国	年	制作	監督	原作	脚本	撮影	音楽	キャスト
『真夜中のカーボーイ』 Midnight Cowboy 31, 32	アメリカ	1969	Jerome Hermann	John Schlesinger	James Leo Harehy	Wold Solt	Adam Holender	John Barry	John Voit（Joe） Dustin Hoffmann（Razzo） Silvia Miles（Class） John McKiever（Mr.O'Daniel）
『殯の森』 273	日本	2007	河瀬直美	河瀬直美		河瀬直美	中野英世	茂野雅道	うだしげき（しげき） 尾野真千子（真千子） 渡辺真起子（和歌子）
『モンタナの風に抱かれて』 The Horse Whisperer 243	アメリカ	1998	Robert Redford, Patrick Markey	Robert Redford	Nicholas Evans	Eric Roth, Richard LaGravenese	Robert Richardson	Jon Hutman	Robert Redford（Tom Booker） Kristin Scott Thomas（Annie MacLean） Scarlett Johansson（Grace MacLean） Sam Neill（Robert MacLean）
『夢』 23	日本	1990	黒澤久雄 井上芳男	黒澤明		黒澤明	斉藤孝雄	池辺晋一郎	寺尾聡（私） 倍賞美津子（私の母） 原田美枝子（雪女） 伊崎充則（少年の私）
『八日目』 Le Hutiem Jour 89, 269	ベルギー＝フランス	1996	Phillippe Godeau	Jaco Van Dormael		Jaco Van Dormael	Walther Vanden Ende	Pierre Van Dormael	Daniel Auteuil（Harry） Pascal Duquenne（Georges） Miou-Miou（Julie） Henri Garcin（Le President）

タイトル	国	年	制作	監督	原作	脚本	撮影	音楽	キャスト
『マイ・ガール』 My Girl 109, 146, 286	アメリカ	1991	Brian Grazer	Howard Zieff		Laurice Elehwany	Paul Elliott	James Newton Howard	Dan Aykroyd (Harry Sultenfuss) Jamie Lee Curtis (Shelly Devoto) McCaulay Culkin (Thomas) Anna Chlumsky (Vada)
『マイ・ガール 2』 My Girl 2 109, 146, 286	アメリカ	1994	Brian Grazer	Howard Zieff		Janet Kovalcik	Paul Elliott	Cliff Eidelman	Anna Chlumsky (Vada) Dan Aykroyd (Harry Sultenfuss) Austin O'Brien (Nick) Jamie Lee Curtis (Shelly)
『マイライフ・アズ・ア・ドッグ』 Mitt Liv Som Hund 145	スウェーデン	1985	Waldemar Bergendahl	Lasse Halstrom	Reider Jonsson	Lasse Halstrom	Jorgen Persson	Bjorm Isfalt	Anton Glanzelius (Ingemar) Manfred Serner (Erik) Melinda Kinnaman (Saga) Anki Liden (Mother)
『まぼろし』 Sous le Sable 286, 287	フランス	2001	Olivier Delbosc, Marc Missonnier	Fransois Ozon		Fransois Ozon	Jenne Lapoirie, Antoine Heberie	Philippe Rombi	Charlotte Rampling (Marie) Bruno Cremer (Jean) Jacques Nolot (Vincent) Alexandra Stewart (Amanda)

タイトル	国	年	制作	監督	原作	脚本	撮影	音楽	キャスト
『ボーイズ・ドント・クライ』 Boy's Don't Cry 284	アメリカ	1999	Jeffrey Sharp	Kimberly Peirce		Kimberly Peirce	Jim Denault	Nathan Larson	Hilary Swank (Teena Brandon) Hilary Swank (Brandon Teena) Chice Sevigny (Lana Tisdel) Peter Sarsgaad (John Lotter)
『ポネット』 Ponnette 286	フランス	1996	Alain Sarde	Jacques Doillon		Jacques Doillon	Caroline Champetier	Henri Berthon	Victoire Thivisol (Ponnette) Delphine Schiltz (Delphine) Matiaz Bureau Caton (Matiaz) Leopoldine Serre (Ada)
『ほんとうのジャクリーヌ・デュ・プレ』 Hilary and Jackie 262, 308	イギリス	1998	Nicolas Kent	Anand Tucker	Hilary Du Pre, Piers Du Pre	Frank Cottrel Boice	David Johnson	Barrington Pheloung	Emily Watson (Jacqueline Du Pre) Rachel Griffiths (Hilary Du Pre) James Frain (Daniel Barenboim) David Morrissey (Kiffer)

タイトル	国	年	制作	監督	原作	脚本	撮影	音楽	キャスト
『ブロークバック・マウンテン』 Brokebach Mountain 284	アメリカ	2005	Dianna Osana, James Shamus	Ann Lee	Anny Blue	Rally McMertley	Rodoligo Preito	Gustabo Santaolaya	Heath Reger (Innis Delmer) Jake Gillenhol (Jack Twist) Michael Williams (Alma) Ann Hathaway (Larean Newsom)
『蛇の穴』 The Snake Pit 251	アメリカ	1948	Anatole Litvak	Anatole Litvak, Robert Bassler	Mary Jane Ward	Frank Partos, Millen Brand	Leo Tover	Alfred Newman	Olivie de Haviland (Virginia Cunningham) Mark Stevens (Robert Cunningham) Leo Genn (Dr. Kik) Celeste Holm (Grace)
『ペレ』 Pelle Erobreren 48	デンマーク・スウェーデン	1987	Per Holst	Bille August		Bille August	Jorgen Persson	Stefan Nilsson	Max Von Sydow (Lasse 父) Pelle Hvenegaad (Pelle ペレ) Erik Paaske (Manager) Astrid Vollaume (Mrs.Konfstrup)

タイトル	国	年	制作	監督	原作	脚本	撮影	音楽	キャスト
『ピアノ・レッスン』 The Piano 143	オーストラリア	1993	Jane Campion	Jane Campion		Jane Campion	Stuart Dryburgh	Michael Nyman	Holly Hunter（Ada） Harvey Keitel（Bainess） Sam Niell（Stewart） Anna Paquin（Flora）
『ビューティフル・マインド』 A Beautiful Mind 258	アメリカ	2001	Brian Graizer	Ron Howard	Sylvia Nasar	Akiva Goldsman	Roger Deakins	James Honer	Russell Crowe（John Nash） Ed Harris（Parcher） Jennifer Connelly（Alicia Nash） Christopher Plummer（Dr.Rosen）
『フィラデルフィア』 Philadelphia 289	アメリカ	1993	Gary Goetzman	Jonathan Demme		Ron Nyswaner	Tak Fujimoto	Howard Shore	Tom Hanks（Andrew Beckett） Denzel Washington（Joe Miller） Jason Robards（Chales） Mary Steenburgen（Belida Conine）
『普通の人々』 Ordinary People 100, 109, 218, 239, 242, 243	アメリカ	1980	Ronald L. Schwary	Robert Redford	Judith Guest	Alvin Sergent	John Bailey	Marvin Hamlisch	Donald Sutherland（father） Mary Tyler Moore（Mother） Judd Hirsch（Dr.Berger） Timothy Hutton（Conrad）

タイトル	国	年	制作	監督	原作	脚本	撮影	音楽	キャスト
『パリ、テキサス』 Paris, Texas 35, 37	西ドイツ・フランス	1984	Chris Sievernich	Wim Wenders		Sam Shepard	Robby Muller	Ry Cooder	Harry Dean Stanton（Travis） Nastassja Kinski（Jane） Aurore Clemant（Anne） Hunter Carson（Hunter）
『判決前夜―ビフォア・アンド・アフター』 Before and After 100	アメリカ	1995	Barbet Schroeder	Barbet Schroeder	Rosellen Brown	Ted Tally	Luciano Tovoli	Howard Shore	Meryle Streep（Carolyne Ryan） Liam Neeson（Ben Ryan） Edward Furlong（Jacob） Julie Weldon（Judith）
『晩秋』 Dad 301	アメリカ	1989	Joseph Stern	Gary David Goldberg		Gary David Goldberg	Jan Kiesser	James Horner	Jack Lemmon（Jake 祖父） Ted Danson（John 父） Olympia Dukakis（Bette 祖母） Ethan Hawke（Billy 息子）
『反撥』 Repulsion 257	イギリス	1965	Gene Gutowski	Roman Polanski		Roman Polanski, Gerard Bruch	Gilbert Taylor	Chico Hamilton	Catherine Deneuve（Carol） Yvonne Furneaux（Helen） Ian Hendry（Michael） John Fraser（Colin）

タイトル	国	年	制作	監督	原作	脚本	撮影	音楽	キャスト
『野いちご』 Smulktron-Stället 23, 316	スウェーデン	1957	Allan Ekelund	Ingmar Bergman		Ingmar Bergman	Gunner Fischer	Erik Nordgren	Victor Sjostrom （イザク・ボルイ教授） Bibi Anderson（サラ） Ingrid Thulin （マリアンヌ） Gunner Bjorstrand （エヴァルド）
『パーフェクト・ワールド』 A Perfect World 120, 141	アメリカ	1993	Mark Johnson	Clint Eastwood		Jphn Lee Hancook	Jack N. Green	Ennie Niehaus	Kevin Costner（Butch） Clint Eastwood （Red Garnett） Laura Dern （Sally Gerber） T. J. Lowther（Phillip）
『博士の愛した数式』 273, 275	日本	2005	荒木美也子	小泉尭史	小川洋子	小泉堯史	上田正治	古賀隆	寺尾聡（博士） 深津絵里（杏子） 斉藤隆成（ルート） 吉岡秀隆（先生、ルート）
『八月の鯨』 The Whales of August 47	アメリカ	1987	Carolyn Pfeiffer	Lindsay Anderson		David Barry	Mike Fash	Alan Price	Bette Davis（Libby） Lillian Gish（Sara） Vincent Price （Mr. Maranov） Ann Sothern（Tasha）
『花いちもんめ』 273	日本	1985	奈村協	伊藤俊也			井口勇	池辺晋一郎	千秋実（鷹野冬吉） 十朱幸代（鷹野桂子） 西郷輝彦（鷹野春雄） 野川由美子（金子信恵）

タイトル	国	年	制作	監督	原作	脚本	撮影	音楽	キャスト
『トト・ザ・ヒーロー』 Toto le heros 81, 83	ベルギー・フランス・ドイツ	1991	Pierre Drouot, Dany Geys	Jaco van Dormael		Jaco van Dormael	Walter van den Ende	Pierre van Dormael	Michel Bouquet（老人トマ） Thomas Godet（青年トマ） Sandrine Blancke（青年トマの恋人エヴリーヌ） Klaus Schindler（老人アルフレッド） Mireille Perrier（姉アリス） Jo De Backer（少年トマ）
『ドラッグストア・カウボーイ』 Drugstore Cowboy 267	アメリカ	1989	Nick Wechsler	Gus Van Sant	James Fogle	Gus Van Sant	Robert Yeoman	Elliot Goldenthal	Matt Dillon（Bob） Kelly Lynch（Dianna） James LeGros（Rick） Heather Graham（Nadine）
『トレイン・スポッティング』 Trainspotting 267	イギリス	1996	Andrew MacDonald	Danny Bolye	Irving Welsh	John Hodge	Brian Tufano		Ewan McGregor（Mark） Ewen Brenner（Spatt） Jonny Lee Miller（Sick boy） Robert Carlyle（Pegby）
『ナッツ』 Nuts 279	アメリカ	1987	Barbra Streisand	Martin Ritt		Tom Topor	Andrzeij Bartkowiak	Barbra Streisand	Barbra Streisand（Claudia） Richard Dreyfuss（Aaron） Maureen Stapleton（Rose） Karl Malden（Arthur）

タイトル	国	年	制作	監督	原作	脚本	撮影	音楽	キャスト
『TATOO〈刺青〉あり』 31	日本	1982	佐々木史朗	高橋伴明		西岡琢也	長田勇市	宇崎竜童	宇崎竜童（竹田明夫） 関根恵子（三千代） 渡辺美佐子（竹田貞子） 忍海よし子（サト子）
『ダメージ』 Damage Fatale（仏） 42, 314	イギリス・フランス	1992	Louis Malle	Louis Malle	Josephine Hart	David Hare	Peter Biziou	Zbigniew Preisner	Jeremy Irons（Stephen Fleming） Julliette Binoche（Anna Barton） Miranda Richardson（Ingrid Fleming） Rupert Graves（Martyn Fleming）
『ダンサー・イン・ザ・ダーク』 Dancer in the Dark 306	デンマーク	2000	Vibeke Windelov	Lars von Trier		Lars von Trier	Robby Muller	Bjork	Bjork（Selma） Catherine Deneuve（Kathy） David Morse（Bill） Peter Stormare（Jeff）
『血と骨』 322	日本	2004	石川富康	崔洋一	梁石日（ヤン・ソンギル）	崔洋一	浜田毅	岩代太郎	ビートたけし（金俊平） 鈴木京香（李英姫） 新井浩文（金正雄） 田畑智子（金花子） オダギリジョー（朴武）
『天と地』 Heaven and Earth 144	アメリカ	1993	Oliver Stone	Oliver Stone		Oliver Stone	Robert Richardson	Kitaro	Tommy Lee Jones（Butler 大尉） Hiep Thi Le（Le Ly） Joan Chen（Mama）

タイトル	国	年	制作	監督	原作	脚本	撮影	音楽	キャスト
『千と千尋の神隠し』 281, 282	日本	2001	松下武義氏 家斎一郎 ほか	宮崎駿	宮崎駿			久石譲	柊瑠美（千尋） 入野自由（ハク） 夏木マリ（湯婆婆）（銭婆） 菅原文太（釜爺）
『ソフィーの選択』 Sophie's Choice 278, 279	アメリカ	1982	Alan J.Pakula	Alan J. Pakula	William Styron	Alan J. Pakula	Nester Almondros	Marvin Hamlish	Meryle Streep（Sophie） Kevin Kline（Nathan） Peter MacNicol（Stingo） Rita Karin（Yetta）
『太陽がいっぱい』 Plein in Soleil 29	フランス	1960	Robert Hakim	Rene Clement	Patricia Highsmith	Rene Clement	Henri Decae	Nino Rota	Alan Delon（Tom） Marie Laforet（Marge） Mourice Ronet （Phillipe） Elvire Pooesco （Mem Popova）
『タクシー・ドライバー』 Taxi Driver 31, 33	アメリカ	1976	Michael Phillips, Julia Phillips	Martin Scorsese		Paul Schrader	Michael Chapman	Bernard Herrmann	Robert De Niro （トラビス） Cybill Shephard （ベッツィー） Peter Boyle（ウィザード） Jodie Foster（アイリス）
『黄昏』 On Golden Pond 46	アメリカ	1981	Bruce Gilbard	Mark Reidel	Earnest Thompson	Earnest Thompson	Billy Williams	Dave Grusin	Henry Fonda（Father） Chatharine Hepburn （Wife） Jane Fonda（Daughter） Dag Mckeon （Billy Ray）

タイトル	国	年	制作	監督	原作	脚本	撮影	音楽	キャスト
『十七歳のカルテ』 Girl Interrupted 242, 252, 262, 318	アメリカ	2000	Douglas Wick	James Mangold	Susanna Kaysen	James Mangold	Jack Green	Michael Danna	Winona Ryder（Susanna） Angelina Jolie（Lisa） Vanessa Redgrave（Dr.Wick） Whoopi Goldberg（Valerie）
『ストレイト・ストーリー』 Straight Story 50	アメリカ	1999	Alain Sarde, Mary Sweeney, Neal Edelson	David Lynch		John Roach, Mary Sweeney	Freddie Francis	Angelo Badalamenti	Richard Farmsworth（Alvin Straight） Sissy Spacek（Rose Straight ） Harry Dean Stanton（Lyle Straight） Everett McGill（Tom the Dealer）
『スリー・リバーズ』 Striking Distance 150	アメリカ	1993	Arson Milchan	Rowdy Herrington		Rowdy Harrington	Mac Ahlberg	Gregg Fonseca	Bruce Willis（Tom Hardy） Sara Jessica Parker（Jo） Dennis Farina（Nick） Tom Sizemore（Dannt）
『青幻記』 35	日本	1973	加藤辰次 加藤東一郎	成島東一郎	一色次郎	平岩弓枝 成島東一郎 伊藤昌輝	成島東一郎	武満徹	田村高廣（大山稔） 賀來敦子（平田わわ） 山岡久乃（たか） 戸浦六宏（三昌秀次）

タイトル	国	年	制作	監督	原作	脚本	撮影	音楽	キャスト
『酒とバラの日々』 Days of Wine and Roses 266	アメリカ	1962	Martin Manulis	Blake Edwards		J. P. Miller	Phillip Lathrop	Henry Mancini	Jack Lemmon（Joe） Lee Remick（Kirsten） Charlie Pickford（Arneson） Jack Klugman（Hungerford）
『殺意の夏』 L'Ete Meurtrier 298	フランス	1983	Christin Beytout	Jean Becker	Sebastien Japrisot	Sebastien Japrisot	Etienne Becker	Georges Delerue	Isabelle Adjani（Elaine） Alan Souchon（Pin Pon） Suzanne Flon（Cognata） Jenny Cleve（Pin Pon's Mother）
『死の棘』 294	日本	1990	荒木正也	小栗康平	島尾敏雄	小栗康平	安藤庄平	細川俊夫	松坂慶子（ミホ） 岸部一徳（トシオ）
『シャイン』 Shine 270	オーストラリア	1995	Jane Scott	Scott Nicks		Jan Sardi	Geoggrey Simpson	David Hirushfelder	Geoffrey Rush（David） Noah Tayler（David as a young man） Armin Muller-Stahl（Peter）
『ジャック・サマースビー』 Sammersby 304	アメリカ	1993	Arson Milchan	Jon Amiel		Nicholas Meyer	Philippe Rousselot	Danny Elfman	Richard Gere（Jack） Joddie Foster（Laurel） Bill Pullman（Orin） James Earl Jones（Judge Issacs）

タイトル	国	年	制作	監督	原作	脚本	撮影	音楽	キャスト
『殺しのファンレター』 The Fan 262	アメリカ	1981	Robert Stigwood	Edward Bianci	Bob Randole	Pricira Chapman, John Hartwell	Dick Bush	Pino Donaggio	Loren Backol（actress） James Garner（maneger） Mollin Stapleton（assistant） Michael Been（man, the fun）
『ザ・ファン』 The Fan 262	アメリカ	1996	Wendy Finerman	Tony Scott	Peter Abrahams	Phoef Sutton	Dariusz Walski	Hans Zimmer	Robert De Niro（Gil） Wesley Snipes（Bobby） Ellen Barkin（Jewel Stern） John Leguizamo（Manny）
『サイコ』 Psycho 214	アメリカ	1960	Alfred Hitchcock	Alfred Hitchcock	Robert Bloch	Joseph Stefano	John L. Russell, Jr.	Bernard Herrmann	Anthony Perkins（Norman Bates） Vera Miles（Lila Crane） John Gavin（Sam Loomis） Martin Balsam（Milton Arbogast）
『サウス・キャロライナ　愛と追憶の日々』 The Prince of Tides 246, 279	アメリカ	1991	Barbra Streisand, Andrew Karsch	Barbra Streisand	Pat Conroy	Pat Conroy, Becky Johnston	Stephen Goldblatt	James Newton Howard	Nick Nolte（Tom Wingo） Barbra Streisand（Susan Lowenstein） Kate Nelligan（Lila Wingo） Melinda Dillon（Savannah Wingo）

タイトル	国	年	制作	監督	原作	脚本	撮影	音楽	キャスト
『心のままに』 Mr. Jones 260	アメリカ	1993	Debra Greenfield	Mike Figgis		Eric Roth, Michael Cristofer	Juan Ruiz Anchia	Maurice Jarre	Richard Gere （Mr. Jones） Lena Olin （LibbiePsychiatrist） Ann Bancroft （Dr. Holland） Delroy Lindo （Howard）
『この子の七つのお祝いに』 27	日本	1982	角川春樹	増村保造	斉藤澪	松木ひろし 増村保造	小林節雄	大野雄二	岩下志麻（倉田ゆき子） 根津甚八（須藤洋史） 辺見マリ（麗子） 畑中葉子（池畑良子）
『コレクター』 The Collector 320	アメリカ	1965	John Kohn	William Wyler	John Fowles	John Kohn, Stanley Mann	Robert Surtees	Maurice Jarrre	Terence Stamp （Freddie） Samantha Eggar （Miranda）
『殺しのドレス』 Dressed to Kill 249, 312	アメリカ	1980	George Litto	Brian De Palma		Brian De Palma	Ralf Bode	Pino Donaggio	Michael Caine （Dr. Robert Elliott） Angie Dickinson （Kate） Nancy Allen （Liz） Keith Gordon （Peter Miller）

タイトル	国	年	制作	監督	原作	脚本	撮影	音楽	キャスト
『グッド・ウィル・ハンティング』 Good Will Hunting 240	アメリカ	1997	Lawrence Bender	Gus Van Sant		Matt Damon, Ben Affleck	Jean Yves Escoffier	Danny Elfman	Robin Williams（Sean McGuire） Matt Damon（Will Hunting） Ben Affleck（Chuckie） Minnie Driver（Skyler）
『クリクリのいた夏』 Les Enfants du Marais 314	フランス	1999	Christian Fechner	Jean Becker	Georges Monforez	Sebantien Japrisot	Jean Marie Drejou	Pierre Bachelet	Jacques Villeret（リットン） Jacques Ganburan（ギャリス） Michel Serrault（ぺぺ） Andre Dusollier（アムデ）
『刑事ジョン・ブック　目撃者』 Witness 140, 142	アメリカ	1985	Edward S. Feldman	Peter Weir		Earl W. Wallace	John Seale	Maurice Jarre	Harrison Ford（John Book） Kelly McGillis（Rachel） Josef Sommer（Schaeffer） Lukas Haas（Samuel）
『恍惚の人』 273, 274	日本	1973	佐藤一郎	豊田四郎	有吉佐和子	松山善三	岡崎宏三	佐藤勝	森繁久弥（立花茂造） 小野松江（茂造の妻） 田村高廣（立花信利） 高峰秀子（立花昭子）
『午後の遺言状』 289, 290	日本	1995	新藤次郎	新藤兼人	新藤兼人	新藤兼人	三宅義行	林光	杉村春子（女優） 音羽信子（柳川豊子） 朝霧鏡子（牛国富美江） 観世栄夫（牛国籐八郎）

タイトル	国	年	制作	監督	原作	脚本	撮影	音楽	キャスト
『危険な情事』 Fatal Attraction 262	アメリカ	1987	Stanley R. Jaffe	Adrian Lyne		James Dearden	Howard Atherton	Maurice Jarre	Michael Douglas （Dan Gallagher） Glenn Close （Alex Forrest） Anne Archer （Beth Gallagher） Ellen Hamilton Latzen （Ellen Gallagher）
『キッド』 The Kid 296	アメリカ	2000	Hunt Lowry	John Turteltaub		Audrey Wells	Peter Menzies Jr.	Marc Shaiman	Bruce Willis （Russell Duritz） Spencer Breslin （Rusty Duritz, Kid ） Emily Mortimer （Amy） Lily Tomlin （Janet）
『ギルバート・グレイプ』 What's Eating Gilbert Grape 100, 268	アメリカ	1993	Meir Teper, Bertil Ohlsson, David Matalon	Sven Nykvist	Peter Hedges	Peter Hedges	Sven Nykvist	Alan Parker. Bjorn Isfahert	Johnny Depp （Gilbert Grape） Juliette Lewis （Becky） Mary Steenburgen （Mrs. Betty Gaver） Leonardo DiCaprio （Arnie Grape）

タイトル	国	年	制作	監督	原作	脚本	撮影	音楽	キャスト
『鬼火』 Le Feu Follet 31, 33	フランス	1963	Alan Queffelean	Louis Malle	Pierre Drieu La Rochelle	Louis Malle	Ghislain Cloquet	Erik Satie	Maurice Ronet（アラン） Bernard Noel（ドブール） Jaques Sereys（シリル）
『おもひでぽろぽろ』 281, 283	日本	1991	徳間康快ほか	高畑勲	岡本螢 刃根夕子	高畑勲	白井久男	星勝	今井美樹 （岡島タエ子） 本名陽子 （岡島タエ子、小学5年） 柳葉敏郎 （トシオ） 伊藤正博 （タエ子の父）
『カッコーの巣の上で』 One Flew Over the Cuckoo's Nest 251, 262	アメリカ	1975	Saul Zaentz	Milos Forman, Michael Douglas	Ken Kesey	Lawrence Hauben, Bo Goldman	Haskell Wexler	Jack Nitzsche	Jack Nicholson （R. P. McMurphy） Louise Fletcher （Nurse Ratched） William Redfield （Harding） Will Sampson （Chief）
『カメレオンマン』 Zelig 35,155	アメリカ	1983	Robert Greenhut, Michael Pacer	Wuddy Allen		Wuddy Allen	Gordon Willis	Dick Heimann	Wuddy Allen Mia Farrow Garett Brown Deora Rush

タイトル	国	年	制作	監督	原作	脚本	撮影	音楽	キャスト
『エデンの東』 East of Eden 28	アメリカ	1955	Elia Kazan	Elia Kazan	John Steinbeck	Paul Osborn	Ted McCord	Leonard Ropserman	James Dean（Cal） Julie Harris（Abra） Raymond Massey （Adam Trask） Richard Davalos（Aron） Burl Ives（Sam） Jo Van Fleet（Kate）
『エンジェル・アット・マイ・テーブル』 An Angel At My Table 255	ニュージーランド	1990	Bridget Ikin	Jane Campion	Janet Frame	Laura Jones	Stuart Dryburgh	Don Mcglashan	Kerry Fox （Janet Frame） Alexia Keogh （Young Janet） Karen Ferguson （Teenage Janet） Iris Churn（Mum）
『おかえりなさい、リリアン』 She's Been Away 256	イギリス	1989	Kenith Troddon	Peter Hall		Stephen Poliakoff	Philip Bonham Carter	Stephen Edwards	Peggy Ashcroft（Lillan） Geraldine James（Harriet） James Fox（Hugh） Jackson Kyle（Dominic）
『おつむてんてんクリニック』 What About Bob? 262	アメリカ	1990	Laura Zikin	Frank Oz		Tom Schulman	Michael Ballhaus	Miles Goodman	Bill Murray（Bob） Richard Dreyfuss （Dr. Leo Marvin） Julie Hagerty （Fay Marvin） Kathryne Erbe （Siggy Marvin）

タイトル	国	年	制作	監督	原作	脚本	撮影	音楽	キャスト
『アポロンの地獄』 Edipo Re 30	イタリア	1967	Alfredo Bini	Pier Paolo Pazolini		Pier Paolo Pazolini	Giuseppe Ruzzolini	Pier Paolo Pasolini	Franco Citti （Edipo、エディプス） Silvana Mangano （Giocasta、母であり、妻） Alida Valli （Merope、養母） Luciano Bartli （Laio、ライオス王）
『アレンジメント〈愛の旋律〉』 The Arrangement 40	アメリカ	1969	Elia Kazan	Elia Kazan	Elia Kazan	Elia Kazan	Robert Surtees	David Amram	Kirk Douglas（Eddie） Faye Dunaway（Gwen） Deborah Kerr（Florence） Richard Boone（Sam）
『異人たちとの夏』 35	日本	1988	杉崎重美	大林宣彦	山田太一	市川森一（脚色）	坂本善尚	篠崎正嗣	風間杜夫（英雄） 秋吉久美子（房子） 片岡鶴太郎（英吉） 永島敏行（一郎） 名取裕子（桂）
『永遠のマリア・カラス』 Callas Forever 43	イタリア・フランス・イギリス・ルーマニア・スペイン	2002	Roccardo Tozzi	Franco Zeffrelli		Franco Zeffrelli, Martin Sherman	Ennio Guarnieri	Eugene Kohn	Fanny Ardant （Maria Callas） Jeremy Irons （Larry Kelly） Joan PLowright （Sarah Keller ） Jay Rodan（Michael）

付録　映画リスト（スタッフ・キャスト）五十音順

（日本公開時の題名を示している。外国作品の場合、日本タイトルの後に原題を示した。括弧の中は役名。タイトルの下の数字は、本文での言及箇所を示す）

タイトル	国	年	制作	監督	原作	脚本	撮影	音楽	キャスト
『アカシアの道』 273	日本	2001	堀越謙三	松岡錠司		松岡錠司	笠松則通	奥野雅道	夏川結衣（木島美和子） 渡辺美佐子（木島かな子） 高岡蒼佑（川田新一） 杉本哲太（沢木浩二）
『秋のソナタ』 Autumn Sonata, Hostsonaten 44	スウェーデン	1978		Ingmar Bergman		Ingmar Bergman	Sven Nykvist		Ingrid Bergman（シャルロッテ） Liv Ullmann（エヴァ） Lena Nyman（レナ） Halvar Byork（ヴィクトール）
『明日の記憶』 273, 276	日本	2006	坂上順	堤幸彦	荻原浩	砂本量	唐沢悟		渡辺謙（佐伯雅行） 樋口可南子（佐伯枝美子） 坂口憲二（伊東直也） 吹石一恵（佐伯梨恵）
『アナザー・カントリー』 Another Country 284	イギリス	1984	Alan Marshall	Marek Kanievska		Julian Mitchell	Peter Biziou	Michael Storey	Rupert Everett（Guy Bennett） Colin Firth（Tommy Judd） Cary Elwes（Harcourt） Michael Jenn（Barclay）

人名索引

映画索引

（ゴシック体は、付録の映画リストにデータを掲載していることを示す）

事項索引

著者紹介

鑪《たたら》　幹八郎《みきはちろう》　京都文教大学学長，広島大学名誉教授

昭和 37 年 3 月　京都大学大学院博士課程修了

著訳書

洞察と責任（E. H. エリクソン）誠信書房　1972
夢分析入門　創元社　1976
試行カウンセリング　誠信書房　1977
夢分析の実際　創元社　1979
アイデンティティ研究の展望Ⅰ（共編）ナカニシヤ出版　1984
アイデンティティ研究の展望Ⅱ（共編）ナカニシヤ出版　1995
アイデンティティ研究の展望Ⅲ（共編）ナカニシヤ出版　1995
アイデンティティ研究の展望Ⅳ（共編）ナカニシヤ出版　1997
アイデンティティ研究の展望Ⅴ（共編）ナカニシヤ出版　1999
アイデンティティ研究の展望Ⅵ（共編）ナカニシヤ出版　2002
アイデンティティとライフサイクル論　ナカニシヤ出版　2002
心理臨床と精神分析　ナカニシヤ出版　2003
心理臨床と倫理・スーパーヴィジョン　ナカニシヤ出版　2004

ほか

鑪幹八郎著作集Ⅳ

映像・イメージと心理臨床

2008 年 10 月 20 日　初版第 1 刷発行　定価はカヴァーに表示してあります

著　者　鑪　幹八郎
発行者　中西　健夫
発行所　株式会社ナカニシヤ出版
〒606-8161　京都市左京区一乗寺木ノ本町 15 番地
Telephone　075-723-0111
Facsimile　075-723-0095
Website　http://www.nakanishiya.co.jp/
Email　iihon-ippai@nakanishiya.co.jp
郵便振替　01030-0-13128

印刷＝ファインワークス／製本＝兼文堂／装幀＝白沢　正

Copyright Ⓒ 2008 by M. Tatara

Printed in Japan.
ISBN978-4-7795-0296-5